FRIEDRICH MAIER

Meisterwerke

DER LATEINISCHEN LITERATUR

Beiträge zur Praxis der Mittelstufenlektüre

C.C.BUCHNER

1. Auflage 2010

www.ccbuchner.de

Lektorat: Bernd Weber
Gesamtherstellung: creo Druck & Medienservice GmbH, Bamberg
Umschlaggestaltung: Ines Müller, Bamberg (Auf der Grundlage eines Gemäldes von G. B. Tiepolo: Amphion erbaut die Mauern Thebens. Um 1750. Venedig, Palazzo Sandi-Porto. / akg-images / Cameraphoto)

ISBN 978-3-7661-**5658**-7

Einleitung 6

NEPOS ABENTEUERREICHE KURZBIOGRAFIEN 16

Die Geburt Europas 19
Die Biografien des Themistokles und des Hannibal

Die Demokratie am seidenen Faden 30
Die Biografie des Thrasybulos

CÄSAR ERSTE AUTOBIOGRAFISCHE GESCHICHTSWERKE 35

Caesar Magnus 38
Der Traum vom Weltherrscher

Emotionalität als Mittel der Leserlenkung 59
Psychagogie in Cäsars Militärbericht

Vercingetorix 78
Europas erster Freiheitskämpfer

CICERO REPRÄSENTANT DER RÖMISCHEN GEISTESWELT 99

Vom homo novus zum Staranwalt 104
Taktik auf der Rednerbühne

Humanität und Menschenwürde 114
Eine politische Vision und ihre Folgen

Philosophandum est 126
Der Anfang der Philosophie

Jeder ist seines Glückes Schmied 141
Antike Glücksmodelle auf dem Prüfstand

SALLUST MODELLHAFTE GESCHICHTSSCHREIBUNG 153

Sallusts Blick auf die römische Geschichte 157
Staatskrise und Ursachenforschung

Frauen im Kampf um Rom 161
Die Republik am Abgrund der Catilinarevolte

OVID MENSCHHEITSDIAGNOSEN 175

Ovids Blick in die Seele des Menschen 179
Die humane Substanz der Metamorphosen

Orpheus und Eurydike 198
Das unsterbliche Lied von Liebe und Tod

Liebeslehre als Lateinlektüre 211
Das ganz andere Gesicht eines Unterrichtsfaches

CATULL LIEBESGEDICHTE ALS APOTHEOSE DES GEFÜHLS 224

Erotische Gedichte im Unterricht? 228
Ja. Aber wie und wie viele?

Glanz und Elend einer Liebe 235
Interpretationslinien zum Lesbiazyklus

MARTIAL DER KLASSIKER DES EPIGRAMMS 258

„Vor Neid zerplatzen" 262
Martials invidia-Epigramm im Vergleich

„Auch die nurmehr annäherungsweise in Abschnitten mögliche Lektüre der römischen ‚Klassiker' ermöglicht wenigstens eine Ahnung davon,welche Faszination 2000 Jahre von diesen Werken ausgegangen ist."[1]

DIE MITTELSTUFE DES GYMNASIUMS ALS NEUE HERAUSFORDERUNG

„Latein ist tot. Es lebe Latein!" In der Tat Latein lebt, doch das Fach, in dem es am Gymnasium vermittelt wird, steckt in einer prekären Lage. Die Lateinlerner nehmen – immer noch – an Zahl zu, doch die Substanz des im Unterricht Vermittelten schrumpft. Der Grund liegt in der wiederum verringerten Stundenzahl und in der bislang erkennbaren Tendenz, dass bei weitem die meisten der Schülerinnen und Schüler das Fach Latein nach der 9. oder 10. Jgst. abschließen. Das System bietet diese Möglichkeit. Da deshalb nur ein Jahr, allenfalls zwei Jahre für den Lektüreunterricht zur Verfügung stehen, bleibt den meisten das Telos vorenthalten, das Ziel, an dem sich das Leistungsangebot des Faches – zumindest nach traditioneller Definition – „vollendet". Nur wenige Autoren, wenige Werke werden gelesen.

LEKTÜREMAXIME: DAS BESTE IST GERADE GUT GENUG

Natürlich wird den jungen Menschen – ihrem Aufnahmevermögen entsprechend – von der ersten Stunde des Sprachunterrichts an die Welt der Antike präsentiert; mit Recht stellen deshalb die Sprachlehrbücher dazu in Text und Bild die Materialien bereit. Doch in dieser Phase hat unbedingt das Erlernen der Sprache den Vorrang; Geschichte und Kultur bilden allenfalls den Hintergrund. Zur Auseinandersetzung mit den großen, seither die Menschheit bestimmenden Themen der antiken Autoren kann es jedoch nur im Lektüreunterricht an den originalen Texten kommen. Was aber bietet man in den wenigen Stunden zur Lektüre an und wie am wirkungsvollsten? Die Antwort darauf kann nur lauten: Das Beste ist gerade gut genug.

Darin, solches möglich zu machen, liegt für die neue Didaktik des

[1] Jürgen Leonhardt: Latein. Geschichte einer Weltsprache. München 2009. 291.

Faches die größte Herausforderung. Gewiss ist der zusammenfassende Rückblick über die Geschichte des Lateinunterrichts, zumal wenn er den geradezu revolutionierenden Umbruch in der zweiten Hälfte des 20. Jh.s systematisch erforscht, eine notwendige und höchst anerkennenswerte Leistung. Doch die Fachdidaktik Latein darf keinesfalls wie ihr fachwissenschaftliches Pendant mit dem Rücken zur Zukunft stehen. Ihr Blick ist nach vorne gerichtet. Die Ergebnisse der historischen Forschung kommen erst dann – dem Anspruch an die Disziplin entsprechend – zur vollen Geltung, wenn sich aus ihnen Konstanten in der Fachpräsentation gewinnen lassen, die für die Bewältigung aktueller Probleme von Nutzen sind.

Eine dieser Konstanten ist mit Sicherheit die Erkenntnis, dass sich das Fach Latein nicht mehr allein mit den sprachlichen Fachleistungen begnügen und rechtfertigen kann. Natürlich sind die Erwartungen der Eltern, die ihre Kinder in den Lateinunterricht schicken, vorrangig auf den Erwerb eines erhöhten Sprachverständnisses gerichtet, sie erhoffen sich jedoch vom Fach, wie eine repräsentative Untersuchung zeigt, noch anderes[2]. Es ist deshalb gut, wenn heute die Fachdidaktik wie die Fachpolitik *una voce* mit Nachdruck nach innen und außen betonen, dass Latein auch und gerade über die Inhalte ihre nachhaltige pädagogische Wirkung entfaltet.

DAS KOMPETENZPROFIL DES LATEINISCHEN LEKTÜREUNTERRICHTS

In den neuen Lehrplänen für das Fach Latein hat sich dieses Kernprinzip bundesweit verwirklicht. Das Fachprofil der Mittelstufe ist von den sprachprägenden und kulturstiftenden Leistungen gleichermaßen bestimmt, mit markanten Formulierungen. Neuerdings sind diese Leistungen – einem „internationalen Trend folgend" (Bildungsplan Baden-Württemberg) – fast durchgehend abgestellt auf den kategorialen Begriff der „Kompetenz". Kompetenzen sind nicht nur auf Kenntnisse und Fähigkeiten ausgerichtet, sie betreffen auch Einstellungen und Verhaltensweisen. Doch begegnen auch – wie bisher – die Begriffe „Ziel" und – erstmals – „Standard". Ziel ist absenderorientiert (Was sollen die Lehrenden vermitteln?). Kompetenz ist empfängerorientiert (Welche Fähigkeiten sollen die Lernenden erwerben?). Standards beschreiben das Abschlussniveau, das in dem einen oder dem anderen Fall erreicht werden soll.

[2] Friedrich Maier: Das Erbe der Antike – „Erwirb es um es zu besitzen!" Elternerwartungen – repräsentativ erfragt. In: Friedrich Maier / Klaus Westphalen (Hrsgg.): Lateinischer Sprachunterricht auf neuen Grundlagen I. Auxilia 59. Bamberg 2008. 8-26.

Das Kompetenzprofil des lateinischen Lektüreunterrichts in der neuen Mittelstufe hat in den Lehrplänen einen mehr oder minder großen, aber stets wohlüberlegten Rahmen erhalten. Allerdings driften, wie erste Erfahrungsberichte zeigen, in der Unterrichtspraxis Idee und Wirklichkeit noch weit auseinander. Die erreichten Fähigkeiten in der Sprachbeherrschung und Übersetzung genügen meist nicht den vielen und oft hochgesteckten Leistungsanforderungen. Diese Kluft zu schließen ist wohl die Hauptaufgabe der Fachdidaktik. Sie betrifft die Methoden und Materialien der Unterrichtsgestaltung. Dazu werden in den Lehrplänen hilfreiche, zuweilen sehr detaillierte Hinweise gegeben.

In keinem der Lehrpläne fehlt der Auftrag zur Interpretation. Wie diese aber geschehen soll, ist, wenn überhaupt, nur vage angedeutet. Es fehlt bis heute eine systematische, wissenschaftlich begründete Interpretationslehre, mit der aus dem Text zielgerichtet an der sprachlich-stilistischen Formation und der begrifflichen Durchdringung der Inhalt erschlossen und so erhellend und energisch den Lesern präsentiert werden kann, dass er ihn begreift und sich damit gedanklich, vielleicht auch emotional auseinanderzusetzen bereit ist. Nur eine solchermaßen „dynamische" Interpretation, die von einem Ausgangpunkt zu einem fixierbaren Ergebnis führt, erzielt pädagogische Wirkung. Eine nur paraphrasierende Wiedergabe des Inhalts ist keine Interpretation.

Stark betont ist in den ministeriellen Rahmenvorgaben auch die Berücksichtigung der Rezeption. Die jungen Leser würden beim Aneignen der antiken Stoffe „auch ihre Rezeption bis in die Gegenwart kennenlernen" (Lehrplan Berlin). Der Lektüreunterricht „verdeutliche an Beispielen der lateinischen Literatur den Sachverhalt von Rezeption und Tradition" (Lehrplan Nordrhein-Westfalen). Der wirkungsgeschichtliche Impetus gerade der lateinischen Texte für den Aufbau einer kulturellen Tradition wird mit Recht als beweiskräftiger Beleg für die pädagogische Leistung des Lateinunterrichts betont. Allerdings sind Hinweise darauf, wie solche Rezeptionsdokumente in eine funktionale Verbindung zur Interpretation zu bringen sind, eher spärlich.

Das Arbeitsmaterial für den Lektüreunterricht sind die Textausgaben. Sie haben heute in aller Regel einen Standard erreicht, der dem Anspruch der Lehrpläne genügt. Wer heute noch gegen den Einsatz von Farbabbildungen, Ergänzungstexten, Analyse-Skizzen votiert, wer gar die Dominanz des Lateintextes mit Sub-linea-Kommentar anmahnt, findet in keiner der ministeriellen Richtlinien Rückhalt – und weniger noch bei den Unterrichtspraktikern. Die graue Eminenz eines bloßen Textangebots ist nicht mehr gewollt. Das Bayerische Staatsministerium hat sogar für die Zulassung von Textausgaben ausdrücklich

„Bild- und ggf. auch kartographisches Material, nach Möglichkeit antike und / oder moderne Vergleichs- und Ergänzungstexte" zur Bedingung gemacht (KMS vom 07.08.2009). Wie anders ließe sich, was von den Lehrplänen ausnahmslos gefordert wird, die Rezeptionswirkung der antiken Texte zur Geltung bringen!

Das Kompetenzprofil des Lektüreunterrichts differenziert sich – mit geringen Unterschieden – in den Lehrplänen der Bundesländer aus in Sprachkompetenz und Textkompetenz für die Übersetzungsarbeit, in Kulturkompetenz, literarische Kompetenz und Selbstkompetenz für die Interpretationsarbeit. Sozial- und Methodenkompetenz sind beiden Bereichen gleichermaßen zuzuordnen. Kulturkompetenz wird durchgehend im Vermittlungsprozess der historischen Kommunikation angestrebt. In den Lehrplänen von Nordrhein-Westfalen, Hessen und Berlin ist diese nachdrücklich betont und definiert. In einem Dialog mit dem lateinischen Text würden sich die Schülerinnen und Schüler über die darin enthaltenen Aussagen und Fragestellungen auseinandersetzen und Beziehungen zu ihrer eigenen Zeit und Lebenssituation herstellen, wobei ihnen Elemente von Kontinuität und Wandel bewusst würden. Die Selbstkompetenz wird vornehmlich gefördert „durch Vergleich, Wertung und Übertragung verschiedener Deutungsversuche auf Grundfragen der eigenen Existenz" (Lehrplan Thüringen).

BILDUNGSSCHWERPUNKTE: EUROPABILDUNG UND PERSÖNLICHKEITSBILDUNG

Zwei Bereiche schälen sich in allen Lehrplänen, angestrebt durch die beiden genannten methodischen Prinzipien, als Bildungsziele heraus: Europabildung und Persönlichkeitsbildung – eben die Bildungserwartungen, die nach dem Votum der Eltern vom Lateinunterricht im Bereich der Lektüre vornehmlich erfüllt werden sollen. Dass Latein durch seine Texte authentisch mit den Grundlagen der europäischen Kultur vertraut macht und so zur Identitätsfindung der Europäer entscheidend beitragen kann, wird in allen Lehrplänen mehr oder minder nachdrücklich betont. „Die in der Antike gelegten Wurzeln"[3] unmittelbar vor Ort kennenzulernen, stützt und fördert – ein Argument, das selbst die schärfsten Gegner des Faches nicht entkräften können – das, was man „das kulturelle Gedächtnis Europas"[4] nennt.

3 Dietrich Schwanitz: Bildung. Alles, was man wissen muss. Frankfurt am Main 1999. 34.

4 Heike Schmoll: Nachhaltige Bildung. Latein und Griechisch im modernen Fächerkanon. In: Aktuelle Antike. Dresdner humanistische Reden. Herausgegeben vom Deutschen Altphilologenverband. Leipzig 2002. 90.

Persönlichkeitsbildung wird in einigen Lehrplänen expressis verbis apostrophiert: Nach dem Lehrplan von Sachsen-Anhalt würden bei der Textlektüre Fähigkeiten, aber auch Einstellungen und Verhaltensweisen vermittelt, die „die freie Entfaltung der Persönlichkeit" ermöglichen. Der Lehrplan Bayerns betont den Beitrag des Faches „zur Persönlichkeitsentwicklung", der Hessens den Beitrag „zur Erziehung des jungen Menschen zu einer sittlichen Persönlichkeit". Nach dem Lehrplan von Nordrhein-Westfalen ist die Textarbeit bewusst und zielstrebig auf die Selbstkompetenz der Lernenden auszurichten, „wenn die Jugendlichen sich zu selbständigen Persönlichkeiten heranbilden sollen". In diesem Sinne ist zielstrebige Arbeit als Interpretation von Texten zu verstehen, die, wie es etwa im Lehrplan von Thüringen steht, „politische, religiöse und moralische Wertvorstellungen" thematisieren. Sinnfindung und Orientierung in der Welt, Bereitschaft zur Toleranz, Wertebewusstsein, Weltoffenheit, Grundfragen der eigenen Existenz sind dafür die einschlägigen Stichwörter in den Lehrplänen.

DER UMGANG MIT DEM ANGEBOT DER ANTIKE

In den beiden Fällen, der Europabildung und der Persönlichkeitsbildung, ist ein unterschiedlicher Umgang mit dem Angebot der Antike in den Lehrplänen erkennbar. Was aus den lateinischen Texten erarbeitet wird, kann einerseits als komplementär zu den aktuellen Erfahrungen, als Gegenbild zur heutigen Welt verstanden sein. Dabei ermögliche, so der Hamburger Lehrplan, der Perspektivenwechsel „die Reflexion über die Gegenwart", die kritische Distanz zur eigenen Zeit. Die Lektüre der römischen Autoren soll andererseits bleibende Konstanten in einer sich über Jahrtausende hin entwickelnden Kulturtradition offen legen, mit dem Effekt, dass man die heutige Welt und die eigene Lebenssituation von den geschichtlichen Vorerfahrungen der damaligen Menschen her besser versteht. Solches Verständnis ist nützlich „für die persönliche Orientierung im Kontext sozialer Verantwortung" (Lehrplan Rheinland-Pfalz). In jeder Hinsicht stellt sich der angestrebte Effekt nur ein, wenn sich die Lernenden „ein breites Orientierungswissen" oder „Grundwissen" (Lehrplan Bayern) in den behandelten Lektürefeldern aneignen.

Die beiden Prinzipien Kontrast und Konstanz im Umgang mit den antiken Texten werden in den Lehrplänen als sich ergänzende, gleichermaßen wichtige methodische Vorgehensweisen betont. Es geht beim Bemühen um die Originaltexte sowohl um deren Sitz in der Geschichte wie auch um deren Sitz im Leben. Aktualisierung ist deshalb genannt oder ungenannt in allen Rahmenrichtlinien ein notwendiges Unterrichtsprinzip der Lateinlektüre in der Mittelstufe. Der Bau einer „Brücke zwischen Antike und Gegenwart" (Lehrplan Bayern) ist deshalb didaktisches Gebot schlechthin. In diesem Zusammenhang kommt auch der Begriff des „Modells", des „Modellhaften" ins Spiel, mehrfach wörtlich so genannt. Etwa die Aktualität der lateinischen Texte manifestiere sich darin, dass „sie Grundfragen der Menschheit in exemplarischer und modellhafter Weise problematisieren" (Lehrplan Hessen). Der Begriff des Modells ist hinsichtlich seiner didaktischen Funktion in den letzten 30 Jahren hinreichend geklärt worden.

Es herrscht Übereinstimmung darüber, dass Modell nicht mehr im Sinne von „Vorbild", von „nachahmenswertem Beispiel" zu verstehen ist. Es meint heute vielmehr das „Denkmuster" (Lehrplan Berlin), „Anschauungsmuster", an dem der nachdenkliche Mensch Grundbefindlichkeiten der Welt um sich und in sich gründlich studieren kann.

Erfolgreicher Kompetenzaufbau, als Bildung begriffen, vollziehe sich, so die einschlägige Theorie, größtenteils an Denkmustern. Verdeutlicht wurde dieses Verständnis in der Lateindidaktik durch die Wortprägung „Denkmodell". „Die Schülerinnnen und Schüler erkennen in antiken Denkmodellen sowohl die historische Bedingtheit als auch die anhaltende Aktualität" (Lehrplan Rheinland-Pfalz). Die Antike als das „nächste Fremde" (im Lehrplan Thüringens wird die Formel Uvo Hölschers wörtlich zitiert) steht als Leitvorstellung hinter allen Lehrplankonzeptionen.

Das Gegeneinanderstellen von Antike und Gegenwart – unabhängig davon, ob man stärker das Gegensätzliche oder das Konstante betont – verlangt die intensive Anstrengung, im Symbolsystem der Sprache Zusammenhänge zwischen räumlich und zeitlich weit auseinander liegenden Erfahrungsfeldern denkend zu erschließen. Dabei wird historisches und kulturelles Wissen aktiviert und angeeignet, ein Bildungsvorgang, der der wieder und neu betonten Vorstellung entgegenkommt, dass „der Zusammenhang einer Gesellschaft primär durch Geschichte und Kultur gesichert wird"[5]. Und da neuerdings „viel wissen und klar denken"[6] als Bedingungen für ein erfolgreiches Studium beim Gymnasium angemahnt werden, integriert sich das Fach Latein – nach Ausweis der Lehrpläne – auch mit seinem Lektüreprogramm fest in das Profil eines zukunftsfähigen Gymnasiums.

[5] Wolfgang Frühwald: Wie viel Wissen brauchen wir? Politik, Geld und Bildung. Berlin 2007. 121.

[6] Konrad Paul Liessmann: Theorie der Unbildung. Die Irrtümer der Wissensgesellschaft. Wien 2006. 87.

Welcher Begriff eignet sich für eine auf solche Kompetenzen gerichtete und unter solchen Vorzeichen vermittelte Bildung? „Altsprachliche Bildung" ist allein schon wegen der Konnotation von „alt, altbacken, obsolet" nicht mehr passend und außer Kurs. „Klassische Bildung", heute öfter verwendet, ist gewiss eine unverfängliche und historisch weniger belastete Verbindung, doch fehlt ihr, da sie für einen Außenstehenden nur die von den klassischen Sprachen vermittelte Bildung anzeigt, alle programmatische Aussage. Welche Bildungsidee oder welches Bildungskonzept das Fach bestimmt, bleibt unter einem solchen Titel im Verborgenen.

Der von der Sache und dem Anliegen her geeignetste Begriff ist nach wie vor „humanistische Bildung". In den Lehrplänen ist vom Humanum die Rede, das die Textlektüre „in seinen positiven wie negativen Aspekten beleuchtet" (Lehrplan Hessen), von Humanität als einem Wert, der zu Toleranz, zum Verständnis von Menschen anderer Kulturen, zur Achtung der Würde des Menschen, zur Wertschätzung des Friedens Anstoß gibt. Die die Selbstkompetenz des Heranwachsenden konstituierenden Einstellungen und Verhaltensweisen haben eine zutiefst humane Dimension. Auch und gerade die Formulierungen in den Lateinlehrplänen zeigen dies nachdrücklich an. Es ist erwiesen, dass bereits Cicero den Begriff *humanitas*, von dem her man das Adjektiv „humanistisch" bewusst als aussagekräftige Prägung geschaffen hat, im doppelten Sinn von „Bildung" und „Menschlichkeit / Mitmenschlichkeit" verwendete und in der Verwirklichung dieses Wertes ein Zeichen des höher, philosophisch gebildeten Menschen sah.

Seit Cicero ist das Wort immer in dem von ihm verstandenen Sinne verwendet worden. Von seiner sprachlichen Wurzel und von seiner historischen Funktion her ist deshalb „humanistische Bildung" die einzige sinnvolle Benennung. Der Begriff ist Programm. An einem humanistischen Gymnasium vermittelt man humanistische Bildung. An anderen Gymnasien ist diese programmatische Benennung die *differentia specifica* des Faches Latein zu den anderen Disziplinen. Dieses Markenzeichen sollte in unserer zunehmend inhumaner werdenden Welt, in dem neo„liberale" Wirtschaftsindikatoren alle Humanwerte (auch und nicht zuletzt Bildungsinstitutionen!) zu durchdringen und zu dominieren drohen, gewiss nicht ohne Attraktivität sein.

AUTOREN	WERKE	INTERPRETATIONSVORGABEN
NEPOS	Biografien	Dramatische Lebensschicksale großer historischer Gestalten – Wendepunkte der Weltgeschichte (z. B. Themistokles, Thrasybulos, Hannibal).
CÄSAR	Bellum Gallicum Bellum civile	Macht und Moral. *Bellum iustum* als Grundlage des römischen Imperialismus. Leserlenkung als Mittel der Propaganda. Die Freiheit der Barbaren. Weltherrschaftsambition, Zerstörung der Republik. Ein Täter der Weltgeschichte.
CICERO	Reden	Taktik der Psychagogie auf der Bühne. Redekunst als Waffe.
	Briefe	Einblicke in das private und politische Leben.
	Philosophische Texte	Weltentstehungstheorien, ethische Grundlagen von Staat und Leben. Glücksmodelle der antiken Philosophenschulen.
SALLUST	Coniuratio Catilinae (nicht überall vertreten)	Gesellschaftliche Missstände: Kluft zwischen Arm und Reich. Moralischer Verfall. Staatskrise durch Putschversuch. Die Rolle von Frauen in der Politik.
OVID	Metamorphosen	Menschliche Triebstrukturen und Leidenschaften im Spiegel des Mythos. Große mythische Gestalten und ihre Schicksale in Original und Rezeption. Europäische Symbolfiguren und ihr „Sitz im Mythos".
	Ars amatoria	Liebeslehre als kunstvolles Spiel mit dem Urtrieb des Menschen.
CATULL	Carmina	Liebe und Leidenschaft. Das Leiden des liebenden Künstlers.
MARTIAL	Epigramme	Gesellschaftskritik. Invektiven gegen menschliche Schwächen.

KERN- ODER BASISAUTOREN

Die Lehrpläne legen innerhalb des bildungstheoretischen Rahmens, mit dem sie das Fach in das Gesamtkonzept des modernen Gymnasiums integrieren, Schwerpunkte für die Lektürearbeit in der Mittelstufe fest. Sie betreffen einerseits die Autoren und Texte, andererseits Vorgaben für die Interpretation, deren Erfüllung die Theorie des Lehrplans und die Praxis des Unterrichts zusammenführen soll. Quer durch alle Lehrpläne der Bundesländer kristallisieren sich – für die Jahrgangsstufe 9 und 10, gleichermaßen für L1 und L2 – einige wenige Kern- oder Basisautoren heraus, deren Lektüre fast überall verbindlich ist. Ihnen sind fakultativ oder ergänzend noch andere, vor allem spätantike, mittelalterliche und neuzeitliche Schriftsteller beigesellt, um an ihnen zumindest ansatzweise die Kontinuität der europäischen Kulturtradition den Lernenden ins Bewusstsein zu bringen. Die Übersicht auf S. 13 mag dieses bundeseinheitliche „Kerncurriculum" verdeutlichen.

ZUKUNFTSCHANCEN?

Die alles überragende Aufgabe der Unterrichtenden wird sein: Wie gelingt die Integration der uralten Texte und ihrer Inhalte in die ganz andere Lebenswelt und in den Erlebnishaushalt der jungen Menschen von heute? Die Aufforderung, diese Aufgabe zu leisten, wiederholt sich geradezu formelhaft in allen Lehrplänen. Vor nicht allzu langer Zeit sah man die Chance dazu als gering an. Selbst Fachvertreter der Universität äußerten sich wenig optimistisch. „Die Klassische Philologie verzehrt an Schulen und Universitäten ihr Gnadenbrot, und die antike Hinterlassenschaft liegt liebevoll eingesargt in frostigen Sälen von Bibliotheken und Museen." So etwa der Althistoriker Werner Dahlheim[7]. Selbst Manfred Fuhrmann, jener großartige Vorkämpfer für eine zeitgemäße Präsentation der Antike in der heutigen Welt, hatte wenige Jahre vor seinem Tod eine resignative Anwandlung. „Latein hat nur noch den Status von gesunkenem Kulturgut, das in alten Inschriften, in geflügelten Worten und wissenschaftlichen Terminologien herumgeistert." Für Europa habe es keine „integrierende Kraft" mehr[8].

7 Werner Dahlheim: Ratlose Erben. Die Erinnerung an die Antike und die Zukunft Europas. In: Imperium Romanum. Studien zu Geschichte und Rezeption. Festschrift für Karl Christ zum 75. Geburtstag. Herausgegeben von Peter Kneissl und Volker Losemann. Stuttgart 1978. 105-122.

8 Manfred Fuhrmann: Latein und Europa. Ein Rundfunkvortrag. Gesendet von Radio Bremen am 25.11.2000. Abgedruckt in: Forum Classicum 2 / 2001. 90-99.

Die Gegenwart liefert für solchen Pessimismus gewiss keine Gründe. Noch sprechen die Anmeldezahlen der Lateininteressenten an den Gymnasien eine andere Sprache. Der „Abschied von der Antike“[9] steht jedoch stets - und in Zukunft wohl mit immer dickeren Lettern geschrieben - als Menetekel an den Wänden der sich mehr und mehr wandelnden Schule. Es bedarf allen Einsatzes nicht nur der Fachdidaktik, sondern jedes Latein-Unterrichtenden vor Ort. Ohne die Kunst der Vermittlung, ohne die lebendige, auch kreative Begegnung mit den Ereignissen, Gestalten und Ideen jener fernen Vergangenheit, ohne die gleichzeitige leidenschaftliche und offensive Auseinandersetzung mit den Fragen der eigenen Zeit, ohne ein Quantum an Begeisterung für die Sache - auf Seiten Ihrer Vertreter - wird eine Zukunft für die Antike nicht oder kaum zu haben sein.

Dieses Buch versteht sich als ein Beitrag zur Didaktik der Lateinlektüre in der neuen Mittelstufe des Gymnasiums. Der bislang erreichte „alte“ Standard des Lektüreunterrichts ist von Stefan Kipf in seiner umfassenden Monografie[10] vorzüglich und für alle Neuansätze hilfreich erarbeitet worden. Vor dem Hintergrund einer vergleichenden Betrachtung der Lehrpläne der Bundesländer sind in dem hier vorgelegten Werk zu den Kernautoren, deren Behandlung fast überall verpflichtend vorgeschrieben ist, effektive Möglichkeiten dargestellt, wie sich die Ziele und methodischen Hinweise in die Unterrichtspraxis umsetzen lassen, als Textvorschläge, Interpretationshilfen und Lektüreprojekte. Berücksichtigt sind sämtliche Kernautoren mit Werken, die alle in ihrer Art als „Meisterwerke“ gelten. Die einzelnen Kapitel sind teilweise oder ganz bereits auf Lehrerfortbildungsveranstaltungen vorgestellt und von Lateinlehrerinnen und -lehrern in der Praxis erfolgreich erprobt worden. Sie sind von der neuesten fachdidaktischen und fachwissenschaftlichen Literatur her abgesichert und entsprechen in allen Punkten den Vorstellungen eines zeitgemäßen Lektüreunterrichts. Die geforderte „Brücke zwischen Antike und Gegenwart“ ist stets gebaut.

9 So der Titel eines Aufsatzes des Tübinger Philosophen und Pädagogen Otto Friedrich Bollnow „über die Rolle des griechisch-lateinischen Geisteserbes in der Bildungsgesellschaft von morgen“. In: Wort und Wahrheit 19. 1964. H 1, 13-14.

10 Stefan Kipf: Altsprachlicher Unterricht in der Bundesrepublik Deutschland. Bamberg 2006.

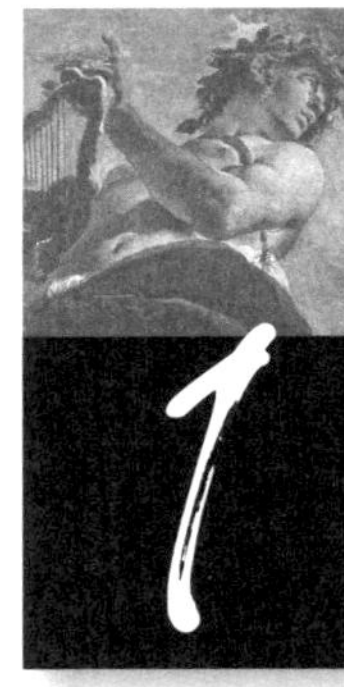

NEPOS

Abenteuerreiche Kurzbiografien

Nepos ist ein hervorragend für die Übergangslektüre geeigneter Autor. Mit ihm lässt sich auf der Basis des Lehrbuchwortschatzes und der „klassischen" Grammatik die Begegnung der jungen Menschen mit der Welt der Antike, die in der Spracherwerbsphase begonnen hat, zielstrebig fortsetzen, vertiefen und erweitern. Seine Texte sind nicht nur flüssig lesbar, sondern transportieren ein Wissen, das zu besitzen sich auch heute – trotz der „Wissensexplosion" auf allen Gebieten – lohnt, ja in vielerlei Hinsicht sogar unentbehrlich erscheint. Zudem sind sie eine Möglichkeit zur „spannenden Lektüre, auf die die Jugendlichen im Alter von 14 und 15 Jahren bedacht sind"[1]. Michael von Albrecht hält Nepos „in seiner einfachen Klarheit für frühe Lektüre geeignet"; er verdiene auch deshalb größere pädagogische Beachtung, weil er als Erster „politische Biografien" geschrieben hat[2]. Joachim Klowski hat 2004 mit guten Argumenten eine Lanze für die Neposlektüre gebrochen[3].

Den darin vorgestellten Gestalten hat Nepos jeweils ein solch markantes Profil gegeben, sie so durch Sprache, Stil und Struktur aus dem unförmigen Gestein der alten Geschichte herausgeschlagen, dass sie – zu lebendigen Anschauungsobjekten geworden – das Interesse des Lesers erregen und ihre Lebensgeschichten als unterhaltsam und

1 Christel Stolz: Interpretationsbeispiele zu C. Nepos. In: AU 13/3. 1970. 19 f.

2 Michael von Albrecht: Geschichte der römischen Literatur. Bd. 1. München 1997. 389 f.

3 Joachim Klowski: Einstellungen von Fachwissenschaft und Fachdidaktik zu Cornelius Nepos in Vergangenheit und Gegenwart. In: Forum Classicum 3/2004, 195-203.

lehrreich empfunden wurden. Rainer Nickel nennt die Figuren aus der nichtrömischen Geschichte „Anschauungsmetaphern" für Nepos' Zeitgenossen, insofern an ihnen exemplarische Gegenbilder zur politischen Wirklichkeit Roms fassbar werden. Der Autor „bedient sich der ‚nichtrömischen' Vergangenheit, um sie als Anschauungsmetaphern zu verwenden, die gegenwärtiges Denken beeinflussen sollen. In diesem Sinne dient die Historie dem Leben."[4]

Unter „Gegenwart" ist von Nickel allerdings diejenige Roms gemeint. So orientiert bliebe die Lektüre jedoch rein historisch, hätte kaum einen Bezug zur Lebenswelt der Schüler. Sind aber Themistokles, Alkibiades oder Hannibal, lauter Gestalten von bemerkenswerter Vitalität, nicht unmittelbar anschauliche Exempla, „historische Beispielmenschen"[5] für die Welt von heute? Durch den Bezug auf Rom gebrochen wird die Verbindung zwischen Antike und Gegenwart kaum wirkungsvoll gelingen; man wird deshalb den Rombezug nur gelegentlich als didaktisches Ziel anvisieren.

Peter Kuhlmann sieht den didaktischen Wert der Neposlektüre neuerdings darin, dass „die Viten wie kleine Dramen oder Tragödien aufgebaut sind und neben der Möglichkeit prägnanter Textinterpretation zu ausgeprägten Charakteren auch historische Informationen und Anknüpfungspunkte zur alten Geschichte bieten."[6]

Nicht recht sinnvoll erscheint Nickels Vorschlag[7], die Lektüre – zumal in der kurzen Phase der Übergangslektüre – mit der Problematik der Autorschaft zu belasten und den traditionsgefestigten Namen „Nepos" plötzlich durch „Hygin" zu ersetzen, zumal die neueste Forschung an Nepos als Autor von *De viris illustribus* festhält[8]. Der Autor Nepos stellt heute gewiss kein relevantes Sachwissen dar; man muss den Namen nicht kennen; nicht seinetwegen liest man die Biografien, sondern um der großen Gestalten und Schicksale willen, die darin beschrieben werden, – Otto Schönberger hat sie „Lebensbilder"[9] genannt – oder wegen der europageschichtlich bedeutsamen Ereignisse, an denen die „berühmten Männer" verantwortungsvoll beteiligt waren.

4 Rainer Nickel: Vergangenheit und Gegenwart in den Persönlichkeitsbildern des Werkes De viris illustribus. In: AU 46/2. 2003. 12.

5 Karl Heinz Heller: Nepos-Lektüre. In: Handbuch für den Lateinunterricht, Sekundarstufe I. Frankfurt am Main 1987. 209 f.

6 Peter Kuhlmann: Fachdidaktik Latein kompakt. Göttingen 2009. 137 f.

7 Rainer Nickel. op. cit. 14 f.

8 vgl. dazu Sabine Anselm: Struktur und Transparenz. Eine literaturwissenschaftliche Analyse der Feldherrnviten des Cornelius Nepos. Stuttgart 2004. 36 ff.

9 Otto Schönberger: Von Nepos bis zum Neuen Testament. Auxilia 14. Bamberg 1986. 4.

Im Feuilleton der Süddeutschen Zeitung hat Gustav Seibt es 2001 auf den Punkt gebracht: „Das Lateinbuch ist das Schulbuch Europas"[10]. Die Aufgabe einer solchen Europabildung kommt in der Tat dem Fach Latein in herausragendem Maße zu. Im Sprachlehrbuch ist sie allerdings nur in Ansätzen und kaum mehr als an der Oberfläche möglich. Tiefgründig kann sie nur an authentischem Material – an den Originaltexten – vollzogen werden. In allen neueren Lehrplänen ist diese Zielsetzung der Lektüre ausdrücklich zum Programm erhoben.

Erstmals und einzigartig lässt sich das Thema Europa bei Nepos schülernah präsentieren. Dabei gewinnt die Lektüre einer oder mehrerer Biografien als einer abenteuerlichen, sich als Tragödie entwickelnden historischen Geschichte einen hohen Grad an ernsthafter, keineswegs vordergründiger Aktualität. Im Extremfall könnte man die Auswahl aus Nepos' Werk auf Persönlichkeiten konzentrieren, die am Bau der Fundamente Europas und der dieses prägenden Werte und Prinzipien – Freiheit, Rationalität, Demokratie – direkt oder indirekt mitgewirkt haben.[11]

An zwei thematischen Skizzen sei ein solches Vorhaben exemplarisch angedeutet.

[10] „Zwölf Dinge, die Europa gemacht hat. – Zwölf Dinge, die Europa gemacht haben". Nr. 6: Das Lateinbuch: die Kopfnuss. In: Süddeutsche Zeitung vom 28.12.2001.

[11] Friedrich Maier: „In unserem gemeinsamen Haus ...". Bausteine Europas. München / Bamberg 2005. 102 ff.

DIE GEBURT EUROPAS

Die Biografien des Themistokles und des Hannibal

Was bietet sich in der Phase der lateinischen Übergangslektüre als Zentraltext für das angezeigte Ziel der Europabildung an? Zu allererst die Biografien des Nepos. Denn hier sind nachweislich die europabezogenen Vorstellungen der Griechen in die lateinische Fassung gebracht.

DIE THEMISTOKLES-VITA

Im kollektiven Gedächtnis der Antike hat sich die Auseinandersetzung zwischen Asien und Europa verankert. Der Sieg bei Salamis steht für den Triumph des Westens über den Osten. Nepos stellt dies beim Faktum des Salamis-Sieges lapidar fest:

Europaeque succubuit Asia. (Them. 5, 3)

Zwar ist von Nepos auch bereits die Schlacht bei Marathon unter dem Aspekt der Sicherung Europas bewertet worden, insofern er feststellt, dass durch den damals besiegelten Untergang des Perserkönigs Dareios „Europa sicher sein werde" (*Europam fore tutam,* Milt. 3, 4), doch als die eigentliche und tatsächliche Rettung Europas vor den Angriffen der Perser – Xerxes „bekriegt das gesamte Europa" (*bellum universae inferret Europae,* Them. 2, 4) – gilt für ihn der Seesieg 480 v. Chr. bei Salamis. Hier ist im konstatierenden Perfekt festgestellt: „Dem Europa ist Asien unterlegen."

Erst dieses mühsam und glücklich errungene Ereignis hatte aus der Sicht des Römers für alle Folgezeit Bestand, gleichsam als eine Rettungstat, die der Geschichte der Welt eine bestimmte Richtung ihrer Entwicklung ermöglichte. Christian Meier bezeichnet treffend die Meerenge von Salamis als ein „Nadelöhr, durch das die Weltgeschichte hindurch musste"[1].

Welches Europa aber hat Themistokles damals vor dem Untergang gerettet? War „Europa" da schon als Lebensraum verstanden, in dem sich Menschen von einer gemeinsamen Idee, von gemeinsamen Werten geleitet und deshalb als zusammengehörig fühlten? Oder ist diese Europa-Vorstellung nur die Projektion des römischen Biografen in diese frühe Zeit?

[1] Christian Meier: Athen. Ein Neubeginn der Weltgeschichte. Berlin 1993. 33.

Hier muss – in einem kleinen Exkurs – der Historiker der Perserkriege kurz zu Wort kommen. Herodot, der „Vater der Geschichtsschreibung", weist dem Begriff Europa im 5. Jh. v. Chr. mehr als nur eine geografische Funktion zu. Als geografische Größe war ihm der Kontinent bekannt, allerdings höchst unscharf. Er hält ihn in Länge und Breite für den größten Erdteil (neben Asien und Libyen / Afrika). Er gibt jedoch seine geringe Kenntnis selbst zu:

„So ist das übrige Asien außer den östlichen Gebieten erforscht und bekannt, dass es sich ähnlich verhält wie Libyen. Von Europa aber weiß offenbar niemand etwas Genaues, weder über den Osten noch über den Norden, ob es da vom Meer umgeben ist." (Hist. 4, 44 f.)

Herodot gebraucht das Wort „Europa" *(Európe)* häufig, einmal auch das Wort „Europäer" (*Européioi,* Hist. 7, 73). Er meint damit das „Westland" und die „Westler". Vielleicht liegt dieser Sinn schon von seinem Etymon her im Begriff. Das hebräische „Ereb", von dem viele das Wort herleiten, bedeutet „Abend", „Sonnenuntergang". Europa wäre demnach vom Osten aus gesehen das „Abendland". Herodot ist aber vor allem auch der Erste, der dieses Europa in Abgrenzung von „Nicht-Europa" zu definieren sucht: „Europa steht bei Herodot stets in Antithese zu Asien."[2] In einem Traumbild des Königs Kyros, des Begründers des persischen Reiches, erscheint dessen zweiter Nachfolger Dareios mit zwei Flügeln ausgestattet, von denen der eine Asien, der andere Europa beschattet, was auf den späteren Eroberungskrieg der Perser gegen Griechenland hindeutet (Hist. 1, 209). Zudem: Mardonios, Xerxes' General, überredet diesen, gegen Athen in den Krieg zu ziehen, mit der Begründung, dass „Europa ein schönes und fruchtbares Land sei, das nur der Großkönig zu besitzen verdiene" (Hist. 7, 5).

Europa und Griechenland sind offensichtlich gleichgesetzt. Was über das Wesen Griechenlands gesagt wird, trifft demnach auch auf dieses Europa zu, ohne dass dabei ein in geografischen Grenzen festgelegter Raum gemeint ist. Die Wesensbeschreibung des „Westlandes" inszeniert Herodot geradezu, und zwar in der Form eines erregten Zwiegespräches zwischen dem Perserkönig Xerxes und Demaratos, einem ehemaligen Spartanerkönig, der wegen seiner perserfreundlichen Haltung aus der Heimat vertrieben worden und zu einem persischen Vasallen geworden war. Kurz nachdem Xerxes auf seinem Zug nach

[2] Manfred Fuhrmann: Europa. Zur Geschichte einer kulturellen und politischen Idee. Konstanz 1986. 20.

Westen, „nach Europa übergesetzt war" (Hist. 7, 56), soll er sich am Hellespont, also an der Schnittstelle zwischen Ost und West, bei seiner Heeres- und Flottenschau mit dem Griechen – kurz zusammengefasst – folgendermaßen unterhalten haben:

„Du bist Grieche, glaubst du, dass deine Landsleute mir Widerstand leisten können? Ich meine, wenn sich die Griechen und die übrigen Völker des Abendlandes (*hoi loipoì hoi pròs hespéres oikéontes ánthropoi,* 101) zusammentäten, wären sie nicht stark genug, meinem Angriff standzuhalten." Demaratos soll geantwortet haben: „Xerxes, mein Herr, ich will dir die Wahrheit sagen. Die Griechen werden sich gegen dich zur Wehr setzen. Sie besitzen nämlich eine Tapferkeit / Leistungskraft (*areté,* 102), die ihnen allmählich zugewachsen ist durch Klugheit und durch ein starkes Gesetz. Damit werden sie sich gegen die Knechtschaft, die du ihnen bringst, zur Wehr setzen. Sie sind freie Menschen und wollen es bleiben."

Xerxes darauf: „Wie aber können 1.000, 10.000 oder 50.000, die alle gleich frei sind (*eóntes ge eleútheroi pántes homoíos,* 103) und nicht dem Befehl eines einzigen Mannes gehorchen, einer so großen Armee wie der meinen widerstehen? Wären die Griechen wie meine Leute von der Peitsche eines Monarchen gezwungen, so würden sie wohl auch gegen einen übermächtigen Gegner ins Feld ziehen. So aber sind sie der Freiheit zügellos ausgeliefert und tun deshalb nichts von dem."

„Aber mein Herr", so habe Demaratos dagegen gesprochen, „die Griechen sind frei, gewiss, aber sie sind nicht in allem frei, über ihnen steht als Herrscher das Gesetz (*despótes nómos,* 104) – und das gebietet ihnen, sich zu verteidigen, auch wenn dabei nur 1.000 gegen eine ganze Million anzutreten hätten." (Hist. 7, 101-104).

Im Hintergrund dieses Gespräches, das fast eine Art von ideologischem Konzept ex eventu darstellt, steht die Antithese Griechen – Perser, die auch als die Antithese Europa – Asien zu begreifen ist. Insofern treffen die Wesensmerkmale Griechenlands auf alle „Völker des Westens", auf alle „Westler" zu. Die dieses Wesen im Kern prägenden Eigenschaften sind Klugheit und Freiheitssinn und die Bereitschaft, sich einem über allem stehenden Gesetz unterzuordnen. Geistbegabung, freiheitliches Denken und Gesetzestreue sind die Komponenten jener ideellen Substanz, aus der sich die Kultur Griechenlands bzw. Europas entwickelt hat – im Unterschied zum asiatischen Lebensraum. Das ideologische Schema „Hellenen – Barbaren" (auch „Europäer – Barbaren") ist damit bereits in den Anfängen grundgelegt worden. Für Nepos war dies – 400 Jahre später – ein vollinstalliertes Denkschema.

Dass die Barbaren den Griechen, Asien Europa in der Schlacht bei Salamis unterlegen waren, wurde – nach dem Urteil des römischen Biografen – weniger durch die Leistungskraft der Waffen entschieden als durch die Geisteskraft eines Mannes, des Themistokles:

Barbarus [Xerxes] ... victus ergo est magis etiam consilio Themistoclis quam armis Graeciae. (Them. 4, 5)

In der anfangs zitierten Ergebnisfeststellung *(Europae succubuit Asia)* ist diese Begründung noch markanter und umfassender formuliert. Unmittelbar davor heißt es:

Sic unius viri prudentia Graecia liberata est ... (Them. 5, 3)

Die Freiheit Griechenlands, demnach Europas, ist gesichert worden durch Klugheit, und zwar eines einzigen Mannes, des Themistokles. Damit bestätigt sich bis in die Begrifflichkeit hinein die Wesensbestimmung Herodots, der eben Klugheit und Freiheitssinn als die substanziellen Elemente dessen heraushebt, was man sich unter Griechenland / Europa vorzustellen hat. Rationalität, Freiheit und Rechtsstaatlichkeit sind gewissermaßen die Urelemente europäischer Identität.

In der Biografie des Themistokles entfaltet sich dieses Ideenkonzept im Detail. Die Charakteristik des Mannes (Them. 1, 3 f.) hebt beinahe aufdringlich seine geistige Stärke hervor, die sich in den folgenden Fähigkeiten manifestiert:

* rasche Findigkeit im Lösen von Problemen (*celeriter, quae opus erant, reperiebat,* 1, 3)
* Entschlossenheit im Planen und Handeln (*neque minus in rebus gerendis promptus quam excogitandis,* 1, 4)
* sichere Urteilsfähigkeit hinsichtlich Bedrohungen (*de instantibus ... verissime iudicabat,* 1, 4)
* höchste Schlauheit in der Berechnung der Zukunft (*de futuris callidissme coniciebat,* 1, 4)

Ganz offensichtlich handelt es sich hier um Facetten der Themistokles zugeschriebenen Qualität, die als *prudentia* und *consilium* bezeichnet ist; *prudentia* erfasst dabei eher die Klugheit, Verstandeskraft als dauerhaften geistigen Gesamthabitus, *consilium* meint mehr die sich von Situation zu Situation bewährende Planungs- und Entschlusskraft, sodass man das Wort jeweils als Plan, Rat, Entschluss, Taktik, List zu verstehen hat.

Da Nepos in diesem Kontext der Klugheit engstens die Fähigkeit, alles Gedachte auch durch Redekraft zu vermitteln (... *facile eadem oratione explicabat,* Them. 1, 4), assoziierte, wird deutlich, dass Themistokles das, was im Griechischen *lógos* meint, in vollendeter Weise besaß. Diese Logosgabe machte ihn zum herausragenden Politiker. In allen seinen Entscheidungen und Maßnahmen sind beide Seiten dieses Logos am Werke, die *ratio* und die *oratio*.

Die Schlacht bei Salamis ist in ihrer Planung, Taktik und Auswertung ein einzigartiger Beleg für die Verwirklichung dieser Logosfähigkeit des Themistokles. Er hat die Bedrohung durch die persische Übermacht völlig richtig eingeschätzt (*de instantibus ... verissime iudicabat*), er hat für das durch das Orakel gestellte Problem rasch die nötige Lösung gefunden (*celeriter, quae opus erant, reperiebat*), er hat mit Entschlossenheit die Taktik der Seekriegsführung in der Meerenge ausgedacht und – auch unter Einsatz seiner Schlauheit mit der Nachricht an Xerxes – durchgesetzt (*neque minus in rebus gerendis promptus quam excogitandis*), er hat nach dem Sieg durch seinen Brief an Xerxes schlau dessen mögliche (zukünftige) Reaktion kalkuliert (*de futuris callidissime coniciebat*).

Themistoclis
prudentia / consilium

URTEILSKRAFT	FINDIGKEIT	TAKTISCHE KLUGHEIT	LISTIGE SCHLAUHEIT
verissime iudicabat	*celeriter reperiebat*	*de rebus excogitandis promptus erat*	*callidissime coniciebat*
Bedrohung durch die Übermacht der Perser	Rätsel des Orakelspruchs	Kampf in der Meerenge	heimliche Botschaften an Xerxes

Das vermutlich authentische Dokument des erst 1959 in Troizen gefundenen Evakuierungsbefehls an die Athener (s. S. 24) bestätigt diese Gesamteinschätzung des Themistokles als einer entschlossenen, von überlegter Planungs- und Entscheidungskraft geleiteten Persönlichkeit. An ihr ist der Atem der Geschichte zu spüren. Die Nepos-Biografie wie der Evakuierungsbefehl erweisen den Athener als eine Gestalt, die

Ihr Götter!

Es beschlossen der Rat und das Volk. Themistokles, Sohn des Neokles, aus dem Demos Phrearrhioi stellte den Antrag:

Die Stadt soll man anvertrauen der Athene, die über Athen waltet und den anderen Göttern allen, dass sie beschützen und den Barbaren zur Rettung des Landes abwehren.

Die Athener alle und die Fremden, die in Athen wohnen, sollen die Kinder und Frauen nach Troizen bringen ... Die Alten aber und den Besitz sollen sie nach Salamis bringen. Die Schatzmeister aber und die Priesterinnen sollen auf der Akropolis bleiben und den Besitz der Götter bewachen.

Die übrigen Athener alle und die Fremden im waffenfähigen Alter sollen an Bord der bereitgestellten zweihundert Schiffe gehen und den Barbaren abwehren, sowohl um ihrer eigenen Freiheit willen als auch der übrigen Griechen, zusammen mit Lakedaimoniern und Korinthern und Aigineten und den übrigen, die bereit sind, sich gemeinsam der Gefahr zu stellen.

Bestimmen sollen auch Trierarchen, zweihundert an Zahl, einen für jedes Schiff, die Strategen, beginnend mit dem morgigen Tag, aus denen, die Land und Haus in Athen besitzen und vollbürtige Kinder haben und nicht älter als fünfzig Jahre sind, und sie sollen ihnen die Schiffe durch das Los zuteilen. Und sie sollen zehn Soldaten für jedes Schiff ausheben und denen, die über zwanzig Jahre und bis dreißig Jahre sind, und vier Bogenschützen. [...]

Sobald aber bemannt sind die Schiffe, sollen sie mit den einen hundert von ihnen zu Hilfe eilen zum Euböischen Artemision und mit den anderen hundert von ihnen um Salamis und das übrige Attika vor Anker bleiben und bewachen das Land.

Damit aber alle Athener einmütig den Barbaren abwehren, sollen diejenigen, die auf zehn Jahre verbannt sind, sich nach Salamis begeben und dort so lange bleiben, bis das Volk einen Beschluss über sie fasst. Diejenigen, denen die Bürgerrechte genommen sind, sollen ihre Rechte zurückzuerhalten.[3]

[3] Athen, Epigraphisches Museum, No. 13330. – Michael H. Jameson: A Decree of Themistocles from Troizen. In: Hesperia 29. 1960, 198-223. – Russell Meiggs / David Lewis (Hrsgg.): A Selection of Greek Historical Inscriptions to the End of the Fifth Century B. C. Oxford ^{2}1989. No. 23. – Kai Brodersen / Wolfgang Günther / Hatto H. Schmitt (Hrsgg.): Historische Griechische Inschriften in Übersetzung. Bd. 1. Darmstadt 1992. Nr. 35. – Zur Authentizität der Inschrift: Wolfgang Blösel: Themistokles bei Herodot. Spiegel Athens im fünften Jahrhundert. Studien zur Geschichte und historiographischen Konstruktion des griechischen Freiheitskampfes 480 v. Chr. Stuttgart 2004. 247-254.

sich ganz in den Dienst ihrer Heimatstadt gestellt und alles der Erhaltung der Freiheit Griechenlands hintangestellt hat.

Dieses Zusammenspiel von *prudentia* und *libertas* geriet bei Themistokles freilich auch an die Grenze der moralischen Verträglichkeit, in Konflikt mit Recht und Gesetz. Er hat sich die Freiheit genommen, um der Freiheit Griechenlands willen – durch seine listigen Botschaften, durch die Tricks „einer gezielten Falschmeldung" an Xerxes – zweimal einen taktischen Verrat an den Seinen, den Athenern, zu begehen. Das hätte angesichts der hohen Zielsetzung damals als vertretbar angesehen werden können oder müssen; bei den Athenern aber, die ihm diese geniale List nicht verziehen haben, ist ihm die so zustande gekommene Leistung bald zum Verhängnis geworden. Man hat ihn durch einen Ostrakismus – d.h. durch eine am Gesetz (*nómos*) ausgerichtete Entscheidung – verbannt.

Was hier zutage getreten ist, gehört offensichtlich von Natur aus zum Wesen der Kombination von „Klugheit" und „Freiheit"; die daraus resultierende Leistung ist ambivalent, immer in Gefahr, sich an Recht und Gesetz zu reiben – eine Erkenntnis, die weit in die Geschichte des späteren Europa vorausweist. Sophokles freilich hat nicht lange nach dem Wirken des Themistokles bereits auf diesen natürlichen Mechanismus menschlicher Geistbegabung in seiner Tragödie *Antigone* hingewiesen: Der Mensch kann damit – eben weil er frei ist – „bald den guten, bald den schlechten Weg gehen" (v. 366).

Die Nepos-Biografie, ein Reflex des griechischen Denkens im 5. Jh. v. Chr., stellt den Sieg bei Salamis als ein Faktum von hoher politischer und kultureller Tragweite dar. Sie bringt Themistokles' Leistung in eine weltgeschichtliche Perspektive. Im Grunde markiert diese die Geburtsstunde Europas. Europa und Asien stehen sich fortan nicht mehr nur als geografische Größen gegenüber. Zwischen ihnen besteht ein ideologischer Gegensatz. Europa steht für Freiheit, Klugheit und Rechtsstaatlichkeit, Asien für Macht, Masse und Absolutismus (die Unabhängigkeit des Herrschers von Recht und Gesetz).

„Der Seesieg von Salamis ist als ein Sieg der Freiheit des westlichen Abendlandes über die Despotie des Ostens hochstilisiert worden."[4] Doch bedeutet er ungemein mehr. Griechenland, das damals weithin mit Europa identisch gesetzt wurde, konnte sich erst danach in der ihm eigenen Art und Dynamik entwickeln, „mit großen Spielräumen, in unerhörter Freiheit, selbst die Bedingungen des politischen Lebens

[4] Winfried Schmitz: Themistokles. 325. In: Kai Brodersen (Hrsg.): Große Gestalten der griechischen Antike. 58 historische Portraits von Homer bis Kleopatra. München 1999. 318-326.

zu gestalten, einer Freiheit, die – wie üblich – sowohl zum Guten wie zum Bösen genutzt werden konnte."[5] Erst durch diese Bedingung wurde Europa in die Spur gebracht, auf der es das werden konnte, was es über die Zeiten hin geworden ist: derjenige Lebensraum, der die gesamte menschliche Kultur am nachhaltigsten beeinflusst hat und großenteils auch heute noch beeinflusst. Allein Themistokles war es, der durch seine Rettungstat die Weltgeschichte durch das Nadelöhr der Meerenge von Salamis geführt hat: „Die Schlacht bei Salamis ist auch um die geistige Zukunft Europas geführt worden."[6]

HANNIBAL – „DER ERMÖGLICHER EUROPAS"

Alexander und Hannibal hatten offensichtlich ein gemeinsames Idol: Herakles. Der Punier „führte immer eine Herakles-Statuette mit sich, die einst von Lysipp als Tafelschmuck für Alexander den Großen geschaffen worden war."[7] Dem Welteroberer wollte es Hannibal an herakleischen Großtaten gleichtun. Was jener von europäischem Boden aus gegen den Rest der damaligen Welt im Schilde führte, das unternahm dieser von dorther gegen das „Westland", gegen Europa, das nun – im 3. Jh. v. Chr. – von den Römern repräsentiert wurde.

Die Römer waren die geistig und politisch führende Nation geworden, die allmählich – auch auf der Grundlage der usurpierten griechischen Kultur – zu einem ausgeprägten Selbstbewusstsein fand. Dabei hatten sie auch das ideologische Schema „Hellenen – Barbaren" übernommen und auf die neue Konstellation umgeprägt. Nun standen sich Römer und Barbaren in einem noch stärker betonten Kulturgefälle gegenüber. Die einen waren von einem kaum mehr überbietbaren Überlegenheitsgefühl gegenüber den anderen bestimmt; sie leiteten daraus das Recht ab, ihre Herrschaft – in Erfüllung eines Kultivierungsauftrages – immer weiter über die Erde auszudehnen.

Als der Barbar Hannibal die Römer angriff, begann er einen Krieg, der „für die Unabhängigkeit der Völker und Staaten"[8] geführt wurde. Ein Vertreter der phönizischen Kultur bedrohte das Imperium Romanum, das sich zwar nicht namentlich als Europa verstand, aber nun im Zentrum des „Westlandes" lag und sich zu dessen führender Macht

[5] Christian Meier. op. cit. 33 f.

[6] Werner Dahlheim: Die Antike. Griechenland und Rom von den Anfängen bis zur Expansion des Islam. Paderborn 1994. 177.

[7] Karl Christ: Hannibal. Darmstadt 2003. 54.

[8] Eduard Meyer: Hannibal und Scipio. 79 ff. In: Erich Marcks / Karl Alexander von Müller (Hrsgg.): Meister der Politik. Band 1. Stuttgart / Berlin 1922. 65-117.

zu entwickeln begann. Die Frage ist deshalb durchaus berechtigt: War Hannibal eine Gefahr für Europa? Die Römer sahen zweifellos in ihm „einen Widersacher der eigenen Kultur, der eigenen Zivilisation, einen Exponenten der Gegenwelt."[9]

Als der Antirömer die Alpen, die *moenia ... non Italiae modo, sed etiam urbis Romanae* (Liv. 21, 5, 9) überstiegen hatte, gegen das sich überlegen dünkende Volk in dessen eigenem Land von Sieg zu Sieg eilte und schließlich unmittelbar vor Rom stand, brach in der Stadt die Panik aus, man sah sich dem Untergang preisgegeben. Der Schreckensruf *„Hannibal ad portas!"* (Cic. Phil. 1, 11; De fin. 4, 22), der sich an diesem Ereignis festmachte, zeigt „die traumatisierte Wiederholungsangst"[10] an, von der die Römer nicht mehr loskamen. Wie später der Einfall der barbarischen Germanen das Wort vom *furor Teutonicus* prägte, so muss wohl, solange Karthago existierte, der *furor Punicus* die römischen Herzen in Bann gehalten haben. Catos gebetsmühlenartig wiederholte Forderung *„Ceterum censeo Carthaginem esse delendam"* (vgl. Plut. Cato Maior 27) hat ganz sicher darin seinen Grund. Er instrumentalisierte den Barbarenschock.

War dieser Vernichtungsappell des römischen Zensors von Weitsicht geprägt? Was wäre, wenn ...? Diese an sich unhistorische Frage ist für die kontrafaktische Geschichtsbetrachtung heute nicht mehr abwegig. Im Falle von Hannibal und Europa ist sie längst gestellt und beantwortet worden. Hätte der Punier Rom zerstört, Italien auf Dauer besetzt, das Imperium Romanum verhindert, welche Richtung hätte die Geschichte genommen? Das „Westland" wäre vielleicht von den Galliern dominiert oder phönikisiert worden, ein Europa griechisch-römischer Prägung, eine abendländische Kultur, eine von westlichen Werten getragene Welt wäre im Dunkel der Vergangenheit verschüttet geblieben.

Doch man hat die Frage auch andersherum gestellt: Was wäre gewesen, hätte es Hannibal „den größten Antagonisten gegen die aufkommende Römerherrschaft"[11] nicht gegeben? Er hat, so betonen nicht wenige Historiker, die inneren Kräfte der Römer gebunden, sie zu höchster Leistung getrieben, „er provozierte die entscheidenden imperialistischen Impulse Roms"[12], er trieb dieses Volk letztendlich zur Weltherrschaft, sodass ein Raum entstand, in dem sich eine spezifische Kultur und Zivilisation enfalten konnten.

[9] Linda-Marie Günther: Hannibal – eine Gefahr für Europa? Vortrag im Rahmen des Bundeskongresses des Deutschen Altphilologenverbandes. Köln 14. April 2004.

[10] Linda-Marie Günther. op. cit.

[11] Leopold von Ranke: Weltgeschichte. Band 2. Leipzig 1882. 107.

[12] Karl Christ. op. cit. 54.

Leopold von Ranke hat Hannibal eine noch größere Wirkung zugeschrieben; mit seinem Zug über die Alpen „durchbrach er zuerst diese Grenzscheide; der punische Semit eröffnete der europäischen Kultur ihren Weg nach Norden“[13]. Dass sich mit der Herrschaft der Römer zugleich deren Lebensverständnis und Weltordnung nördlich der bis dahin als unüberwindbar geltenden Gebirgskette, im späteren Zentrum Europas, ausbreiteten, mag seinen Grund in der Tat auch und gerade in Hannibals Leistung haben. Nach dieser Deutung würde, wie es Linda-Marie Günther formuliert hat, Hannibal „zum Geburtshelfer europäischer Kultur, er wäre also kein bedrohlicher Zerstörer, sondern ein willkommener Ermöglicher“[14]. Eine solche Ermöglichung setzt allerdings die historisch realisierte Niederlage des Romgegners voraus. Nur der unterlegene, der tote Hannibal garantierte Rom seine Zukunft.

Hatten also die Athener unter Themistokles Europa erstmals vor dem Barbarenangriff unter dem Perser Xerxes gerettet, so waren es die Römer, die unter Scipio Europa vor dem Barbarenangriff unter dem Karthager Hannibal retteten; sie waren auch hier die ersten Zweiten.

ERGEBNISSE

Was hat nun die Suche nach den Spurenelementen Europas zutage gefördert? Welches Wissen konnten sich die Schülerinnen und Schüler bei der Nepos-Lektüre aneignen? Was in den Texten selbst entdecken?

Europa stellte sich ihnen in jener frühen Zeit als eine geografische Größe dar, als ein Kontinent neben Asien und Afrika. Allerdings in Umfang und Grenzen war die Vorstellung noch unklar, ja abwegig. Europa war ein unscharfer Begriff; er bezeichnete das „Land im Westen“, und die Menschen dort, die Europäer, konnte man als „Westler“ verstehen. Zu Nepos' Zeit war – betrachtet man die Weltkarte des Eratosthenes – die Vorstellung von Europa schon etwas detaillierter und genauer; doch der Autor projiziert diese klarere Vorstellung nicht in die Epoche der von ihm beschriebenen Gestalten.

Dieses frühe Europa, das man weithin mit Griechenland gleichsetzte, hat aber bereits eine gewichtige inhaltliche Substanz; es gibt sich uns – bei Nepos ebenso wie bei Herodot, dem Historiker vor Ort – als Lebensraum zu erkennen, in dem die Werte der Klugheit / Weisheit (*prudentia / sapientia – sophía*), der Freiheit (*libertas – eleuthería*)

[13] Wilhelm Hofmann: Hannibal und Rom. Düsseldorf 1974. 99.

[14] Linda-Marie Günther. op. cit.

und der Bindung an ein starkes Gesetz (*ischyròs nómos*) die tragende Grundlage der menschlichen Gemeinschaft geworden sind – seither fester Kern der abendländischen Kultur: Rationalität, Demokratie und Rechtstaatlichkeit.

Dieser Lebens- und Kulturraum war durch den Angriff der Perser von Osten her bedroht; Themistokles hat im Besitz und mit Hilfe dieser „europäischen" Tugenden Europa erstmals vor dem Untergang gerettet. Klugheit, Freiheitsdrang und Gesetzestreue garantierten die Überlegenheit über den persischen Osten.

Hannibal war die personifizierte ideologische Gegenkraft zu Europa; in seinem Kampf gegen die Römer, die zu seiner Zeit die Griechen in der Repräsentanz der westlichen Kultur und Lebensform abgelöst hatten, bedrohte der Karthager – wie einst Xerxes – das „Westland" in seiner Existenz, andererseits zwingt er dessen Vertreter zu höchster Anstrengung der Selbstbehauptung und treibt so den Aufbau des Imperium Romanum voran, als eines Raumes, in dem sich die spezifisch westlich-europäische Kultur entwickeln konnte, aus deren mutmaßlicher Überlegenheit man den Anspruch ableitete, andere Völker, wenn nötig, unter Zwang in diesen Kulturkreis miteinzubeziehen – worin der mit Waffen zu erfüllende Zivilisationsauftrag des „Westlandes" gründete, dem man sich lange über das Ende des Römischen Reiches hinaus verpflichtet fühlte. So wurde Hannibal gewissermaßen zum „Geburtshelfer" Europas und des europäischen Imperialismus.

Durch seinen Alpenübergang eröffnete der Punier zudem den Weg zur Romanisierung des Nordens und machte es möglich, dass sich dieser Raum für die europäische Kultur erschloss, ja geradezu der Mittelpunkt werden konnte – allerdings erst viele Jahrhunderte später, d.h. – um im Bild zu bleiben – in der Jugendzeit Europas.

Absicht dieser Interpretationsskizze ist es, im Spiegel der Nepos-Texte die Geburt Europas zu beobachten und etwas von den heftigen Wehen, unter denen unser Kontinent geboren wurde, zu erfahren. Es sollte deutlich geworden sein, was es mit Europa vor Christi Geburt auf sich hatte. Wer aufmerksam in den Spiegel dieser Texte schaut, kann erkennen, dass viele und sehr bestimmte Facetten des modernen Europa bereits in Ansätzen in der Antike vorgegeben waren und dass alle ernsthaften Versuche heute, die Identität unseres Kontinents zu definieren, nicht umhinkommen, auf diese Anfänge zu rekurrieren.

DIE DEMOKRATIE AM SEIDENEN FADEN

Die Biografie des Thrasybulos

Demokratie ist eine Entdeckung Europas. Dass es dazu gekommen ist, mag ein Zufall der Geschichte sein. Ein historisches Ereignis war wohl der tiefere Grund, warum sich der Weg zu einer solchen Entwicklung auftat. Der griechische Historiker Herodot hat in der Zeit, als es diese neue Staatsform in Athen bereits gab, rückblickend seine erlebten Erfahrungen in jene Schicksalssituation hineinprojiziert. Welche Prinzipien, welche Vorstellung von Demokratie lassen sich daraus gewinnen? Hauptzeugnis dafür ist das sog. Demaratos-Gespräch, eine fiktive Unterredung des Perserkönigs Xerxes mit einem in seinem Heer dienenden Griechen (Hist. 7, 101-104), und zwar zu einem Zeitpunkt, als der Perser mit seinen Heerscharen gerade „nach Europa" übergesetzt hatte: 480 v. Chr., in dem Jahr also, in dem die Schlacht bei Salamis stattfand. Die Gesprächspartner verglichen die beiden Völker miteinander – ein Vergleich, der zur ersten Kontrastierung von Europa und Asien geraten sollte.

In diesem Gespräch, dessen Inhalt auf S. 20 f. ausführlicher zitiert ist, sind markant die „Tugenden" zum Ausdruck gebracht, die die innere Stärke, die Leistungskraft, die „Bestheit" (*areté*) der Griechen bezeichnen, in der ihr Selbstbewusstsein und ihr Gefühl der Überlegenheit gegenüber einem um das Tausendfache stärkeren Gegner gründeten: Klugheit (*sophíe*), Freiheitsdrang (*apamýnetai ... tèn desposýnen*) und die Anerkennung eines starken Gesetzes (*nómos ischyrós*, Hist. 7, 102). Mit dieser Wertesubstanz setzten sie zwei Entwicklungen in Gang, die eine hin zu Wissenschaft und Kunst, die andere hin zu Praxis und Theorie des bestmöglichen Staates.

Dieser verwirklichte sich unter dem athenischen Staatsmann Perikles. Man feierte damals das Glück der Stunde. So singt der Tragödiendichter Euripides in seinen *Hiketiden* (um 421 v. Chr.) das Loblied auf die attische Demokratie; die Verse gelten als eines der frühesten Zeugnisse politischen Denkens:

Nichts ist dem Volk so feindlich wie Tyrannenmacht:
Da gelten – was das Höchste – nicht gemeinsame
Gesetze; nur ein König, der sich alles Recht
Anmaßt, gebietet: keine Gleichheit waltet mehr.
Doch wo Gesetze aufgezeichnet wurden, hat
Auch der Schwache wider einen Glücklichen

Das Recht vertreten, wenn er ihm ruchlos erscheint,
Und wenn er wahr gesprochen, siegt der Kleinere.
Auch ist es Freiheit, wenn der Herold ruft im Volk:
„Wer will den Bürgern guten Rat verkündigen?"
Und hochgeehrt ist, wer es will; wer aber nicht,
Der schweigt. Wo wäre gleichres Recht in einem Staat?[1]

Doch die glückliche Stunde der attischen Demokratie ging bald zu Ende. Der Peloponnesische Krieg stürzte die Demokratie in den Abgrund. Die Tage der Tyrannis waren eben nicht, wie man nach Salamis gehofft hatte, zu Ende. In Athen kamen nach dem Ende des „Großen Krieges" nicht ein Tyrann, sondern deren „Dreißig" an die Macht, die alle demokratisch Gesinnten ausrotteten oder in die Flucht trieben. „Unter dem Druck der Flotte des [spartanischen Feldherrn] Lysander wurde im Hochsommer 404 die attische Demokratie zu Grabe getragen."[2] Welche Folgen hätte das, wäre es dabei geblieben, für das Europa der Zukunft gehabt? Ein Mann bewirkte, dass diese Frage nicht gestellt zu werden brauchte: Thrasybulos.

Cornelius Nepos hat diesen Mann und seine Leistung in einer Kurzbiografie von fünf Kapiteln beschrieben. Sie liest sich nicht nur wie eine abenteuerliche, spannende Erzählung, sprachlich und stilistisch kunstvoll gestaltet, und doch ohne Schwierigkeiten zu übersetzen; sie führt auch unmittelbar in einen dramatischen Wendepunkt der Geschichte ein, an dem womöglich das Schicksal der Welt eine bis heute oder gerade heute vorherrschende Richtung erhalten hat. Wenn überhaupt eine Biografie des Nepos die Lektüre verdient hat, dann diese über Thrasybulos. Sie ist ein literarisches Meisterwerk. Zudem lässt sie sich sehr vorteilhaft mit der über Themistokles verbinden.

Thrasybulos war ein Politiker des Maßes und ein Demokrat, der für diese Staatsform lebte. Doch hatten wir nicht erfahren müssen, dass die Demokratie am Ende des Peloponnesischen Krieges tot war? War sie nicht von den durch die Spartaner in Athen eingesetzten Dreißig Tyrannen beendet worden? Gewiss. Sie lag – unter der Schreckensherrschaft der neuen Machthaber, die listenreich und brutal alle Gegner beseitigten – dem Tode nahe am Boden. In Athen kam ihr niemand zu Hilfe; dort gab es keine heilenden Kräfte mehr. Die Demokraten,

1 Euripides. Sämtliche Tragödien in zwei Bänden. Nach der Übersetzung von J. J. Donner bearbeitet von Richard Kannicht. Stuttgart 1984. (Band 2: Hiketiden 429-441).

2 Hermann Bengtson: Griechische Geschichte. Von den Anfängen bis in die Römische Kaiserzeit. München 1950. 241.

nicht weniger als 1.500 athenische Bürger, waren durch Henkershand beseitigt worden. Einige wenige hatten entfliehen können.

Von diesen kam die Rettung. Im Grunde war Thrasybulos, der kein Mann von hoher Abkunft war, die einzige treibende Kraft dazu. Er hat, wie es bei Nepos heißt, als Erster und zunächst Einziger den Kampf gegen das Unrechtsregime der Dreißig aufgenommen:

> *... non solum princeps, sed etiam solus initio bellum iis indixit.*
> (Thra. 1, 5)

Dieser Mann trug die Demokratie gleichsam im Herzen; der sein Wesen vorherrschend prägende Zug war das totale Engagement für die Freiheit. Der Begriff *libertas / liberare* ist das Leitmotiv, von der die Biografie des Thrasybulos bestimmt wird. Schon die charakteristische Beschreibung zu Beginn zeigt diese Wertorientierung:

> *Nam, quod multi voluerunt paucique potuerunt, ab uno tyranno patriam liberare, huic contigit, ut a triginta oppressam tyrannis e servitute in libertatem vindicaret.*
>
> Was viele wollten, aber wenige vermochten, nämlich die Vaterstadt von einem einzigen Tyrannen zu befreien, das gelang ihm <in mehrfacher Weise>, nämlich dass er seine von Dreißig Tyrannen gewaltsam beherrschte Stadt aus der Knechtschaft in die Freiheit führte.
> (Thra. 1, 2)

Um diesen Wesenskern des Freiheitssinnes (*libertas*) gruppierten sich bei Thrasybulos die Werte der Treue (*fides*), der Durchhaltekraft (*constantia*) und des hohen Mutes (*magnitudo animi*, Thra. 1, 1). Sein ganzer Charakter hatte nur einen Bezugspunkt, der ihm Richtung und Bindung gab, die Vaterstadt (*in patriam amor*). Deren Wohl und Freiheit waren ihm gleichsam das eherne Gesetz.

„Empört über das nicht enden wollende Blutbad“[3] in Athen, sammelte er in der Verbannung eine kleine Schar Gleichgesinnter um sich. Während jedoch die anderen eher forsch für die Freiheit redeten, als dafür kämpften (*fortius ... pro libertate loquebantur quam pugnabant*, Thra. 2, 4), schritt Thrasybulos zur Tat und riss die anderen mit. Von der Grenzfestung Phyle in Attika aus startete er den Angriff, zunächst

[3] Robert Payne: Der Triumph der Griechen. Das antike Griechenland und seine Kultur. Stuttgart 1966. 371.

mit nicht mehr als dreißig Mann. Thrasybulos war deren Führer und Vorkämpfer. Diesem Verhalten weist Nepos in pointierter Formulierung eine zukunftsträchtige Bedeutung zu:

> *Hoc initium fuit salutis Actaeorum, hoc robur libertatis clarissimae civitatis.*

> Dies war der Anfang der Rettung Attikas, dies war die feste Stütze der Freiheit der hochberühmten Stadt. (Thra. 2, 1)

Das hier verwendete Wort *robur*, eigentlich der „feste Kern des Holzes", das „Hartholz", militärisch auch der „stärkste Teil des Heeres", deutet in Verbindung mit *libertas* an, dass in der Hartnäckigkeit des Thrasybulos und seiner wenigen Helfer der feste, harte Rückhalt der Freiheit und ihrer Wiedergewinnung steckte. „Aus der kleinen Zahl ging die historische Wendung hervor."[4] Thrasybulos war der Garant für die Rettung der Demokratie.

Neben der enormen seelischen Energie, mit der er seinen Einsatz für die Freiheit betrieb, besaß Thrasybulos ohne Zweifel ein hohes Maß an Intelligenz, die sich einerseits in seiner militärischen Taktik, andererseits in seinem politischen Weitblick manifestierte. Ohne Klugheit hätte er angesichts der Unterzahl nicht die Masse der mächtigen Feinde besiegt, ohne Klugheit wäre ihm nach dem Sieg über diese nicht der Ausgleich der Gegensätze in Athen gelungen.

Das gegenseitige Zerfleischen der in Parteien aufgespaltenen Bürger, der Oligarchen und der Demokraten, verhinderte er durch den Erlass eines Gesetzes; lateinisch ist es mit dem schönen Begriff *lex oblivionis* wiedergegeben, „Gesetz des Vergessens" – wohl das erste Amnestiegesetz in der Geschichte Europas:

> *Praeclarum hoc quoque Thrasybuli, quod reconciliata pace, cum plurimum in civitate posset, legem tulit, ne quis ante actarum rerum accusaretur neve multaretur; eamque illi <legem> oblivionis appellarunt.* (Thra. 3, 2)

Die Versöhnung der Bürger, die Sicherung des politischen Gleichgewichts, wodurch sich Freiheit und Frieden zu einer Einheit verbanden, war durch ein „starkes Gesetz" gewährleistet. Thrasybulos verband

---

[4] Otto Schönberger: Von Nepos bis zum Neuen Testament. Auxilia 14. Bamberg 1986. 9.

demnach in sich – wie einst Themistokles und Perikles – die drei „europäischen Tugenden": Freiheitsdrang, politische Rationalität und Anerkennung des Gesetzes.

Diese Prinzipien ermöglichen ihm die Wiederbelebung der attischen Demokratie. Nach dem Ende der Dreißig war Athen wieder eine Demokratie. „Es war Thrasybulos, der … in seiner Heimatstadt die Demokratie nicht nur wiederherstellte, sondern diesem staatlichen Ordnungsmodell auch Sicherheit und Stabilität verlieh."[5] Durch sein beispielloses Engagement wurde die Demokratie wie Phönix aus der Asche wiedergeboren. Dieser Athener war geradezu die Verkörperung der Demokratie. Zugleich darf er als der geschichtlich erste Widerstandskämpfer gegen eine Diktatur zugunsten der Demokratie gelten.

Für Christian Meier gehört „zum Abenteuer Athen in vorderer Linie die Demokratie"[6]. An diesem Abenteuer hat Thrasybulos nicht unmaßgeblich mitgewirkt. Ihm allein ist es zu verdanken, dass diese Staatsform als eine reale Möglichkeit politischer Gemeinschaft im Bewusstsein der Menschheit erhalten geblieben ist, ja in Griechenland für eine gewisse Zeit noch – über die Stadt hinaus – zur politischen Realität wurde. Thrasybulos leistete zweifellos Arbeit für die Zukunft Europas.

---

5 Gabriele Bockisch: Thrasybul . Seine Zeit und sein Leben. 96. In: Gabriele Bockisch / Joachim Klowski: Cornelius Nepos. Attische Staatsmänner aus römischer Sicht – Themistokles, Alkibiades, Thrasybul. Auxilia 56. Bamberg 2006. 96-114.

6 Christian Meier: Athen. Ein Neubeginn der Weltgeschichte. Berlin 1993. 704.

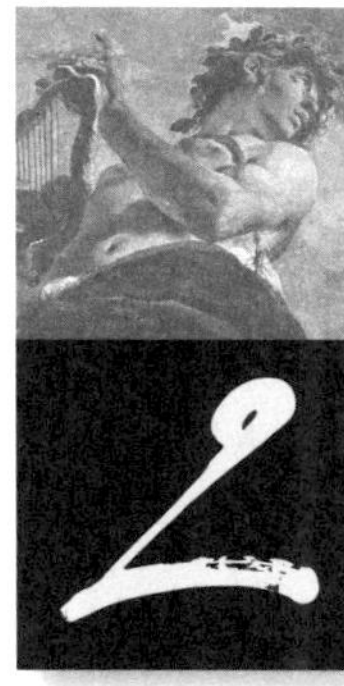

CÄSAR

Erste autobiografische Geschichtswerke

Das Urteil Jakob Burckhardts, Cäsar sei „in betreff der Begabung vielleicht der größte Sterbliche gewesen"[1], greift gewiss sehr hoch. Andere begnügen sich, ihm das Prädikat „der größte Römer"[2] zu geben. Vielleicht trifft dies eher zu. Auf dem Einband eines Buches über die römische Antike entwickelt das Bild Cäsars, als Kopf, als Büste oder Standbild, ohne Zweifel die höchste Signifikanz und Werbekraft. Cäsar ist Markenzeichen. Ob auch Gütezeichen? Das ist höchst umstritten. Cicero hat den Mann ein *téras* (Ad Att. 8, 9, 4) genannt, ein Ungeheuer, wundervoll und schrecklich zugleich. In ihm verkörpert sich in der Tat das „Allgewaltige", wie es Sophokles dem Menschen zuschreibt, sichtbar und folgenreich. Das *deinón*, das „Gewaltig-Große" und das „Schrecklich-Gefährliche", offenbart sich an diesem Römer in höchster Potenz. Groß war Cäsar, aber auch ein Scheusal. Herrschaft und Charisma manifestierten sich in ihrer wechselseitigen Beziehung, so die heutige Erkenntnis, geradezu modellhaft an dieser in der europäischen Geschichte herausragenden Gestalt. Der Römer betörte die Massen durch außergewöhnliche, gottgleiche Qualitäten, von ihm strahlte aber zugleich der bissige Charme des Höllenhundes aus. „Cäsars furchterregende Größe liegt in der Konsequenz, mit der er seine persönlichen Ziele verfolgt und diesen alles – auch Ethik und Menschlichkeit – unterordnet."[3]

[1] zit. bei Wolfgang Will: Julius Caesar. Eine Bilanz. Stuttgart / Berlin / Köln 1992. 214.

[2] Matthias Gelzer: Caesar. Der Politiker und Staatsmann. Wiesbaden 1960. 305.

[3] Michael von Albrecht: Geschichte der römischen Literatur. Bd. 1. München / New Providence / London / Paris 1994. 340.

Kaum jemand wird es bezweifeln: Cäsar ist auf der politischen Bühne Europas eine herausragende Figur, seine Wirkung auf die Geschichte des Kontinents hätte nicht größer sein können. Dieser Römer hat Maßstäbe gesetzt, die über das Römische Reich, über Europa hinausgreifen.

An Cäsar, seinem Leben und Schicksal, lässt sich das Verhältnis von Macht und Politik eindrucksvoll studieren. Markante Taten und Ereignisse geben diesem Studium eine lebensnahe Anschauung. Cäsar war der geborene Machtmensch. Von Anfang an stand „die Macht im Fadenkreuz“[4] seines Interesses. Die Macht Roms verknüpfte er untrennbar mit seiner persönlichen. Ihr war er leidenschaftlich verfallen. Er wollte der erste Mann des Erdkreises sein.

Sein Ehrgeiz war auf das Unermessliche gerichtet, zielte auf Weltherrschaft. Als er daran ging, über die „natürlichen“ Grenzen hinweg sein Heer ins unbekannte Britannien überzusetzen, blickte er, so wird berichtet, auf den Ozean hinaus und dachte, als würde ihm und den Römern der bisherige Erdraum nicht ausreichen, an eine andere, neue Welt, die es zu erobern galt[5].

Dieses „sehnsüchtige Verlangen“ nach Weite und Größe hatte er mit Alexander dem Großen gemeinsam. Von Jugend an bewunderte er Herkules, sein Vorbild aber war der Makedonenkönig, dem er bis zu seinem eigenen gewaltsamen Tod nacheiferte. In diesem Streben nach Macht, nach Alleinherrschaft kam er zwangsweise mit der bis dahin gültigen Ordnung des römischen Staates in Konflikt. Er musste das alte Gebäude einreißen, um sein neues zu errichten. Es gab einen Augenblick in seinem Leben, wo er damit begann – im vollen Bewusstsein der Folgen. Mit seinen Legionen stand er am Fluss Rubikon, der seine Provinz vom Stammland Italien abgrenzte, und schickte sich an, diesen trotz Verbots zu überschreiten; er hielt für kurze Zeit inne; sein inneres Hemmnis drückte er in der fatalen Alternative aus: „Der Verzicht auf diesen Übergang wird mir Unglück verursachen, der Übergang aber allen Menschen.“[6] Seine Tat führte, wie wir wissen, zum Bürgerkrieg, ja zum einzigen Weltbürgerkrieg der Geschichte. Dass daraus letztlich die neue Regierungsform des Kaisertums hervorging, ist geschichtliches Faktum. Dessen Name zeugt noch heute davon.

Als Schulautor ist Cäsar nach wie vor höchst umstritten. Manche lehnen ihn ab. Aber macht ihn nicht sein Doppelgesicht, das Schillernde seines Wesens, die teuflische Faszination, die von ihm ausgegangen ist

[4] Franz Ferdinand Schwarz: Caesar oder der Triumph der Verwirklichung. 8. In: Ianus 11. 1990. 8-14.

[5] Publius Annius Florus, Epitome de Tito Livio bellorum omnium DCC libri duo 1, 45, 16.

[6] Appian, Bürgerkriege 2, 35.

und ausgeht, umso interessanter, reizvoller – auch pädagogisch wertvoll, weil die Beschäftigung mit ihm nicht ohne kritische Auseinandersetzung auskommt? Wie aber soll man Cäsar den jungen Menschen heute präsentieren? Die bloße Perspektive des Helvetierkrieges verkürzt, ja verzerrt das Cäsarbild, weil sie nichts vom Facettenreichtum seiner Persönlichkeit, der Brisanz seines weltpolitischen Tatendranges, seiner dauerhaften Wirkung auf Europa vermittelt.

Wer die Cäsarlektüre auf das *Bellum Gallicum* 1, 1-28 beschränkt, vermittelt vom Autor wenig, von seinem Lebensprogramm noch weniger, von seiner Leistung für Europa fast nichts. Gewiss ist das *Bellum Gallicum* das Meisterwerk des Autors, auch als literarisches Dokument eines folgenreichen Geschichtsereignisses weithin bekannt und anerkannt. Doch um diese Bedeutung des Werks in das Bewusstsein der Schüler zu heben, ist eine andere Form der Vermittlung – in Auswahl, Interpretation und kritischer Auseinandersetzung – vonnöten. Nur so erweist sich der „Kriegsbericht" seines hohen Ranges im knappen Lektürearrangement der Mittelstufe als würdig.

Neuerdings bietet sich eine alternative Konzeption der Cäsarlektüre an. Sie gründet auf der europageschichtlichen Bedeutung des Römers. Hier konzentriert sich die Lektüre auf Texte aus dem *Bellum Gallicum* und dem *Bellum Civile*, wobei Zusatztexte aus zeitnahen griechischen und lateinischen Autoren zur Abrundung des Bildes hinzugezogen werden. Dadurch wird der mächtigste Mann der Antike in vielen Facetten und an plastischen Ereignissen den Lesern nachhaltig vor Augen geführt.

Cäsar, diese römische Großgestalt, sollten Menschen von heute kennen wegen seiner Persönlichkeit, seiner Leistung, aber auch wegen der sich an ihm offenbarenden Fragwürdigkeit des Machtmenschen. Macht und Moral standen sich in ihm unvereinbar gegenüber – was ihn am Ende zweifellos das Leben kostete. Deshalb lohnt es sich, das Drama von Cäsars Leben aus den ersten Quellen kennenzulernen.

Dabei bietet sich eine extraordinäre Chance. Man kann zwei Gestalten der Antike in ihrer weltgeschichtlichen Bedeutung den jungen Menschen zumindest ansatzweise nahebringen. „Cäsar und Alexander, ein gewaltiges Paar, die beiden mächtigsten und auch die beiden würdigsten Weltbeherrscher des ganzen Altertums!" So schon 1796 die Feststellung Friedrich Schlegels in seiner *Welthistorischen Vergleichung*[7].

Nachfolgend sind drei Beiträge zusammengestellt, von denen zwei das *Bellum Gallicum* nach wie vor als Kernlektüre ansetzen, der andere eine Neuausrichtung der Cäsar-Präsentation skizziert.

[7] Zit. bei Ernst Baltrusch (Hrsg.): Caesar. Darmstadt 2007. 19.

CAESAR MAGNUS

Der Traum vom Weltherrscher

In seinem an Furius und Aurelius gerichteten Gedicht fasst der Dichter Catull Cäsars Unternehmungen im Norden so zusammen:

> *Caesaris visens monimenta magni, / Gallicum Rhenum horribile aequor ulti / mosque Britannos.*
>
> Schauend auf die Stätten, die an den großen Cäsar erinnern, / am Rhein in Gallien, auf das schaurige Meer und den / weitest entfernten Britannen. (c. 11, 10-12)

Hier ist vom „großen Cäsar" (*Caesar magnus*) gesprochen. Luciano Canfora deutet die Stelle so: „Caesar Magnus wird hier offen Pompeius Magnus gegenübergestellt (ein Beiname, der auf Alexander den Großen zurückgeht)."[1] Wir wissen: Pompeius war ein geradezu manisch getriebener Alexander-Nacheiferer; er hat sich deshalb die Haare hochtoupiert, nach seinen Erfolgen im Osten hat er Alexanders Sternenmantel angezogen und sich von seinem Heer ausdrücklich den Titel *Magnus* verleihen lassen.

Alle Cäsarmonografien der jüngsten Zeit, angefangen von Christian Meier, Wolfgang Will, Luciano Canfora und besonders Werner Dahlheim, stellen mit Nachdruck heraus, dass sich auch Cäsar Alexander den Großen in höchstem Maße zum Vorbild genommen hat, ja dass auf ihn der Titel *Magnus* eine geradezu magische Anziehungskraft hatte, die sein ganzes Leben und Streben elementar bestimmte. Seine Rivalität mit Pompeius hatte darin wohl den tiefsten Grund. Cäsars Zeitgenossen hatten von diesem Stachel des Ehrgeizes in ihm bereits eine Ahnung; nach seinem Tod hat man beide, Alexander und Cäsar sehr bald in ihrer Größe parallelisiert, z. B. bei Plutarch und Appian. Sie standen sich bei den antiken Biografen und Historikern als Weltherrscher auf Augenhöhe gegenüber.

In den Rhetorenschulen der Kaiserzeit gehörte der Vergleich des Römers mit dem Griechen zu den beliebtesten Exempeln für Deklamationsübungen. Ihren weltgeschichtlich gleichen Rang hat wohl erstmals in neuer Zeit Friedrich Schlegel 1796 in seinem Essay *Caesar und*

[1] Luciano Canfora: Caesar. Der demokratische Diktator. Eine Biographie. München 2001 (2004). 118.

Alexander. Eine welthistorische Vergleichung festgestellt, in dem er, wie oben zitiert, die beiden als die mächtigsten und würdigsten Weltherrscher des ganzen Altertums bezeichnet.[2]

Für uns ist von Belang: Cäsar und Alexander waren schon damals zu herausragenden Gegenständen der Schule geworden. Warum sollten wir das pädagogische Potential, das in einem solchen Vergleich angereichert ist, nicht für den modernen Lateinunterricht nutzen? Einen Versuch, die Cäsar-Lektüre damit auf eine neue Grundlage zu stellen, ist es allemal wert.

1. DIE VERPFLICHTUNG DER GEBURT

1.1 Die göttliche Legitimation

Cäsar besaß die bestmögliche Voraussetzung zur Macht; sie kam von den Göttern. Nach Sueton hat er diesen Vorzug selbst bekundet. Bei einer Trauerrede auf seine Tante Julia, die er als Quästor hielt, hob er deren Abkunft hervor: mütterlicherseits von Ancus Marcius, einem der ersten Könige Roms abstammend, und väterlicherseits ausgezeichnet durch die Verbindung der Julier mit der Göttin Venus. Im Geschlecht der Julia verbänden sich, so meinte er, die Heiligkeit der Könige (*sanctitas regum*) und die Ehrwürdigkeit der Götter (*caerimonia deorum*). *Origo, gens, genus* sind die tragenden Begriffe des Textes. Sein Geschlecht sei auf der Vaterseite (eben über Äneas) „mit den Göttern verbunden" (*cum dis coniunctum*). Cäsar wähnte sich demnach von königlichem und göttlichem Geblüt, geradezu als Abkömmling des Jupiter, sodass er sich zur Herrschaft nicht nur berufen, sondern geradezu verpflichtet fühlte:

> *Est igitur genere Iuliae et sancititas deorum, qui plurimum inter homines valent, et caerimonia deorum, quorum in potestate ipsi sunt reges.* (Sueton, Divus Iulius 6)

Um 47/46 v. Chr., also längst auf dem Gipfel der Macht, sollte er dies auch auf einer Münze vor aller Welt propagieren lassen: Die Vorderseite zeigt den Kopf der Göttin Venus mit Diadem und Halskette, die Rückseite Äneas, der seinen Vater aus dem brennenden Troja trägt, also den Ahnherrn des julischen Geschlechts.[3]

[2] vgl. S. 37.

[3] John P. C. Kent / Bernhard Overbeck / Armin U. Stylow: Die römische Münze. München 1973. Tf. 20. Abb. 81.

Alexanders Legitimation ist ähnlich; doch musste er sich diese göttliche Vollmacht erst mühsam verschaffen. Von Haus aus kein Grieche, ja nicht einmal Vollmakedone hatte er sich anfangs sogar wegen seiner Herkunft des Spottes zu erwehren. „Du Elender, bin ich etwa ein Bastard?" soll er einem Beleidiger zugerufen haben (Plut. Alex. 9). Vom Drang nach oben, an die Spitze von Geschlecht und Macht, war er gerade deshalb wie besessen. Schon früh glaubte er sich – über Herakles – vom höchsten Gott abstammend, wie Appian berichtet (Bürgerkriege 2, 151). Allerdings erst einige Zeit später, bereits zum König ernannt und nach erfolgreichem Siegeszug in Kleinasien, konnte er sich in der Oase Siwah in Ägypten seine Abkunft von Zeus Ammon bescheinigen lassen. Der älteste der Priester redete den sich dem Tempel nähernden König als „Sohn des Zeus" an:

> *Ac tum quidem regem propius adeuntem maximus natu e sacerdotibus filium appellat, hoc nomen illi parentem Iovem reddere adfirmans. Ille se vero et accipere ait et adgnoscere, humanae sortis oblitus.* (Curtius Rufus 4, 7, 25)

Auch hier bestätigen zahlreiche Münzprägungen Alexanders propagandistisch diesen Anspruch. Die Vorderseite dieser Münzen zeigen den Alexander-Herakles-Kopf mit Leontis, die Rückseite Zeus mit Adler und Zepter.[4]

1.2 Erste Begegnung mit Alexander

Den quasi göttlichen Auftrag zur Herrschaft trug Cäsar offensichtlich von Jugend an in seinem Herzen, zutiefst davon emotional bestimmt. Auch darauf lässt uns eine Aussage Suetons schließen. Als der Julier in Spanien als Quästor tätig war, hatte er, was seine Karriere betraf, ein geradezu schockartiges Erlebnis. Schuld daran war Alexander, der hier erstmals in seiner Biografie namentlich auftaucht, ihm aber ganz sicher als der große Welteroberer schon seit Kindheit als Idol vor Augen schwebte. Wie Sueton berichtet, bemerkte Cäsar bei einem Herkulestempel die Statue Alexander des Großen; bei deren Anblick soll er aufgestöhnt und seine eigene feige Trägheit gleichsam verachtet

[4] Ein hervorragendes Beispiel – ein in Memphis gefundenes Tetradrachmon, um 325 v. Chr. – ist abgebildet in: Christof Boehringer: Münzen. 378. In: Adolf H. Borbein: Das alte Griechenland. München 1995. 370-381. „Fast alle Silbernominale [Alexanders des Großen] tragen als Bilder den Kopf des Ahnherrn Herakles sowie einen thronenden Zeus mit Zepter und Adler, dazu die Legende ALEXANDROU." (379).

haben. Warum? Weil von ihm noch nichts Denkwürdiges, nichts, was den Eingang in die Geschichtsbücher wert (*memorabile*) wäre, getan worden sei – in einem Alter, in dem Alexander bereits den Erdkreis unterworfen habe. Er habe sich, so seine innere Qual, der ihm durch Geburt auferlegten Pflicht zur Weltherrschaft feige entzogen. Er ließ es bislang an großen Taten (*res gestae*) missen:

> *Animadversa ... Magni Alexandri imagine ingemuit et quasi pertaesus ignaviam suam, quod nihil dum a se memorabile actum esset in aetate, qua iam Alexander orbem terrarum subegisset ...*
> (Sueton, Divus Iulius 7)

Diese Begegnung mit dem in Stein verewigten Alexander hat auf Cäsar eine beinahe traumatische Wirkung. Der schwere Minderwertigkeitskomplex gegenüber seinem großen Vorbild verfolgte ihn, wie wir sehen werden, sein Leben lang. „Als Caesar auf Alexander zurückschaute, um seine künftige Aufgabe und Stellung zu verstehen, zeigten sich Kampf und Eroberung als Urquell der Allmacht“[5]. Dadurch wird auch erklärbar, warum Cäsar daraufhin sofort Spanien verließ, um in der Hauptstadt, dem Zentrum der Macht, möglichst bald die Chance zu Großtaten durch Eroberung zu bekommen. Nur in Rom stand für ihn, so dachte er offensichtlich, das Sprungbrett zu den erstrebten Höhen.

Dass Cäsar mit seiner Machtambition richtig lag, bestätigte ihm – wohl schon in Rom – ein Schreckenstraum: Er träumte, er habe mit seiner Mutter Unzucht getrieben. Erst die Traumdeuter vermochten seinen Schock (*confusum*) in höchste Erwartung (*summa spes*) umzuwandeln. Sie erklärten, dass durch diesen Traum die Herrschaft über die ganze Welt angezeigt werde:

> *Etiam confusum eum somnio ... coniectores ad amplissimam spem incitaverunt arbitrium terrarum orbis portendi interpretantes.*
> (Sueton, Divus Iulius 7)

Denn jene Mutter sei, so sagten sie, niemand anderer als die Erde, die als die Mutter aller gelte. Die Herrschaft über die alle Menschen umfassende Mutter Erde sei ihm also, so musste Cäsar folgern, vom Schicksal vorbestimmt. Wer konnte es Cäsar verdenken, dass ihm die im Traumbild künftig zugedachte Rolle als Weltherrscher zu einer ständig ak-

[5] Werner Dahlheim: Julius Caesar. Die Ehre des Kriegers und die Not des Staates. Paderborn / München / Wien / Zürich ^{2}2006. 182.

tiven Triebfeder (*ad amplissimam spem incitaverunt,* Divus Iulius 7) seines Handelns wurde. Die längst gehegte Hoffnung wurde durch den Traum forciert, sie entwickelte sich in ihm allmählich zu einer Machtbesessenheit, der wahnhafte Züge eigen waren.

1.3 Alleinherrscher im republikanischen Staat

In der Tat agierte Cäsar auf der politischen Bühne Roms wie im Rausch. Hatte Alexander nach der Ermordung seines Vaters und Rivalen Philipp, an der er womöglich beteiligt war, sich sofort als König den Massen präsentiert und war jener, dem von ihm bewunderten Trojahelden Achilles gleich, in den Krieg gezogen, so musste sich Cäsar zu einem solchen Status – konform mit der republikanischen Verfassung – mühsam, mit taktischer Klugheit und mit Unmengen Geld hocharbeiten. Mit selbst finanzierten Tierhetzen und Gladiatorenspielen machte er sich bei den Römern beliebt, aber auch zum größten Schuldner Roms. Bald war er Prätor. In seiner undurchsichtigen Rolle bei der Verschwörung Catilinas hatte er mit seiner Rede gegen die Todesstrafe zwar keinen Erfolg, konnte sich jedoch als *popularis*, als Volksfreund, profilieren.

Seine Bewerbung um das Amt des Konsuls für das Jahr 59 v. Chr. bedurfte jedoch seines ganzen Raffinements. Cäsar verband sich mit den zwei mächtigsten Politikern (zugleich größten Rivalen) zu einem zunächst geheimen Männerbund, dem sog. Triumvirat, das bereits Marcus Terentius Varro durch den Satirentitel „Das Ungeheuer mit den drei Köpfen"[6] mit dem Höllenhund gleichsetzte. Nichts mehr sollte im Staat geschehen dürfen, was einem der Drei dieses Staatsungeheuers missfiel. Im Kopf des Klügsten unter den Dreien saß freilich nach wie vor die Triebfeder Alexander. Und dies ließ ihn weit über den Augenblick hinausplanen. In Giuseppe Bezzuolis Gemälde „Das Triumvirat" (um 1835) ist dies unmissverständlich angezeigt.[7] Während der Beratung der Triumvirn legt Cäsar in Gedanken versunken seinen Arm um die Büste Alexanders. Gewiss dachte er, um wie viel leichter und schneller doch sein griechisches Idol an das Ziel seines Traumes, seiner ihm vom Schicksal zugedachten Stellung gekommen ist.

Offiziell hat Cäsar als Konsul die politische Macht. Doch bestand dieses Amt nicht aus zwei Kollegen? Wie stand es um den Mitkonsul

[6] Varros (verlorene) Schrift *Trikáranos* wird bei Appian, Bürgerkriege 2, 9, erwähnt.

[7] Abgedruckt in: Friedrich Maier: Caesar – Weltherrscher. Ein literarisches Porträt. Textband. Reihe Antike und Gegenwart. Bamberg 2007. 19.

Calpurnius Bibulus, „seinen Intimfeind“[8]? Darüber gibt uns wiederum Sueton eine sehr aufschlussreiche Antwort, die Wort für Wort entlarvend ist:

> „Als nach Verkündung des Ackergesetzes Bibulus Widerspruch einlegte, trieb Caesar seinen Amtskollegen mit Waffengewalt vom Forum. Als sich dieser am folgenden Tag im Senat darüber beschwerte und niemand fand, der eine solche Unrechtstat durch Abstimmung zu verurteilen wagte, war er so verzweifelt, dass er sich fortan zu Hause verkroch und nur noch durch schriftliche Einsprüche in das Geschehen eingriff. Von diesem Zeitpunkt an verwaltete nur noch ein Mann im Staat alle Geschäfte. Manche haben spöttisch geschrieben, dass, wenn sie eine Maßnahme unterzeichneten, diese nicht von den Konsuln Cäsar und Bibulus, sondern von den Konsuln Julius und Cäsar vollzogen worden sei. Bald gingen im Volk folgende Verse um: ‚Nicht von Bibulus ist, was neulich geschehn, gemacht worden, sondern von Cäsar; denn vom Konsul Bibulus wird nichts, ich erinnere mich, jemals gemacht.‘“ (Sueton, Divus Iulius 20[9])

Da steht es Schwarz auf Weiß: *Unus ... omnia in re publica et ad arbitrium administravit.* Cäsar war inmitten der Republik de facto Alleinherrscher, sein Mitregent nur Marionette. Niemand im Senat wagte über sein mit Waffengewalt verübtes Unrecht überhaupt nur abzustimmen. Die Waffen (*arma*) erwiesen sich stärker als das Recht (*ius*). Das „Parlament“ war gewissermaßen außer Funktion gesetzt. Wer war da noch mächtiger als er? Musste sich der Römer da nicht dem griechischen König Alexander ganz nahe fühlen? Zumal ihm unmittelbar nach dem Konsulat Raum und Mittel zur Eroberung in die Hand gegeben wurden.

[8] Hartmut Galsterer: Caesar. Der Aristokrat als Alleinherrscher. 310. In: Karl-Joachim Hölkeskamp / Elke Stein-Hölkeskamp (Hrsgg.): Von Romulus zu Augustus. Große Gestalten der römischen Republik. München 2000. 307-327.

[9] Gaius Suetonius Tranquillus: Leben der Caesaren. Übersetzt von André Lambert. Reinbek 1960.

2. MIT ELAN IN DIE EROBERUNGSKRIEGE

2.1 Gallien als Sprungbrett

Was für Alexander der Osten, war für Cäsar – zunächst – der Norden. Ganz bewusst ließ sich der Prokonsul die Nordprovinzen zur Verwaltung zuweisen. Von dort aus konnte er seinen Eroberungsdrang in Taten und Erfolge umsetzen. Doch war er auch dort auf das Schicksal angewiesen, an dessen für ihn günstige Macht er immer stärker glaubte. Und in der Tat: Das Schicksal war ihm gewogen; es spielte ihm die Chance des Helvetierkrieges zu. Der Aufbruch der Helvetier aus ihren Heimatgebieten verletzte die Grenzen des Imperiums und brachte seine Bundesgenossen in Bedrängnis, sodass er auf der Grundlage des herrschaftssichernden Prinzips des *bellum iustum* in Aktion treten konnte. Verteidigend konnte er sich als Eroberer Macht und Ruhm erwerben, große Taten vollbringen.

Anders als Alexander, der einen Stab von Militärhistorikern auf seine Zügen mitnahm, war Cäsar sein eigener Berichterstatter. Ursprünglich hatte er seinen Bericht wohl *Commentarii rerum gestarum*, also „Tatenbericht" genannt,[10] damit anzeigend, dass er in „denkwürdigen Taten" mit seinem großen Vorbild in Konkurrenz zu treten beabsichtigte. Dabei ist von Anfang an bemerkenswert: Die kluge Taktik seiner Kriegsführung hat in der klug arrangierten Darstellung seiner Taten ihr Pendant; die Erzählstrategie des Werkes *De bello Gallico* war von Anfang an auf Rechtfertigung angelegt, auf Steuerung der öffentlichen Meinung in Rom, letztlich auf Psychagogie. Ganz bewusst wollte Cäsar auf die seelische Verfasstheit seiner Leser, besonders des aristokratischen Senats Einfluss nehmen.

Schon das Proöm belegt dies. Warum werden bereits hier, wo es doch nur um die Lage in Gallien geht, zweimal die Germanen erwähnt? Der Name „Germanen" musste in den Ohren der Römer einen unheimlichen Klang gehabt, gleichsam traumatische Ängste erzeugt haben. Die Belger seien die tapfersten gewesen, nicht nur weil sie von römischer Zivilisation am wenigsten verweichlicht, sondern durch den ständigen Krieg mit den Germanen in ihrer Leistungskraft gefordert gewesen seien. Auch die Helvetier überragten die anderen Gallier an Tapferkeit, da sie sich fast tagtäglich mit den Germanen kämpfend herumzuschlagen hätten. Dadurch wird so früh wie nur möglich das Generalmotiv des Gallienkrieges angestimmt: Abwehr der Germanengefahr.

[10] Gregor Maurach: Caesar. Der Geschichtsschreiber. Kommentar für Schule und Studium. Münster 2003. 15.

Cäsar wollte schon hier „auf die jenseits des Rheins lauernde Germanengefahr"[11] aufmerksam machen. Es kommt ihm darauf an, „dass der Leser gleich zu Beginn des Werkes als die eigentlich latente Bedrohung die Germanen im Bewusstsein speichert."[12] An entscheidenden Stellen innerhalb des ersten Kriegsjahres wird dieses Bewusstsein gezielt verstärkt. Nach dem Sieg über die Helvetier siedelte Cäsar diese wieder in ihre angestammte Gebiete zurück. Warum?

> „Er tat dies besonders aus der Überlegung heraus (*ea maxime ratione*), weil er nicht wollte, dass der Raum, aus dem die Helvetier abgezogen waren, leer stehe, damit nicht wegen der guten Qualität des Ackerlandes die Germanen, die jenseits des Rheins wohnen, von ihren Gebieten in die der Helvetier überwechselten und so der Gallischen Provinz und den Allobrogern unmittelbare Nachbarn würden."
> (Bell. Gall. 1, 28)

2.2 Bollwerk gegen die Germanen

Der Leser konnte das nur so verstehen, dass das Helvetierland ein Bollwerk gegen die gefährlichen Germanen bilden, letztlich Italien schützen sollte. Das Kalkül, der kühl berechnete Grund (*ratio*), der diese Maßnahme bestimmte, tritt in der stringenten sprachlichen Formulierung des dafür verantwortlichen Mannes klar zutage:

> *Id ea maxime ratione fecit, quod noluit eum locum ... vacare, ne ... Germani ... transirent.* (Bell. Gall. 1, 28)

Noch viel stärker musste Cäsar die Germanengefahr als Handlungsgrund in Anspruch nehmen, als es darum ging, nach dem Ende des Helvetierkrieges sein weiteres Verbleiben in Gallien außerhalb der Grenzen des Imperiums zu rechtfertigen (Bell. Gall. 1, 31, 1-16; 32, 1). Warum zog sich der Imperator nicht wieder in seine Verwaltungsprovinz zurück? Eben der Germanen wegen. Ariovist, der barbarische und verwegene König der Sueben, des mächtigsten und gefährlichsten Germanenstammes, wütete seit längerem in Gallien.

Gesandtschaften seien deshalb, so berichtet Cäsar, unter der Führung des Diviciacus zu ihm gekommen und hätten ihn gebeten, da sie sich

[11] Gregor Maurach. op. cit. 19.

[12] Joachim Latacz: Zu Caesars Erzählstrategie. In: AU 21/3. 1978. 76.

selbst nicht mehr verteidigen (*defendere*) könnten, zu verhindern, dass immer mehr Germanen über den Rhein kämen und die Gallier unter deren Druck so wie einst die Helvetier ihre Gebiete räumen müssten. Cäsar möge doch ganz Gallien gegen das Unrecht Ariovists verteidigen (*ab Ariovisti iniuria ... defendere,* Bell. Gall. 1, 31). Die Gallier erflehten also von Cäsar die Fortsetzung des *bellum iustum* sogar für ganz Gallien. So stellte er sich selbst den Freibrief zur Eroberung ganz Galliens durch Verteidigung aus. Cäsar geriert sich als „Eroberer aus Notwehr".

Das Trauma des *furor Teutonicus* wird hier von Cäsar ganz offensichtlich in den Seelen der Leser aktiviert. Stets herrschte ja in Rom die Angst, die Germanen könnten wie einst die Kimbern und Teutonen wieder die Alpen, den Sicherheitswall Italiens, überwinden und in das römische Kernland eindringen.[13] Durch diese „Angst vor einer extraordinären Bedrohung" führt Cäsar die Leser zu dem Glauben: Der Krieg jenseits der Alpen wird zum Schutze Italiens vor den fürchterlichen Germanen geführt.

2.3 Furor Teutonicus als Kriegslegitimation

Cäsar „habe Gallien zu romanisieren beabsichtigt", schreibt Wolfgang Will, „um ein Bollwerk gegen den *furor Teutonicus* zu bilden."[14] „Man erinnerte sich in Rom nur zu genau der Kimbern und Teutonen", sodass der Imperator aus der Wanderung der Sueben leicht eine „Aggression der Germanen" machen konnte, „um seinen eigenen Angriff zu legitimieren"[15]. „Der Zug der Kimbern und Teutonen stand den Römern noch schreckenerregend vor Augen."[16] Denn da Erinnerung das stärkste emotionsregulierende mentale Symbol darstellt, brachte Cäsar damit die Leser zwangsläufig auf seine Seite.

Die Angst vor dem *furor Teutonicus* als Cäsars Begründung für seinen Krieg außerhalb der Provinzgrenzen ist keine bloße Konstruktion des interpretierenden Philologen oder Althistorikers; der Autor selbst liefert dafür authentische Belege. In seiner Feldherrnrede vor den meuternden Offizieren bei Vesontio (Bell. Gall. 1, 39 ff.) stellt er bewusst eine gefühlsmäßige Verbindung zwischen der „wahnsinnigen Raserei" (*furore atque amentia,* Bell. Gall. 1, 40) des Ariovist, vor dem sie Angst haben, und der einstigen Bedrohung Italiens durch die Germanen-

[13] vgl. S. 61 ff.

[14] Wolfgang Will: Caesar. Eine Bilanz. Stuttgart 1992. 66.

[15] Gregor Maurach. op. cit. 43.

[16] Hartmut Galsterer. op. cit. 312.

stämme der Kimbern und Teutonen her. Der Suebenkönig ist gewissermaßen der personifizierte *furor Teutonicus*. Doch wie die Kimbern und Teutonen seinerzeit von Gaius Marius geschlagen worden seien, so werde Ariovist den Römern unterliegen. Bewusst evoziert Cäsar das Bild vom *furor Teutonicus*.

In der Critognatusrede vor der Schlacht bei Alesia werden vom Gallier die Kimbern und Teutonen als weniger gefährlich als die Römer bezeichnet (Bell. Gall. 7, 77); diese seien einstmals wieder aus den besetzten Gebieten abgezogen, die Römer hingegen würden auf ewig den Unterworfenen die Knechtschaft aufzwingen. Dass ein menschenfressender Barbar die Römer für schlimmer als die grausamen Germanen hält, muss bei den Hörern nicht nur die Erinnerung an jenes Schreckenstrauma wachrufen, es lässt den Vergleich, überhaupt die ganze Rede des Galliers als wahnwitzig, als Hirngespinst erscheinen. Cäsar instrumentalisiert hier das offensichtlich immer lebendige Schlagwort, um auch und gerade damit die Kritik an Rom, an seiner eigenen Eroberungspolitik als verfehlt hinzustellen.

2.4 Der Angriff auf Germanien – ein Rachefeldzug?

Da, wo Roms Herrschaft im Norden, wo Cäsars Aufstieg zur höchsten Macht auf der Kippe stand, in der Entscheidungsschlacht um Gallien bringt der Autor das sein Werk durchziehende Leitmotiv expressis verbis nochmals ins Spiel. Der *furor Teutonicus* legitimiert seinen Krieg, lässt ihn als „berechtigt“ erscheinen. Solche Barbaren sind wegen ihrer Wildheit und abartigen Kultur zu bekämpfen und zu unterwerfen. Womöglich steckt in Cäsars Hinterkopf auch der Gedanke der Rache. Wie bei Alexanders Angriff auf Persien.

Die Perser hatten unter Xerxes Griechenland überfallen, das Land verwüstet und Athens Akropolis in Brand gesteckt. Der Makedone betrachtete seinen Einfall in Persien ausdrücklich als „Rachefeldzug“[17]. Dass Persepolis, die Hauptstadt des Landes, besonders die Paläste der Achaimeniden in Flammen aufgingen, war die Revanche für die Zerstörung der griechischen Metropolis. Robert Payne spricht von „der erbarmungslosen Entschlossenheit Alexanders, die Invasion des Xerxes zu rächen“[18]. Es sollte für die Barbaren zugleich eine abschreckende Lehre sein. Dies war rund 150 Jahre nach der Verwüstung Athens.

[17] Pedro Barceló: Alexander der Große. Darmstadt 2007. 58 ff.

[18] Robert Payne: Der Triumph der Griechen. Das antike Griechenland und seine Kultur. Stuttgart 1966. 447.

Es ist durchaus denkbar, dass Cäsar kaum 50 Jahre nach dem verheerenden Einfall der Kimbern und Teutonen in Italien sein Land beim Angriff auf Germanien in ähnlicher Weise rächen wollte. Man sah in ihm „einen zweiten Marius". Und eine „sehr starke Anlage zur Rachsucht"[19] hatte er zudem. Sicherlich war diese Rache, wenn er sie wollte, Balsam auf die römische Seele. Ein Vergeltungsbedürfnis war nämlich bei den Römern noch vorhanden. Cäsar sollte den Landsleuten als der große Rächer erscheinen. Neben der Abschreckung (*ut Germanis metum iniceret*) führt er nämlich ausdrücklich die Rache (*ulcisceretur*) als stärksten Grund für den Rheinübergang an, Rache – gewissermaßen pars pro toto – an einem Stamm, nämlich den widerspenstigen Sugambrern, die frech feststellten, die Römer hätten jenseits des Rheins nichts verloren. Dass hier massive Leserlenkung am Werk ist, steht fest (Bell. Gall. 4, 19, 4).

Durch die emotionsregulierende Kraft des Rachegedankens ließ sich womöglich auch leichter sein völkerrechtliches Verbrechen gegen die Usipeter und Tenkterer aus dem Bewusstsein der kritischen Leser verdrängen. Cäsar hatte vor dem Rheinübergang gegen alles gültige Recht die Gesandten dieser Stämme gefangen genommen und ihre Angehörigen „in einem fürcherlichen Gemetzel"[20] brutal im Rhein ertrinken lassen. Dieser Völkermord – „es rollten angeblich 430.000 Köpfe"[21] – war nicht mehr mit dem Prinzip des *bellum iustum* vereinbar. Dieses Massaker gilt als die „niederträchtigste all seiner Aktionen"[22]. In Rom gab es zwar Proteste gegen „die Ungeheuerlichkeit dieses Verbrechens"[23], doch muss seine Militäraktion von den meisten Senatoren als imperiale Großtat angesehen worden sein. Der Senat beschloss „ein zwanzigtägiges Dankfest für den großen Feldherrn."[24]

Was ganz im Sinn des Akteurs war. Cäsar war ja in allem leidenschaftlich darauf bedacht, sich durch seine im Norden der damals bekannten Welt vollbrachten Taten (*res gestae*) die für die weitere Karriere wichtige Anerkennung zu verschaffen. Alles, was er tat, „entsprach einem genauen Kalkül"[25]. Cäsar wollte unbedingt vor den Römern möglichst schnell – hatte er doch gegenüber Alexander beträchtlich aufzuholen

[19] Friedrich Schlegel: Caesar und Alexander. Eine welthistorische Vergleichung. 1796.

[20] Gregor Maurach. op. cit. 103.

[21] Ernst Baltrusch: Caesar und Pompeius. Darmstadt 2004. 68.

[22] Camille Jullian: Histoire de la Gaule. Vol. III. Paris ^{5}1920. 326.

[23] Luciano Canfora. op. cit. 115.

[24] Karl Christ: Pompeius. Der Feldherr Roms. Eine Biographie. München 2004. 126.

[25] Luciano Canfora. op. cit. 101.

– als der große Eroberer dastehen. „Seine Kriege im Norden waren" – wie Ernst Baltrusch[26] mit Recht bemerkt – „gewiss nicht nur die blanke Demonstration römischer Macht, es war auch der Nachweis seines Eroberungsgenies." Dazu brauchte er eben Räume und Schlachten.

2.5 Nach Britannien – an das Ende der Welt

In den Räumen Germaniens sah Cäsar offensichtlich keine weitere Chance zu großer Bewährung, zumindest nicht in der notwendig kurzen Zeit. In seiner Seelenstruktur war gewissermaßen eine tickende Uhr eingebaut, die ihn trieb, rechtzeitig am Ziel zu sein. Diese hieß: Alleinherrscher im *imperium orbis terrarum*. „Der Ruhm des Eroberers"[27] war dafür die unbedingte Voraussetzung. Dazu bedurfte es einer sensationellen Leistung. In Britannien war diese möglich. Auf die Insel hatte vor ihm noch kein römischer Militär den Fuß gesetzt. Für die Römer war diese Gegend fern, unbekannt, gleichsam die Grenze der Welt. Für Catull mutete das Vordringen in dieses schaurige Meer zu den am Rande der Erde lebenden Britannen (*horribile aequor ultimosque Britannos,* c. 11, 11 f.) als kühnes „Abenteuer" an.

Der Griff nach Britannien war für die Antike ein „sensationelles Ereignis"[28]. Er hatte das Maß einer Großtat, da Cäsar mit seinen pflichtgetreuen Soldaten den Kampf an der Steilküste gegen die sich verteidigenden Inselbewohner siegreich gestaltete – was bekanntlich später keinem Eroberer mehr gelang. Zugleich hatte er mit Klugheit, organisatorischem Geschick und einer Portion Glück einen fürchterlichen Seesturm überstanden und seine Truppen wieder heil nach Gallien zurückgebracht. Das steigerte „Caesars Ansehen und Prestige in Rom"[29] nicht unerheblich.

Zugleich trat hier ein offensichtlich in jedem Machtmenschen wirksamer Urtrieb zutage: der Drang in die Ferne, in das bislang Unergründete, an die Grenzen der Erde oder darüber hinaus. Wie Alexander weitest im Osten das Ende der Welt erreichen wollte (leider machten am Ende seine Soldaten nicht mehr mit), so drängte es Cäsar im Westen über all das bisher Bekannte hinaus, als er „die weitgehend unbekann-

[26] Ernst Baltrusch. op. cit. 69.

[27] Richard Klein: Das Eigene und das Fremde. Roms politisch-geographische Denkweise über den orbis terrarum. 221. In: Gymnasium 114. 2007. 207-232.

[28] Michael Grant: Caesar. Genie – Eroberer – Diktator. München 1982. 88.

[29] Helga Gesche: Caesar. Erträge der Forschung 51. Darmstadt 1976. 273.

te, beinahe schon außerhalb der Erde liegende Insel"[30] überfiel. Da ist jenes Sehnen nach dem Außergewöhnlichen, Spektakulären, Grenzenlosen mit im Spiel, das man bei Alexander als beherrschenden Wesenszug, als *póthos*, konstatiert hat. Der Historiker Florus deutet dies – bei seiner Darstellung von Cäsars Britannien-Unternehmen – unmissverständlich an:

Omnibus terra marique peragratis respexit Oceanum et,
quasi hic Romanis orbis non sufficeret, alterum cogitavit.

„Nachdem er durch alle Gebiete zu Wasser und zu Lande
marschiert war, schaute er auf den Ozean hinaus und dachte,
als ob den Römern diese Welt nicht ausreichte, an eine andere."[31]

Als sicher darf angenommen werden: Cäsar ist durch diese Tat Alexander ein Stück an Größe näher gekommen. Das Britannenabenteuer bringt ihm jedenfalls bei Catull das Prädikat *Caesar magnus* ein, das hier nach Canfora[32] offen dem Pompeius Magnus, dem manischen Alexandernacheiferer, gegenübergestellt sei. Cäsar hat damit auf schnelle Weise in Rom „einen unglaublichen Propagandaerfolg"[33] errungen und sich den Weg an die Spitze um ein Beträchtliches frei gemacht. Immer mehr festigte er sich den Ruhm des Eroberers schlechthin, des Welteroberers.

2.6 Der gefesselte Vercingetorix – Symbol des Triumphs

Als sich jedoch Gesamtgallien am Ende seines Prokonsulats zum gewaltigen Freiheitskampf erhob, standen nicht nur Ansehen und Größe des Imperiums auf dem Spiel, sehr viel mehr ging es um Sein oder Nichtsein des Weltherrschers Cäsar. Sein Ruf, seine ganze Ambition, sein forscher Aufstieg drohten jäh zu enden. Von daher erklären sich seine alles Menschenmaß übersteigende Energie, seine brutale Zerstörungswut, mit der er den Rebellen entgegentrat. Gergovia wurde niedergebrannt, ebenso Avaricum, von dessen 40.000 Bewohnern nur 800 mit dem Leben davon gekommen sein sollen.

[30] Ulrich Maier: Caesars Feldzüge in Gallien (58-51 v. Chr.) in ihrem Zusammenhang mit der stadtrömischen Politik. Bonn 1978. 145.

[31] Publius Annius Florus, Epitome de Tito Livio bellorum omnium DCC libri duo 1, 45, 16.

[32] Luciano Canfora. op. cit. 108.

[33] C. E. Stevens: 55 B.C. and 54 B.C. In: Antiquity 21. 1947. 3-9.

Die zermürbende Entscheidungsschlacht um Alesia, wo Sieg und Niederlage lange Zeit auf Messers Schneide standen, endete – durch Fortunas Hilfe, an die Cäsar glaubte – zu seinen Gunsten. Für Alexander war die Schlacht bei Issos 333 v. Chr. ein ähnlicher Wendepunkt in seiner Karriere. Auch für ihn stand alles auf dem Spiel. Auch er führte die lange unentschiedene Schlacht durch seinen persönlichen Einsatz zum Erfolg. Er tröstete danach Frau und Tochter des geflohenen Königs Dareios durch die Mitteilung, dass dieser noch am Leben sei. Bei Cäsar hingegen, dem Erfolgssüchtigen, hatten – in seiner imaginären Aufholjagd gegenüber dem Vorbild – solche Sentimentalitäten keinen Platz.

Er demütigte Vercingetorix, den zum König ernannten Arverner, indem er ihn vor seinen Generälen vom Pferd steigen und die Waffen niederlegen ließ, um ihn dann in Fesseln nach Rom transportieren zu lassen – als das lebendige Symbol seines Triumphes; der Gallier wurde für den späteren Triumphzug aufgehoben; er sollte da gleichsam als Personifikation seines Erfolgs, seiner *res gestae* nördlich des Alpenwalls, der römischen Öffentlichkeit präsentiert und schließlich – nach sechs Jahren Kerkerhaft – erdrosselt werden.

3. DER MARSCH AUF ROM – AM GIPFEL DER MACHT

3.1 Am Rubikon – die programmierte Entscheidung

Der Wendepunkt im Leben stand Cäsar noch bevor. Nach dem Ende seines Prokonsulats in Gallien (49 v. Chr.) hatte Pompeius durch Gesetz verhindert, dass sich sein Rivale in absentia zum zweiten Male um das Konsulamt bewarb. Er hätte allein in der Volksversammlung in Rom erscheinen müssen, wo er mit Sicherheit für seine Unrechtstaten in Gallien zur Rechenschaft gezogen worden wäre. Das wäre das Ende seiner Träume und der Verwirklichung dessen gewesen, wozu er sich von den Göttern berufen fühlte. Deshalb zog er, zu allem entschlossen, mit seinen Legionen gegen Rom. Als er am Rubikon stand, dem Grenzfluss zwischen seinen Provinzen und dem italischen Stammland, war er sich der Tragweite seines Schrittes voll bewusst.

Nach Appian kreiste sein Denken um die fatale Alternative: „Der Verzicht auf diesen Übergang wird mir Unglück verursachen, der Übergang aber allen Menschen." (Bürgerkriege 2, 35). Dass er sich mit dem Spruch *Alea iacta esto!* für das Unglück der Menschheit entschied, war konsequent, er konnte nicht anders. Seine Entscheidung war gewissermaßen von den Urahnen her programmiert. Die Zeichen der Götter (*deorum ostenta*) signalisierten ihm auch die höhere Zustimmung (Sueton, Divus Iulius 31-33). Für Cäsar war der Marsch auf Rom so selbstverständlich, dass er in seinem Bericht darüber (Bell. civ. 1, 7-8) nur seinen Zug nach Ariminium erwähnte, nichts aber von irgendeinem inneren Konflikt. Doch der verbrecherische Tatbestand „Bruch des Staatsrechts" war gegeben. Reinhard Raffalt hat die ganze Situation auf eine lapidare Formel gebracht: „Rubico – dies war der entscheidende Moment in Cäsars Leben. ... In das Land jenseits dieses Flusses einzufallen bedeutete den Umsturz der bestehenden Ordnung."[34] Es war „der Wendepunkt der römischen Geschichte"[35], der Anfang des ersten und einzigen Weltbürgerkrieges der Menschheit.

Was Alexander in der eroberten Stadt Gordion erlebte, war eine ähnlich prekäre Situation, zwar nicht in den Fakten, wohl aber in der psychologischen Struktur vergleichbar. Curtius Rufus berichtet in seiner *Historia Alexandri Magni* (3, 1, 16-18): Auf dem Weg zur Weltherrschaft stellte sich dem Makedonenkönig ein Wagen mit einem unauflösbaren Deichselknoten entgegen. Nur wer diesen Knoten entschlingen könne, so sagte ein Orakelspruch, werde die Macht über Asien erringen (*Asia potiturum*). Da Alexander dies unbedingt wollte, macht er sich spontan daran, die Aufgabe zu erledigen, allerdings zerschlug er, um durch einen Fehlversuch kein böses Vorzeichen vor den Augen vieler zu machen, ohne langes Abmühen das Geflecht einfach mit dem Schwert. Was er tat, um die erstrebte Macht zu bekommen, war nicht recht, war Frevel; er trieb seinen Spott mit dem Orakel (*oraculi sortem ... elusit*). Doch „Gordion machte ihn zum Weltbeherrscher"[36]. Das allein zählt. Auch für Alexander ging Macht vor Moral.

3.2 Die Eliminierung des Todfeindes

Cäsars Angriff auf Rom führte zum „Staatsnotstand", in dem Pompeius zum Kopf der Verteidigung der *res publica* avancierte – mit der Folge, dass sich die einstige Freundschaft der beiden Männer zur Todfeindschaft wandelte. Der seit langem in Cäsar glimmende Hass loderte nun auf. Er nannte Pompeius neidisch und schamlos, da er ihm seine Erfolge missgönne und an ihn unerfüllbare Forderungen stelle (z. B. die Rückkehr in die Provinz). Der große Pompeius war jedoch der Energie und dem Genie des großen Eroberers nicht mehr gewachsen, er floh mit den republikanischen Truppen aus Rom nach Griechenland. Cäsar

[34] Reinhard Raffalt: Cäsar. 13. In: Große Kaiser Roms. München 1977. 9-30.

[35] Ernst Baltrusch. op. cit. 94.

[36] Robert Payne. op. cit. 445.

verfolgte ihn und brachte in der Schlacht bei Pharsalos durch die bessere Taktik sehr schnell die Front seines Feindes zum Wanken.

Woraufhin Pompeius sich – seine Soldaten belügend und der Lage misstrauend – feige und einem Deserteur gleich in sein Feldherrnzelt verkroch – und schließlich ein Pferd packte, seine Feldherrninsignien abriss und Hals über Kopf nach Larisa flüchtete, von wo er zu Schiff nach Ägypten übersetzte. Dort wurde er, noch bevor er ägyptischen Boden betrat, von Soldaten des Königs Ptolemaios getötet. Cäsar berichtet darüber karg und kalt:

Alexandriae de Pompei morte cognoscit … (Bell. civ. 3, 106)

„Sein Konkurrent um die Macht im Staat war tot."[37] Den Todfeind und Rivalen, der schon zu Lebzeiten „der Große" hieß, hatte Cäsar eliminiert. Nun war der Zeusabkömmling – programmgemäß – der einzige Große auf der Welt, der Einzige, der Alexander gleichkam.

Und dies erkennbar mit Zustimmung der Götter. Denn schon in Kleinasien, als Cäsar noch auf der Verfolgung des Pompeius war, hatte er von bizarren Wunderzeichen gehört, die sich zum Zeitpunkt des Sieges bei Pharsalos in Elis, Antiochia, Pergamon und Tralles ereignet hätten. Hatte der Autor den Mord an seinem Todfeind mit fünf dürren Worten registriert, so berichtet er über diese *ostenta deorum* ausführlich in einem ganzen Kapitel (Bell. civ. 3, 105). Zu demonstrieren, dass er mit den Göttern im Bunde stehe, das Schicksal ihm gewogen sei, war ihm ein Anliegen ersten Ranges. Kam er doch auch darin Alexander gleich, dem im Tempel des Zeus Ammon in der Oase Siwah vom Priester bescheinigt wurde, „dass er unbesiegt bleibe, bis er zu den Göttern entrückt werde" (*… invictum fore, donec excederet ad deos,* Curtius Rufus 7, 7, 29).

3.3 In Alexandria – dem Idol ganz nahe

In Alexandria, der größten vom Makedonenkönig gegründeten und mit seinem Namen geehrten Stadt, muss Cäsar in eine geradezu euphorische Stimmung gekommen sein. Fühlte er sich etwa auf diesem historischen Terrain seinem Idol sozusagen körperlich nahe? Nicht nur dass er sich von Kleopatra, der Schwester des regierenden Königs Ptolemaios III., die sich mit List in seinen bewachten Palast eingeschlichen

[37] Ernst Baltrusch. op. cit. 72.

hatte, zur Liebesverbindung verführen ließ, er vollbrachte auch eine wahrhaft sportliche Heldenleistung. Im Kampf um eine Brücke nahe der Stadt geriet sein Schiff in Bedrängnis, sodass er ins Wasser sprang und durchs Meer schwamm, streckenweise untergetaucht, dabei mit den Zähnen den Feldherrnmantel mit sich ziehend und mit der linken Hand die Schriftrolle seiner *Commentarii* über Wasser haltend, bis er sich zum nächsten Schiff retten konnte (Sueton, Divus Iulius 64).

Nach seinem Erfolg im Osten – er hatte Kleopatra wunschgemäß zur Königin über Ägypten gemacht – beendete er auf dem Rückweg nach Rom noch schnell den Aufruhr des Königs Pharnakes durch einen Blitzsieg (*more fulminis*[38]) und schrieb die Nachricht darüber in der Kürzestformel VENI VIDI VICI (Sueton, Divus Iulius 37) nach Rom. Dort schwankte das Warten auf den „superman" des Imperiums, um den sich mittlerweile der Nimbus eines Heros gelegt hatte, zwischen Hoffen und Bangen. „In Italien herrschte Unruhe."[39]

4. DIE KATASTROPHE VOR DEM FINALE

4.1 „Für sechs Monate Herr der Welt"

Wie würde Cäsar in Rom seine nunmehr unumschränkte Macht gebrauchen? Er ließ sich zunächst wieder zum Konsul wählen; er stabilisierte die innere Ordnung der Stadt, ehe er aufbrach, um die Reste der republikanischen Truppen unter Gnaeus Pompeius, dem ältesten Sohn des Pompeius Magnus, zu bekriegen. Er besiegte sie in Afrika bei Thapsus und in Spanien bei Munda, in einer Schlacht, die ihn beinahe um die Früchte seines lebenslangen Totalengagements gebracht hätte. Er kam hier in eine so missliche Lage, dass er die ihm bislang so gewogene Fortuna beschimpfte (*increpita ... fortuna,* Vell. Pat. 2, 55, 3), weil sie ihn für ein solches Ende aufbewahrt hätte. Offensichtlich hat er hier erstmals die Macht des Schicksals in ihrer ganzen Härte verspürt. Nur durch höchsten persönlichen Einsatz erreichte er die Wende des Kampfes (*... a duce quam a milite fortius,* Vell. Pat. 2, 55, 4). Über Gnaeus Pompeius wurde schließlich der Sieg errungen.

So blieb Cäsar wie Alexander in allen Kämpfen, die er geliefert hatte, am Ende unbesiegt. Der griechische Historiker Appian attestiert diese Leistung den beiden Feldherrn (Bürgerkriege 2, 149 ff.). Der Römer feierte fünf Triumphe für seine Siege in fünf Kriegen in allen Teilen der

[38] Publius Annius Florus: Epitome de Tito Livio bellorum omnium DCC libri duo 2, 13, 34.
[39] Wolfgang Will. op. cit. 170.

Welt: im Norden (Gallien), im Osten (Ägypten und Kleinasien), im Süden (Afrika) und im Westen (Spanien). „Es gab keinen äußeren oder inneren Feind, den es zu bekämpfen galt."[40] Man musste in ihm – mit nur einer Einschränkung – so etwas wie „den Weltsieger" sehen. Für seinen Bewunderer Kaiser Napoléon war er zu diesem Zeitpunkt für sechs Monate Herr der Welt: „Il a été six mois maître du monde."[41]

4.2 Der ungekrönte König

In Rom zog Cäsar – nun Weltherrscher geworden – alle Amtsfunktionen an sich: Er wurde 45 v. Chr. Diktator auf Lebenszeit, Konsul für zehn Jahre, Pontifex Maximus, Oberbefehlshaber über das Heer – letztlich absoluter Souverän. „Es war eigentlich nur eine Frage der Benennung, ob man ihn als Monarchen bezeichnete."[42] Doch das ihm von Marcus Antonius angebotene Königsdiadem hat er abgelehnt. Warum? Vielleicht weil wer sich mit dem De-facto-Status seiner Macht zufrieden gab. „Er machte sich zum König, auch wenn er den Titel nicht annahm", schreibt Appian (Bürgerkriege 2, 150). Allerdings schuf der Monarch um sich den Glanz königlicher Majestät.

Wie Alexander in Baktrien Roxane, die Tochter des dortigen Fürsten, und später noch zwei weitere einheimische Prinzessinnen heiratete, um seine Ebenbürtigkeit, seinen Herrschaftsstatus zu untermauern, so war Cäsar bereits in Ägypten durch Heirat zu Kleopatras Ranghöhe aufgestiegen, nicht aus Liebe, sondern aus staatsmännischem Kalkül[43]. Er holte Kleopatra VII. Philopator auf dem Gipfel seiner Macht zusammen mit dem gemeinsamen Sohn Kaisarion nach Rom; ihre öffentlich zur Schau gestellte königliche Hoheit sollte seine eigene herausgehobene, von den Göttern gewollte Stellung, wie sie nur einem König zukam, den Massen suggestiv zu Bewusstsein bringen. Der Althistoriker Werner Dahlheim drückt dies so aus:

[40] Hartmut Galsterer. op. cit. 324.

[41] Précis des guerres de César par Napoléon, écrit par M. Marchand, à l'île Sainte-Hélène, sous la dictée de l'Empereur (1819). Paris 1836. 207.

[42] Hartmut Galsterer. op. cit. 324.

[43] German Hafner: Bildlexikon antiker Personen. München / Zürich 1993. 76.

„Zur Autorität eines Monarchen gehörte seit Jahrtausenden die Aura des Göttlichen. Kleopatra, die neben ihm als Göttin und Königin lebte, dürfte ihn darin bestärkt haben. ... Eine die ganze römische Welt beherrschende Sehnsucht nach dem Einen, der die Trennwand zwischen Himmel und Erde niederreißen konnte, konzentrierte sich von selbst auf den allmächtigen Römer, der sich anschickte, den Ruhm Alexanders zu verdunkeln."[44]

4.3 Das Attentat

Den eingefleischten Republikanern war Cäsars Nimbus des unbesiegten Helden, des Weltherrschers, des Quasi-Königs ein gewaltiger Dorn im Auge. Nichts war ihnen verhasster als der Titel *rex*. Deshalb planten sie das Komplott. Cäsar war auch jetzt noch voller Tatendrang. Er steckte mitten in der Vorbereitung eines Krieges gegen die Parther. Gegen dieses gefährliche Ostvolk war – seit Niederlage und Tod des Crassus – für das Imperium noch eine Rechnung offen. Zudem war Cäsars Ruhm als Weltherrscher, solange das Partherreich nicht unter römischer Herrschaft stand, unvollkommen. Erst durch einen Sieg über die Parther hätte er seine Lebensbestimmung ganz erreicht, nämlich „alle Macht unter eine einzige Herrschaft zu fassen". So Nikolaos von Damaskus, der griechische Biograf des Augustus (Leben des Augustus 95). „Hier wollte Caesar etwas Herausragendes und nie Dagewesenes bewirken."[45] Das geplante Unternehmen sollte, wie Christian Meier feststellt, „ein Eroberungszug im Stil Alexanders des Großen ... werden"[46].

Noch war davor eine Senatssitzung abzuhalten. Cäsar hatte am Vortag unmissverständliche Vorzeichen erhalten, die auf die bevorstehende Gefahr hinwiesen. Doch in seinem Wahn der Unbesiegbarkeit hielt er sich für unantastbar, ja unverletzbar. Calpurnias böser Traum beeindruckte ihn nicht, ebenso wenig die üblen Ergebnisse der Opferschau des Spurinna, über den er sich bei Betreten der Kurie sogar lustig machte (*Spurinnamque irridens,* Sueton, Divus Iulius 81). Alle religiösen Skrupel verdrängte er (*spreta religione,* ibid.). Hier trat sein Wesen offen zutage: hohe Eitelkeit, kalter Egoismus, zynische Ironie. Sein Machtwahn provozierte die Macht des Schicksals. Dieses schlug mit aller Härte zu. Von 23 Dolchstichen getroffen sank er nieder und

[44] Werner Dahlheim. op. cit. 229.

[45] Ernst Baltrusch. op. cit. 155.

[46] Christian Meier: Caesar. Berlin 1982. 539.

verblutete – welch tragische Ironie! – vor der Statue des Pompeius Magnus, den er an Größe weit übertroffen hatte.

Auch hier ist die Parallele zu Alexander frappierend. Auch er hatte, wie Appian berichtet, die mehrfachen warnenden Prophezeiungen der Chaldäer, also von religiösen Wahrsagern, nicht ernst genommen, bei seiner Rückkehr aus Indien die Stadt Babylon vom Osten her zu betreten. Weil er – trotz Missachtung der Vorzeichen – glaubte, die Stadt sicher betreten zu haben und von da aus sicher den Euphrat abwärts gefahren zu sein, verspottete er die Priester sogar (Bürgerkriege 2, 153). Sein fürchterliches Sterben erfolgte unmittelbar danach, wobei bis heute nicht geklärt ist, ob nicht Gift (etwa Strychnin) mit im Spiel war. Auch er plante gerade einen neuen Feldzug, wahrscheinlich in Richtung Westen bis „zu den Säulen des Herkules".[47] War es Mutwille, übersteigertes Selbstwertgefühl, der Dünkel, an nichts außer an sich selbst glauben zu müssen, wodurch Alexander und Cäsar, die Weltherrscher, am Ende zu Fall kamen? Machtwahn und Schicksalsmacht prallten bei beiden mit tödlichen Folgen aufeinander.

5. DIE AKTUALITÄT DER BEIDEN WELTHERRSCHER

Nicht zu Unrecht hat die Nachwelt Cäsar und Alexander eng nebeneinander gestellt. Ihre Lebensschicksale gleichen sich in auffallend vielen Aspekten; ob durch Zufall oder, weil es Cäsar im Drang der Nachahmung so gewollt hat, lässt sich nicht sicher entscheiden. Zweifellos war ihnen ein nahezu identisches „Gen" eigen, das Gen einer überragenden Durchsetzungsenergie, das sie zu Weltherrschern werden ließ. Beide waren in solch extremer Ausprägung Machtmensch, dass sie bis heute dessen Typus repräsentieren, mit je spezifischem Einschlag: der eine der Herrscher mit dem Charisma des jugendlich-bedenkenlosen Draufgängers, der andere der Herrscher mit dem Charisma des kalt berechnenden Despoten. Beide werden in dem von Wilfried Nippel herausgegebenen Band „Herrschaft und Charisma von Perikles bis Mao" (München 2000) zu den „Virtuosen der Macht" in der Weltgeschichte gerechnet.

[47] Wolfgang Orth: Alexander der Große. 439. In: Kai Brodersen (Hrsg.): Große Gestalten der griechischen Antike. 58 historische Portraits von Homer bis Kleopatra. München 1999. 433-442.

Im Vergleich der beiden Weltherrscher profilieren sich wechselseitig deren schillernde Charaktere und Leistungen, auch ihre „Größe". Alexander sitzt dafür in einem Relief als vergöttlichter Zeus auf der Weltkugel zwischen Poseidon und Herakles[48]. Was könnte seinen Rang als Weltherrscher besser dokumentieren?

Cäsar hat ein solches Ehrenmal nicht erhalten, wiewohl es gewiss auch der Stoff seiner Träume war. Doch das Volk, so berichtet Sueton, erhob ihn „aus Überzeugung" zum Gott (*persuasione volgi,* Divus Iulius 88). Von Augustus, dem Adoptivsohn, erhielt er schließlich den glorifizierenden Beinamen *Divus.* Der Ehrentitel „der Große", auf den Cäsar alles gesetzt hatte, blieb ihm gleichwohl versagt. Einen *Caesar Magnus* kennt die Geschichte nicht. Vielleicht ist aber die Tatsache, dass er einer zweitausendjährigen Herrschaftsform den Namen gegeben hat, eine gewichtigere Ehre.

Beiden, Augustus und Cäsar, kann man, fasst man ihre geschichtliche Wirkung ins Auge, „Größe" nicht absprechen. Sie sind schillernde, aber auch faszinierende Menschen, die die Welt veränderten. Das Prädikat „groß" ist freilich nicht in moralischer Hinsicht zu nehmen, es betrifft allein die bewirkten Folgen ihrer Taten. Für Cäsars Gallienkrieg hat Luciano Canfora sogar ein „Schwarzbuch" in seine Biografie eingefügt[49]. Sein Urteil über „den grausamen Eroberer" fällt darin sehr negativ aus. Und doch stellt auch er die Frage: „Was wäre ohne Iulius Caesar aus Europa geworden?" Die Diskussion darüber lässt sich nach Lektüre entsprechender Texte auch mit jungen Lateinern führen.

[48] Abgedruckt in: Friedrich Maier: Caesar – Weltherrscher. Ein literarisches Porträt. Lehrerkommentar. Reihe Antike und Gegenwart. Bamberg 2008. 25.

[49] Luciano Canfora. op. cit. 127-133.

EMOTIONALITÄT ALS MITTEL DER LESERLENKUNG

Psychagogie in Cäsars Militärbericht

In Cäsar sieht man den Prototypen eines Rationalisten, also eines Mannes, der alles dem Kalkül seines Verstandes, seiner durchdachten Planung unterwirft. Dieser Rationalisierung unterliegt auch das, was er sprachlich darstellt. Was sich nicht der strategischen Berechnung, den militärisch-politischen Zielen zuordnet, ist weggelassen. Der stofflichen Kargheit entspricht die Reduktion der sprachlichen Mittel. Cicero hat die *Commentarii* Cäsars zutreffend charakterisiert: *Nudi enim sunt, recti et venusti, omni ornatu orationis tamquam veste detracta* (Brut. 75, 262). In dieser „Nacktheit" hat Cicero die schlichte Schönheit des cäsarischen Werkes gesehen, dem aller rhetorischer Schmuck wie das Kleid „weggezogen", d. h. beinahe gewaltsam entzogen ist. Cäsars Sprachhaltung verrät Absicht; sie ist bewusst gesuchte Kunst, „die Kunst der Kunstlosigkeit", wie Christian Meier feststellt[1]. Friedrich Klingner hat, wie es trefflicher nicht geht, das von Cäsar in Sprache Gefasste mit dem „Gerippe eines Blattes" verglichen, „dem die Raupen das Fleisch weggenommen haben"[2].

Bleibt in einem Text, der mit einer solchermaßen rationalisierten Sprache gestaltet ist, überhaupt Raum für Emotionen? Wie sollten sich am fleischlosen Gerippe der *Commentarii* Gefühle wecken lassen? Schließen sich nicht „die Rationalität von Caesars Stilwillen"[3] und Emotionalität gegenseitig aus? Auf den ersten Blick mag dies so erscheinen. Doch der tiefere Zugriff fördert, wie zu zeigen ist, anderes zu Tage.

[1] Christian Meier: Caesar. Berlin 1982. 310 f.

[2] Friedrich Klingner: Römische Geisteswelt. München 1961. 93.

[3] Michael von Albrecht: Geschichte der römischen Literatur. Bd. 1. München / New Providence / London / Paris 1994. 375.

1. ZUM VERHÄLTNIS VON SPRACHE UND EMOTIONALITÄT

1.1 Erkenntnisse der modernen Kommunikationspsychologie

Gehen wir die formulierte Fragestellung zunächst von den Erkenntnissen der modernen Kommunikationspsychologie an! Wie wird von daher das Verhältnis von Sprache und Emotionalität gesehen?[4] Sigmund Freuds These „Gefühle bestimmen das Bewusstsein"[5] wird mittlerweile von der Neuropsychologie voll bestätigt. Sprache wird als Medium begriffen, durch das das Bewusstsein eines Menschen einem anderen zugänglich wird und das auf das Bewusstsein anderer Einfluss nimmt. Wie geht das vor sich? Das Kommunikationssystem Sprache aktiviert im Gehirn des Gesprächspartners (Hörers / Lesers) bestimmte Nervenzellen, die spiegelbildlich die Wünsche, Ziele, Vorstellungen des Sprechers (Schreibers) in ihrer emotionalen Bedingtheit reflektieren.

Die Aktivierung dieser „Spiegelneuronen", wie man solche Nervenzellen nennt, wirkt auf das Bewusstsein des Angesprochenen ein; denn die Gefühle, die dessen Bewusstsein bestimmen, werden durch Reflexe, die dabei zu Stande kommen, in einer bestimmten Weise betroffen. „Unser Gehirn kann Gefühle anderer ‚spiegeln' bzw. in eigene Gefühle übersetzen."[6] Das Bewusstsein wird dabei je nach Aussage zu unterschiedlichen Bewertungen angeregt: Bedrohliches macht ängstlich oder aggressiv, Beglückendes macht zufrieden oder unternehmungslustig. Solche Bewertungsreaktionen wirken sich auf das Bewusstsein stabilisierend oder verändernd aus. Das sich so allmählich über die Gefühle konstituierende Bewusstsein bewirkt letztlich, dass man sich als existierendes Individuum begreift. „Ich fühle, also bin ich", so der Neurologe António R. Damásio.[7]

Emotionen, die – unser Bewusstsein kernhaft bestimmend – durch Sprache aktiviert werden, sind beispielsweise Angst, Hoffnung, Ärger, Freude, Hass, Liebe, Schmerz, Trauer, Verzweiflung, Begeisterung. Jede sprachliche Mitteilung verläuft über gefühlshaltige Bilder und Symbole. Dies gilt auch für abstrakte Redeinhalte. Wird beispielsweise der Begriff „Staat" thematisiert, aktivieren sich die entsprechend etablierten Begriffe wie Ruhm (*gloria*), Schutzgarantie (*fides*), Gerechtigkeit

4 Martin Urban: Wie die Welt im Kopf entsteht. Von der Kunst sich eine Illusion zu machen. Frankfurt am Main 2002. 17 ff. 133 ff. – Dietrich Dörner: Bauplan einer Seele. Reinbek 2001. bes. 243 ff.

5 zit. bei Martin Urban. op. cit. 22.

6 Martin Urban. op. cit. 20.

7 António R. Damásio: Ich fühle, also bin ich. Die Entschlüsselung des Bewusstseins. München 2000. 143.

(*iustitia*), Freiheit (*libertas*) als „mentale Symbole", die sich der Mensch zuvor kreativ in seinem Bewusstsein geschaffen hat; sie evozieren als Bewusstseinsinhalte von Gefühlen bestimmte Vorstellungen. Eine Aussage über die Freiheit kann je nachdem, ob sie ein Demokrat oder Monarchist macht, aufgrund einer sich spontan ergebenden Bewertung eine gefühlsmäßig positive oder negative Vorstellung im Bewusstsein des Anderen erzeugen; der eine Redner wird die Freiheit hochheben, der andere herabsetzen; gleichermaßen abhängig ist die Wirkung aber auch davon, ob der Angesprochene demokratisch oder monarchisch gesinnt ist; der demokratisch Gesinnte wird beim einen sich begeistern, beim anderen sich entsetzen, der monarchisch Gesinnte umgekehrt.

Grundsätzlich gilt, dass die Reflexe des Hörers (Lesers) auf eine Aussage niemals ohne emotionalen Anteil sind, vor allem deshalb, weil sich in der Regel dabei unwillkürlich im Bewusstsein anschauliche Bilder (etwa „Staatschaos" beim Begriff Demokratie, „Willkürherrschaft" beim Begriff Monarchie) einstellen. Je stärker solche Begriffe wie Freiheit, Frieden, Gerechtigkeit, Pflicht, Patriotismus emotional aufgeladen sind, umso nachhaltiger sind die Reflexe beim Leser / Hörer, die sich in Eindrücke, Haltungen, Einsichten und Stimmungen umsetzen. Ein sehr starkes emotionsregulierendes Element ist dabei auch und gerade die Erinnerung (Stichwörter etwa: „Der 11. September" oder „Der Fall der Mauer").

Man nimmt an, dass Sprache als Mittel gesellschaftlicher Kommunikation im weitesten Sinne ideologisch unterlegt, d. h. von einem Konzept vorgefasster Ideen, Meinungen und Urteile geprägt ist, die der Wirklichkeit nicht oder nur teilweise entsprechen[8]. Der Sprechende rechnet immer mit der gefühlsmäßigen Voreingenommenheit des Adressaten. Der Politiker beispielsweise will, indem er sich ideologischer Aussagen bedient, die Hörer / Leser beeinflussen, d. h. sie in ihrer Haltung im Sinne seines eigenen Zieles bestärken oder diese verändern. Deshalb hat das Verhältnis von Sprache und Emotionalität immer auch eine sozialpsychologische Dimension. Das „Bewusstsein" der Gruppe, der man zugehört, spielt hier eine elementare Rolle.

[8] z. B. Niklas Luhmann: Wahrheit und Ideologie. In: Hans-Joachim Lieber (Hrsg.): Ideologie – Wissenschaft – Gesellschaft. Neuere Beiträge zur Diskussion. Darmstadt 1976. 35 ff.

1.2 Emotionalität im Konzept der antiken Rhetoriklehre

Setzen wir nun die knapp skizzierten Erkenntnisse der modernen Kommunikationspsychologie in Bezug zu der Rolle, die Emotionalität in der antiken Rhetoriklehre spielt, deren Gewährsmänner Aristoteles, Cicero und Quintilian sind. Walter Jens hat das Grundverständnis der antiken Redetheorie auf eine kurze Formel gebracht: „Die Rhetorik kann das gesetzte Ziel, den Hörer (Leser) zur Identifizierung mit dem Redner (Schriftsteller) zu zwingen, auf dreifache Weise erreichen: durch lehrhafte, in erster Linie vom *iudicium* (Beurteilungsvermögen) gelenkte Demonstration (*docere*), durch unterhaltsame Darbietung (*delectare*) und durch leidenschaftlichen, in besonderer Weise vom *ingenium* (Begabung) des Rhetors akzentuierten Appell (*movere*)."[9]

In den von Jens verwendeten Attributen „gelenkt", „unterhaltsam", „leidenschaftlich" deutet sich bereits an, dass bei den Wirkungen der drei Formen von sprachlicher Äußerung (*docere, delectare, movere*) psychische Faktoren – in zunehmender Intensität – mit im Spiel gesehen werden. Doch der Rhetoriklehrer weist auch ausdrücklich darauf hin, dass diese drei Formen als Einheit zu begreifen und letztlich alle dem Ziel „der Entzündung der Affekte" zugeordnet sind. Es geht also auch hier darum, dass der Sprecher durch seine eigenen Gefühle Einfluss auf die Gefühle des Angesprochenen ausübt, die dessen Bewusstsein bestimmen. Etwas von diesem Grundsatz kommt in Quintilians Feststellung zum Ausdruck: *summa enim, quantum ego quidem sentio, circa movendos adfectus in hoc posita est, ut moveamur ipsi.* (Inst. or. 6, 2, 26)

Für Cicero erfüllt sich die Kunst der sprachlichen Äußerung in der Beherrschung und Steuerung von Geist und Willen der Menschen: *posse dicendo tenere hominum mentes, allicere voluntates, impellere, quo velit, unde autem velit, deducere* (De orat. 1, 30). Für solches Einwirken auf die innere Konstitution des Gegenübers hat Aristoteles bekanntlich den Begriff der „Psychagogie" geschaffen. Wie die Verben *tenere, allicere, impellere* zeigen, ist auch für den antiken Sprachforscher Cicero solche „Seelenführung" nicht möglich, ohne dass Gefühle betont und angesprochen werden, also ohne Emotionalität. Im Griechischen bzw. Lateinischen erfassen die Verben *peíthein / persuadere* im Sinne von „überreden, überzeugen" Funktion und Wirkung solcher Psychagogie, der zielgerichteten Verführung des Adressaten. Persuasion und persuasive Strategie sind vom lateinischen Wort *persuadere* abgeleitete Be-

[9] Walter Jens: Rhetorik. 434 f. In: Reallexikon der deutschen Literaturgeschichte. Bd. 3. 1977. 432-456. – Vgl. dazu auch Christoff Neumeister: Überredung als sprachliche Grundfunktion – Rhetorik. In: Wilhelm Höhn / Norbert Zink (Hrsgg.): Handbuch für den Lateinunterricht. Sekundarstufe I. Frankfurt am Main. 1987. 366-381.

griffe der modernen Literaturbetrachtung geworden. Über ihre Funktion und deren Analyse hat Hellmut Geissner grundlegend gehandelt.[10]

Will man die Stärke der Persuasion in einer sprachlichen Äußerung, die Kunstgriffe der persuasiven Strategie eines Textes untersuchen, so ist auch, ja vornehmlich, zu prüfen, auf welche Weise, mit welcher Intensität und in welcher Richtung Emotionalisierung, d. h. die gefühlsmäßige Einflussnahme auf das Bewusstsein des Hörers (Lesers), vom Sprecher (Schreiber) eingesetzt ist. Mit dem hier stichwortartig vorgestellten Instrumentarium von Begriffen und Kriterien wollen wir uns nun an die Untersuchung machen, ob und ggf. wie Emotionalisierung in Cäsars *Bellum Gallicum* am Werke ist.

2. EMOTIONALITÄT IN CÄSARS COMMENTARII

Dass Emotionalität auch in den *Commentarii* eine Rolle spielt, legt die Gattungszugehörigkeit seines Werkes, noch mehr die politische Zielsetzung Cäsars nahe[11]. Wo haben wir sie zu suchen? Überall, zu allererst jedoch in den in das Werk eingebauten Reden. Drei solcher Redeanlässe wollen wir kurz betrachten, in einem ersten Schritt jeden für sich und auf sich selbst bezogen, dann in einem zweiten Schritt mit Bezug auf die intentio scribentis, die dem ganzen Werk zugrunde liegt; hier werden dann auch Stellen außerhalb der Reden mitberücksichtigt.

2.1 Die Rede als emotionaler Appell an Handlungsträger

a) Cäsars Rede anlässlich der Meuterei bei Vesontio

Der bevorstehende Kampf mit den Germanen unter Ariovist bei Vesontio versetzt das ganze Heer in Angst und Schrecken (1, 39). Cäsar zeichnet das Psychogramm einer in Panik geratenen Masse. Die Begriffe *timor, timere, vereri, perturbari* bestimmen leitmotivisch den Text. In diesem chaotischen Szenario, das von Angst, Feigheit, Fatalismus und Befehlsverweigerung geprägt ist, hält Cäsar eine Rede, die die Umstimmung der Truppe zum Ziel hat. In einem Kriegsrat, an dem die Centurionen aller Dienstgrade teilzunehmen haben, erhebt er zunächst heftige Anklage (*vehementer eos incusavit,* 1, 40, 1) gegenüber seinen Hörern, weil sie an seiner Führungskraft und seiner umsichtigen Pla-

[10] Hellmut Geissner: Rhetorische Kommunikation. Bamberg 1979. Teilweise abgedruckt in: Kurt Sprang (Hrsg.): Rede. Bamberg 1987. 9 ff.

[11] Grundlegend dazu Fritz-Heiner Mutschler: Erzählstil und Propaganda in Caesars Kommentarien. Heidelberg 1975 (Heidelberger Forschungen. Bd. 15).

nung zweifeln. Dann nimmt er ihnen die Angst vor dem rasenden und wahnsinnigen Ariovist und seinen wilden Germanen, indem er ihnen ihre eigenen Stärke (*virtus*) und seine sorgfältige Führung (*diligentia*) bewusst macht sowie auf die früheren Erfolge gegen die Vorfahren der jetzigen Germanen im Krieg gegen die Kimbern und Teutonen und beim Sklavenaufstand verweist. *Disciplina* und *constantia* hätten seinerzeit die Siege garantiert (1, 40, 4-6).

Cäsar geht dann dazu über, den Soldaten ihren Erfolg über die im dauerhaften Kampf mit den Germanen geschulten Helvetier in Erinnerung zu rufen und Ariovists bisherige Kriegserfolge in Gallien herabzusetzen. Die vorgeschobenen Gründe des Getreidemangels und der Unpassierbarkeit der Wege entkräftet er mit dem Hinweis auf sein Verantwortungsgefühl als Feldherr (*officium imperatoris,* 1, 40, 10), die Bedenken hinsichtlich der Erfolgsaussichten durch Betonung seiner ein Leben lang bewährten Uneigennützigkeit (*innocentia,* 1, 40, 13) und seines eben im Helvetierkrieg sichtbar gewordenen Glückes (*felicitas,* 1, 40, 13). Schließlich packt er sie – den sofortigen Angriff in der nächsten Nacht verkündend – durch den Appell an ihr Scham- und Pflichtgefühl (*pudor atque officium,* 1, 40, 14) bei der Ehre und hält ihnen das Vorbild seiner Elitelegion vor Augen, an deren Verlässlichkeit (*confidebat maxime,* 1, 40, 15) er keinen Zweifel habe. Cäsar evoziert – als Schluss- und Höhepunkt der Rede – bei den Angesprochenen gezielt das Gefühl der Minderwertigkeit.

Die rhetorische Taktik ist so angelegt, dass der Redner gegen die Gefühle der Angst und des Verschrecktseins, die das Bewusstsein der Soldaten augenblicklich bestimmen, seine eigenen Gefühle setzt, zunächst die negativen der Verärgerung und Enttäuschung, dann – unter Einsatz der Erinnerung – die positiven der Leistungsanerkennung, des Vertrauens und der Erfolgsgewissheit. Indem er mit Nachdruck die Gedanken auf die für einen Römer stark gefühlshaltigen Grundwerte von *virtus, disciplina, constantia, pudor, officium, fides* lenkt, macht er die damit verbundenen Vorstellungen, „die mentalen Symbole" für die Hörer wieder so relevant, dass sie die dadurch erzeugten Gefühlsanstöße positiv bewerten und ihr Bewusstsein verändert wird. Sie lassen sich umstimmen, wie die Reaktion auf die Rede zeigt:

> *Hac oratione habita mirum in modum conversae sunt omnium mentes summaque alacritas et cupiditas belli gerendae innata est.* (1, 41, 1)

Die sich steigernde Emotionalisierung hat, wie die Formulierungen „auf wunderbare Weise schlug die Stimmung um", „höchste Kriegsbegeisterung wurde geweckt" zeigen, die höchstmögliche emotionale Wirkung erreicht. Die ganze Rede erweist sich als ein klug durchdachter emotionaler Appell. Die persuasive Absicht ist erfolgreich gewesen. Totale Angst (*timor,* 1, 39, 1) wandelte sich in totale Begeisterung (*alacritas et cupiditas,* 1, 41, 1). Nicht so sehr durch die logische Argumentation der Rede, sondern sehr viel mehr durch die in ihr mit steigernder Gefühlseinwirkung gesetzten Moralbegriffe gelingt die „Entzündung der Affekte" in die entgegengesetzte Richtung.

Allerdings kann der Leser diesen Prozess der Emotionalisierung im Text hier gewissermaßen nur mittelbar durch den Schleier der indirekten Rede wahrnehmen. Er wird dazu auf Distanz gehalten, nimmt kaum mit Empathie am Geschehen teil. Dennoch bleibt er davon nicht unbetroffen, freilich auf einer anderen Erfahrungsebene, wie noch zu zeigen sein wird.

b) Der Redeappell des Adlerträgers bei der Landung in Britannien

Als sich Cäsars Schiffe der Küste Britanniens nähern, gerät der Römer wiederum in eine sehr schwierige Situation (*summa difficultas,* 4, 24, 2). Die Soldaten verfallen in eine panikartige Erregung (*perterriti,* 4, 24, 4), sodass sie wie gelähmt nicht mit gleicher Begeisterung und Einsatzfreude (*non eadem alacritate ac studio,* 4, 24, 4) wie sonst zu kämpfen in der Lage sind. Schuld daran sind die völlig ungleichen Kampfbedingungen; alle Vorteile liegen bei den Britannen, die am trockenen Steilufer auf die ankommenden Römer warten können, alle Nachteile bei den Römern, die von den Schiffen herabspringen und im Wasser auf das feste Land zu vorrücken müssen. Die Landung droht zu misslingen. Cäsar setzt eine neue Taktik dagegen, indem er seine manövrierfähigeren Kriegsschiffe gegen die offene Flanke der Feinde richtet, um von dort aus mit Schleudern, Pfeilen und Wurfgeschossen die Barbaren anzugreifen. Diese werden durch das taktische Manöver überrascht und ziehen sich etwas zurück. Doch die römischen Legionäre zögern (*militibus cunctantibus,* 4, 25, 3) immer noch, ihre Schiffe zu verlassen und ins Wasser zu springen; die innere Lähmung hält an. Die psychische Blockade löst erst der Adlerträger der 10. Legion. Er beschwört die Götter und ruft dann:

Desilite ... commilitones, nisi vultis aquilam hostibus prodere; ego certe meum rei publicae atque imperatori officium praestitero.

„Springt hinab, Kameraden, wenn ihr nicht den Legionsadler den Feinden preisgeben wollt. Ich jedenfalls will meine Pflicht dem Staat und dem Feldherrn gegenüber getan haben!" (4, 25, 3)

Dieser Redeappell richtet sich, wenngleich ihm unterschwellig eine Argumentationslogik zugrunde liegt („wenn nicht [...], dann"), durch und durch an die Gefühle der Angesprochenen. Der „Redner" hat zunächst durch seine Anrufung der Götter (*obtestatus deos,* 4, 25, 3) eine religiöse Atmosphäre geschaffen, in der seine Aufforderung einen feierlich-pathetischen Klang bekommt. Er appelliert an das Pflichtbewusstsein des Soldaten, an das, was er dem Staat und dem Feldherrn schuldet. Der gefühlshaltige Wertbegriff *officium* wird in seiner ganzen Wirkung zur Geltung gebracht, indem der Sprechende die davon bestimmte eigene Tat beispielhaft synchron zu seinem Ausruf vollzieht und er das „mentale Symbol" dafür, nämlich den Legionsadler, als Zeichen des römischen Nationalstolzes und der militärischen Ehre in concreto in Händen hält. Im Bewusstsein der Hörer, d. h. der „Mitsoldaten", wird durch den Hinweis auf die Gefahr, in der der Adler schwebt, gezielt das anschauliche Bild des den Barbaren preisgegebenen höchsten Symbols einer römischen Legion evoziert.

Das Ereignis der Landung ist dramatisiert. Der Akt im Zentrum des Geschehens, in dem ein Einzelner durch sein Reden und Handeln aus der Masse heraustritt, ist an Suggestivität nicht zu überbieten. Um der hierzu eingesetzten Emotionalisierung die volle Dynamik zu geben und sie auch dem Leser ganz spürbar zu machen, hat Cäsar den Redeappell – hier erstmals im *Bellum Gallicum* – in direkter Rede abgefasst. Da die angesprochenen Kameraden sich eine solche Schande (*dedecus,* 4, 25, 5) nicht zu Schulden kommen lassen wollen, bewerten sie die Gefühlsimpulse, die der *aquilifer* gibt, in ihrem Bewusstsein positiv; sie lassen sich beeinflussen bzw. beeinflussen sich gegenseitig (*cohortati inter se,* 4, 25, 3), sodass sie ihr Zögern aufgeben. Der Stimmungswandel setzt sich in die sofortige Tat um: *universi ex navi desiluerunt ... Pugnatum est ab utrisque acriter* (4, 25, 5; 26, 1). Man kämpft am Ende mit Leidenschaft. Auch hier zeigt sich die „Rede" ganz auf die Entzündung der Affekte angelegt. An dieser Stelle wird der Leser nun schon direkter in das Geschehen einbezogen, er nimmt nicht ohne Empathie daran teil. Doch die eigentliche Erfahrung, die er hier machen soll, liegt wiederum auf einer anderen Ebene – worauf später noch einzugehen ist.

c) Die Critognatusrede innerhalb des gallischen Freiheitskampfes

Bei Alesia hat der gallische Widerstand gegen die römische Besatzung im 7. Kriegsjahr seinen Höhepunkt erreicht; die Stadt ist von den Römern ringsum eingeschlossen; man wartet auf ein gewaltiges Entsatzheer aus ganz Gallien. Doch die Frist, in der die Hilfstruppen kommen sollten, ist verstrichen. Höchster Mangel an Nahrungsmitteln setzt den Eingeschlossenen extrem zu. Was soll man tun? Die Lage ist aussichtslos. Soll man kapitulieren und sich der römischen Knechtschaft ausliefern oder einen Ausbruch wagen und dabei den Heldentod suchen? In dieser schwierigen Situation ergreift während einer Versammlung, in der man sich über den Ausgang des weiteren Schicksals berät, Critognatus, ein adliger Averner, das Wort (7, 77, 2).

Critognatus lehnt die beiden alternativen Vorschläge ab und plädiert dafür, in der Stadt durchzuhalten, bis das Entsatzheer kommt, und Not und Leiden bis zu dessen sicher zu erwartendem Eintreffen geduldig zu ertragen (*inopiam ferre ... dolorem patienter ferant,* 7, 77, 4 f.). Man solle sich, was bereits die Vorfahren beim Kampf gegen die Kimbern und Teutonen getan hätten, um dem Hungertod zu entgehen, notfalls vom Fleisch der alten und kampfunfähigen Leute ernähren (7, 77, 12). Hätten sie hierfür nicht schon das frühere Beispiel, dann wäre es in seinen Augen eine höchst ehrenvolle Tat, ein solches jetzt den Nachkommen zu liefern – „um der Freiheit willen“ (*libertatis causa,* 7, 77, 13).

Wie sie selbst auf die Ankunft des gesamtgallischen Heeres angewiesen seien, so dieses auf ihr Überleben in der Stadt. An ihnen, den Leuten in Alesia, liege es also, ob Gallien der schändlichsten Knechtschaft (*turpissimam servitutem,* 7, 77, 3) unter den Römern auf ewig ausgeliefert werde oder nicht. Diese würden ja nicht wie die Kimbern und Teutonen irgendwann einmal abziehen und ihnen die Rechte, die Gesetze, das Ackerland und „die Freiheit“ (*libertatem,* 7, 77, 14) zurücklassen. Das einzige Ziel ihrer Aggression sei es, sich dauerhaft in den Gebieten derer festzusetzen, deren Ruhm und Kriegstüchtigkeit sie in ihrer Missgunst (*invidia adducti,* 7, 77, 15) „nicht mitansehen“ könnten. Unter keiner anderen Bedingung hätten die Römer jemals Krieg geführt, weder in Gallien noch in anderen Gegenden der Welt.

Critognatus setzt den Inhalt seiner Worte gegen eine Stimmung, die der Verzweiflung nahe ist. Ganz offensichtlich soll der auf das Bewusstsein der Hörer einwirkende Beweggrund der Freiheitsgedanke sein, die Einsicht, dass die drohende Versklavung abgewehrt werden muss. *Libertas* und deren Opposition *servitus* durchziehen leitmotivartig die Rede, sie sind die tragenden Elemente der in ihr wirksamen Emotionalisierung. Im ersten Teil der Rede wird zweimal die Versklavung apostrophiert (*turpissimam servitutem,* 7, 77, 3 – *perpetuae servituti,* 7, 77, 10), dann rückt mit zunehmend stärkerer Gefühlsbetonung dort, wo der Vorschlag, die Leichen der Alten zu verzehren, gemacht wird, der Begriff *libertas* ins Zentrum (*libertatis causa,* 7, 77, 13 – *iura, leges, agros, libertatem ... reliquerunt,* 7, 77, 14), ehe zuletzt auf dem emotionalen Höhepunkt des Redeappells wieder zweimal *servitus* wie in einem Bedrohungsszenario vor die Augen der Hörer gebracht wird, in Formulierungen von markanter Stilistik: *his aeternam iniungere servitutem,* 7, 77, 15 – *perpetua premitur servitute,* 7, 77, 16.

Der Begriff *servitus,* der gleichsam ringkompositorisch den *libertas*-Begriff umgibt, schärft – vor allem auch durch die affektiven Bestimmungen: *turpissima, aeterna, perpetua* – dessen Profil und verleiht ihm eine derartige emotionale Dynamik, dass er massiv die Gefühle der Hörer erregt; dieser Redeappell trifft das „mentale Symbol" im Bewusstsein der versammelten Gallier schlechthin; durch nichts anderes als durch ihren Freiheitsdrang ist ja die verzweifelte Situation, in der sie jetzt sind, zu Stande gekommen.

Die Rebellion gegen die Römer ist durch das sich an der Freiheitsidee entzündende Feuer zu einem Brand geworden, der ganz Gallien erfasst hat. In Vercingetorix, dem Führer des Freiheitskrieges, hat dieses „mentale Symbol" konkrete Gestalt gewonnen. Dieser hat vor Alesia mit der Beschwörungsformel der *communis libertas* (7, 4, 4; 7, 37, 4; 7, 71, 3) ganz Gallien erfolgreich zu den Waffen gerufen und er nennt nach Alesia rückblickend nochmals die *communis libertas* (7, 89, 2) als das Motiv seiner Kriegsführung. Die emotionalen Reflexe, die Critognatus im Bewusstsein der Hörer erzeugt, indem er deren elementares Bedürfnis artikuliert, müssen deshalb die Gefühle der Angst, des Schmerzes, der Verzweiflung verdrängen. Die evozierte Vorstellung eines auf ewige Dauer von der Machtgier der Römer versklavten und ihren Henkersbeilen ausgelieferten Galliens stimmt die Gallier in Alesia um, macht sie bereit, sich dem neuen Vorschlag anzuschließen, nämlich durchzuhalten und im Notfall sogar zum äußersten Mittel gegen den Hunger zu greifen; das anschließende Kapitel 7, 78 berichtet davon. Die Critognatusrede ist in der *oratio recta* verfasst. Die Entzündung der Affekte bei den Zuhörern ist gerade dadurch ganz und gar gelungen. Auch die Leser werden von dieser aufwühlenden, weil vor allem „romkritischen" Rede innerlich voll erfasst, mit Empathie unmittelbar in das Geschichtsereignis hineingezogen. Welche Reflexe werden aber dadurch in ihrem Gehirn erzeugt? Wie bewerten sie – auf ihrer Ebene – die davon ausgehenden Gefühlsimpulse? Diese Frage gilt es noch zu klären.

2.2 Auf den Leser gerichtete Emotionalisierung

Wenden wir uns nun jener zweiten Ebene zu, auf der die Emotionalität eines Textes seine Wirkung entfalten kann oder soll. In den drei Redeappellen, die wir untersuchten, ist das vom Redner angestrebte Ziel jeweils voll erreicht worden. Die Hörer wurden in ihren Gefühlen so stark getroffen, dass sich ihre „Ausgangsstimmung der Zielstimmung“[12] voll annäherte. Die angesprochenen Menschen ließen sich umstimmen. Die Emotionalisierung der Hörer vollzieht sich hier jeweils bei einem bestimmten historischen Ereignis, über das berichtet wird, ihre Wirkung bleibt auf diesen Akt und die daran Beteiligten beschränkt. Die schwierige Entscheidungssituation, in der der Redeappell stattfindet, wird durch eine historisch relevante Tat (Kampf, Angriff, Entschluss zum Durchhalten) fürs Erste zumindest gemeistert. Der Autor beschreibt in seinem Text diesen Konnex von Ziel und Wirkung direkt. Die Emotionalisierung ist hier sozusagen intratextuell fassbar. Man muss hier von der aktuellen, situationsbezogenen Emotionsregulation sprechen.

Doch Texte, zumal literarische, sind von ihrer Produktionsabsicht her immer auch und gerade auf den Leser gerichtet, sie wollen ihn emotional treffen. Die Wirkung reicht über den Text hinaus. Dies betrifft die Pragmatik des Textes. Ob und wie sich eine solche extratextuelle Emotionalisierung – die Kommunikationspsychologie nennt sie „pragmatische Emotionsregulation“[13] – vollzieht, hängt von der gefühlsmäßigen „Voreingenommenheit“ des Lesers / Hörers ab, die durch Geschlecht, Alter, Herkunft, Weltanschauung, politische Einstellung, Lebenserfahrung, Gruppenzugehörigkeit, Bildung u. Ä. geprägt ist. Cäsars Text ist an eine bestimmte Schicht der römischen Gesellschaft gerichtet, in deren Händen die politische Führung des Reiches liegt, vor allem an die Senatoren aus Ritterstand und Adel; ihr Denken ist vom Ideenkonzept des Imperium Romanum bestimmt, also ideologisch geprägt. Da es Cäsars Absicht ist, sein Vorgehen in Gallien gerade diesen Männern gegenüber zu rechtfertigen, liegt seiner Darstellung von vornherein eine Tendenz zu Grunde. Das Werk zielt auf Persuasion, auf Beeinflussung des angezeigten Leserkreises in seinem Sinne. Diese muss auf der extratextuellen Ebene gelingen. Welche Strategie setzt Cäsar dafür ein?

[12] Christoff Neumeister. op. cit. 369. 377.

[13] Maud Winkler / Anka Commichau.: Reden. Handbuch der kommunikationspsychologischen Rhetorik. Reinbek 2005. 195.

a) Das Trauma der Germanenangst

Die Meuterei des Heeres bei Vesontio (1, 39) ist, wie die massierte Verwendung der Wörter *timor, timere, vereri, perturbari* anzeigt, von der panischen Angst vor den Germanen ausgelöst. Warum berichtet Cäsar überhaupt von dieser für ihn peinlichen Situation? Nur um sein rhetorisches Talent auf dem Kriegsschauplatz ins helle Licht zu rücken? Ganz gewiss nicht. Im Zentrum der Rede stehen zwei namentlich genannte Feinde der Römer, der Suebenkönig Ariovist einerseits, die Kimbern und Teutonen andererseits. Die dem Sueben zugeschriebenen Eigenschaften *furor atque amentia* („wahnsinnige Raserei", 1, 40, 4) und die bewusst in unmittelbare Nähe dazu gestellte Wortverbindung *Cimbri et Teutoni* (1, 40, 5) haben Signalwirkung; sie rufen unwillkürlich in den Köpfen der Leser das Horrorbild des *furor Teutonicus* wach, wie Lukan das Angsttrauma später bezeichnet hat (Phars. 1, 255 f.), das seit dem Einfall jener Völker in Italien die römische Seele belastet: „Das Schreckliche des Cimbern- und Teutonenereignisses demonstriert sich für viele, die darauf zu sprechen kommen, darin, dass die Germanen wie Wasserwogen sturmhaft die Alpen, den Sicherheitswall im Bewusstsein der Römer, überwanden und sich nach Italien und Gallien hineinergossen."[14]

Dieses Germanensyndrom, die Angst vor einer „extraordinären Gefahr" instrumentalisiert Cäsar für sein Ziel, im Bewusstsein der Leser positiv wertende Reflexe bezüglich seines Angriffs auf Ariovist zu erzeugen. Dieselbe Zustimmung, die er bei den aktuellen Hörern seiner Rede gewinnt, möchte er unterschwellig auch seinen Lesern abnötigen. Dafür bringt er das emotionsregulierende Mittel der Erinnerung geschickt zum Einsatz. Die hier zwischen Text und Leser geschaffene enge Beziehung ist der emotionale Höhepunkt in der Erzählstrategie des 1. Buches im *Bellum Gallicum*. Dieser wird gewissermaßen in mehreren Stufen erreicht. Steigen wir, um im Bilde zu bleiben, diese Treppe hinunter – also zurück zum Anfang von Buch 1!

Zu Beginn der Auseinandersetzung mit Ariovist tritt der Häduer Diviciacus mit der Bitte um Hilfe gegen den tyrannischen, jähzornigen, unberechenbaren Barbaren Ariovist an Cäsar heran; nur er könne im Namen des römischen Volkes (*nomine populi Romani,* 1, 31, 16) das Vordringen größerer Germanenmassen über den Rhein verhindern und

[14] Horst Callies: Zur Vorstellung der Cimbern und Teutonen. 346. In: Chiron 1. 1975. 341-350. – Vgl. dazu auch Friedrich Maier: Furor Teutonicus im Bellum Gallicum. Zu den Grundlagen von Caesars Politik und Erzählstrategie. 5 ff. In: Ders.: Caesar im Visier. Auxilia 37. Bamberg 1995. 4-47.

ganz Gallien gegen das Unrecht des Ariovist verteidigen (*Galliamque omnem ab Ariovisti iniuria posse defendere,* 1, 31, 16). In den Worten eines verbündeten Galliers werden hier Ariovist und die Germanen als so gefährlich gezeichnet, dass von ihnen starke Angstimpulse auch auf den Leser ausgehen. Kurz vorher hatte Cäsar berichtet, er habe nach dem Ende des Krieges die Helvetier wieder in ihre früheren Gebiete zurückgesiedelt, weil er kein Vakuum entstehen lassen wollte (*noluit eum locum ... vacare,* 1, 28, 4), in das Germanen einströmen könnten, sodass sie dann zu unmittelbaren Nachbarn der *provincia Gallia*, also des römischen Herrschaftsgebietes geworden wären. Auch hier soll hinter dem Kalkül (*id ea maxime ratione fecit,* 1, 28, 4) von den Lesern die Angst vor den Germanen gespürt werden, die er von seiner Provinz und damit letztlich von Italien fernhalten will. Im Proöm schließlich werden die Germanen zweimal genannt, beide Male als kriegsmächtiges Volk, das seine Grenznachbarn, die Belger und Helvetier, durch die dauernden Kämpfe mit ihnen dazu zwingt, ihre Tapferkeit und Leistungsstärke auf einem den anderen Galliern überlegenen Niveau (*fortissimi, virtute praecedere,* 1, 1, 3 f.) zu halten. Warum rückt Cäsar in der Einleitung zum *Bellum Gallicum* die Germanen so stark in den Vordergrund? Weil man sie sich von vornherein als bedrohlich, als die höchste Gefahr vom Norden her vorstellen soll.

Nach Joachim Latacz erreicht Cäsar damit, „dass der Leser gleich zu Beginn des Werkes als die eigentliche latente Bedrohung die Germanen im Bewusstsein speichert."[15] Vom Proöm bis zum Bericht über die Meuterei bei Vesontio steigert sich zunehmend die Emotionalisierung der Leser. Die immer stärker akzentuierte Germanenangst führt dazu, dass man Cäsars Vorgehen in Gallien – weil im Bewusstsein der dafür imprägnierten römischen Leser, also der Angehörigen seiner Nation, die „mentalen Symbole" von Sicherheit, Ehre, Verlässlichkeit des Imperium Romanum angesprochen werden – in Rom positiv bewertet und seine unrechtmäßige Aggression dort unter dem Vorzeichen der teutonischen Bedrohung (von wenigen Ausnahmen abgesehen) als berechtigt empfindet. Cäsar, so *empfindet* man es, führt im Interesse der Bundesgenossen und der Römer einen „gerechten Krieg".

[15] Joachim Latacz: Zu Caesars Erzählstrategie (BG I 1-29: Der Helvetierfeldzug). In: AU 21 / 3. 1978. 70-87.

b) Die Gefahr für den Legionsadler

Der Redeappell des Adlerträgers (4, 25, 3) befreit beim Sturm auf die Steilküste Britanniens die Landungstruppen aus der festgefahrenen Situation, indem er die Sperre in den Köpfen der zögernden *commilitones* sprengt. Warum berichtet Cäsar – so ist auch hier zu fragen – von diesem Ereignis, das für ihn, da er sich ja den letztlichen Erfolg nicht selbst zuschreiben kann, noch peinlicher ist als die Meuterei bei Vesontio? Warum stilisiert er in geradezu dramatischer Zuspitzung die Leistung eines Soldaten, indem er ihm eine Anrufung der Götter und in direkter Rede einen pathetisch formulierten patriotischen Appell in den Mund legt, was in der Aufregung des Landevorgangs kaum so geschehen sein kann?

Erzählstrategisch gesehen, ist die Aussage, die Cäsar mit der beispielhaften Tat des *aquilifer* verbindet, vornehmlich als eine Botschaft an den Leser in Rom zu verstehen. Was er sagt und wie er es sagt, soll extratextuell seine emotionale Wirkung entfalten. Die Gefühlsimpulse, die von diesem mit hoher sprachlicher und stilistischer Kunst beschriebenen historischen Akt ausgehen, bringen in der Seele der römischen Adressaten Saiten zum Schwingen, deren Klang sich in einem mächtigen Resonanzraum verstärkt – werden doch die Vorstellungen vom göttlichen Herrschaftsauftrag, von imperialer Selbstbehauptung, von absolutem Siegeswillen, allesamt „mentale Symbole" des römischen Selbstbewusstseins, geweckt.

Der Appell an das dem Staat und Feldherrn geschuldete *officium* der Soldaten lenkt die Gefühle der Leser spontan zu einer positiven Bewertung dessen, was da im höchsten Norden geschehen ist. Das Vorbild eines Einzelnen, der seine Mitsoldaten durch sein Reden und Handeln gleichsam dazu zwingt, die Schande (*dedecus,* 4, 25, 5) des verlorenen Legionsadlers nicht zuzulassen, erweckt beim Leser mit gleicher Intensität das Schreckbild vom Verlust dieses römischen Macht- und Herrschaftssymbols: Die Emotionsregulation zielt auf Freude. Solches Konformgehen des Adlerträgers mit den Idealen der Gruppe bewirkt Identifikation und Zustimmung. Die Korrespondenz zwischen der emotionalen Reaktion der Soldaten und derjenigen der Leser ist hier total. Beide hängen ja derselben Ideologie an. Die affirmativen Reflexe, die der Text durch Gefühlsimpulse in den Köpfen der Leser erzeugen will, sollten zur Einsicht führen: Der Imperator und seine Soldaten lassen sich beim Angriff auf Britannien von Ideen und Werten (*virtus, gloria*) leiten, durch die sich das Imperium Romanum weltweit zu behaupten sucht.

c) Freiheit – nichts für Barbaren

Die Entscheidungssituation, in der Critognatus in Alesia seine Rede hält (7, 77), betrifft das Schicksal der 80.000 Eingeschlossenen und die Existenz ganz Galliens. Der Redner stimuliert, um seinen Vorschlag durchzubringen, den Freiheitsdrang seiner Landsleute. *Libertas* avanciert zur Kernparole des Redeappells. Da er diese Freiheit von den Römern so sehr bedroht sieht, dass er diese sogar für noch schlimmer hält als die berüchtigten Kimbern und Teutonen, weckt er in den Köpfen seiner Hörer die Vorstellung eines *furor Romanus*, der dieses Volk dazu treibt, in aller Welt aus Missgunst und Neid die ruhmreichen und kriegstüchtigen Völker zu überfallen und sie auf ewig zu versklaven. Diese Kritik an Rom ist im ganzen Werk der für Cäsar peinlichste Fall von Verlegenheit, über den er berichtet. Man hat sich schon immer gefragt: Warum stellt er seinen Lesern ein solches Horrorbild ihrer selbst vor Augen, das keinen kalt lässt, kalt lassen soll, wie das Mittel der *oratio recta* zeigt.

Das Motiv der Freiheit, Ideal der römischen Republik und seiner Anhänger, lässt auf Seiten der Leser eigentlich Zustimmung erwarten. Die vom Begriff *libertas* an sich ausgehenden Gefühlsimpulse bedingen ja, dass ihr Bewusstsein positiv wertet. Doch der Autor verhindert eine solche emotionale Wirkung, und zwar durch seine Erzähltechnik, die vom ersten bis zum siebten Buch zunehmend darauf abzielt, Wort und Bedeutung von *libertas* in eine trübe Atmosphäre zu tauchen. *Libertas*, einer der am häufigsten im *Bellum Gallicum* begegnenden Wertbegriffe, ist nahezu ausschließlich und von Anfang an dem Begriffsarsenal der gallischen Opposition zugeordnet.

An der suggestiven Kraft, die von dieser Parole ausgeht, baut sich sozusagen „im Untergrund" der gallische Widerstand gegen Rom auf, zunächst auf enge Zirkel begrenzt, dann einzelne Stämme erfassend, schließlich in den gesamtgallischen Aufstand übergehend. Stets ist der Begriff durch seine Zugehörigkeit zum Sinnbereich von Unruhe, Verschwörung, Widerstand, Rebellion (*sollicitare, coniurare, resistere, rebellare*) negativ konnotiert. Wenn Cäsar das Heer, das Vercingetorix im 7. Kriegsjahr zum Kampf für Galliens gemeinsame Freiheit (*communis libertatis causa,* 7, 4, 4) sammelt, als Haufen von bettelarmem Gesindel (*dilectum egentium ac perditorum,* 7, 4, 3) hinstellt, so disqualifiziert er damit das Leitmotiv dieses Krieges schlechthin.

Cäsar hat also die Leser von vornherein in ein Vorbehaltsverhältnis zur gallischen *libertas* gebracht, ehe er sie mit der Critognatusrede konfrontiert. Diese Vorbehalte werden in der Rede bis ins Extrem verschärft durch die enge Verbindung des Begriffes mit dem Vorschlag zum Kannibalismus (7, 77, 12). Die davon ausgehenden Gefühlsimpulse bewirken beim Leser Ablehnung und Abscheu. Dass der Autor genau diese Antipathie gegen den Redner provozieren will, zeigt das von ihm unmittelbar vor der Rede gesetzte Richtungssignal an. Die Rede des Critognatus dürfe, so Cäsar, nicht übergangen werden wegen der in ihr erkennbaren „einzigartigen und ruchlosen Grausamkeit" (*propter singularem ac nefariam crudelitatem*, 7, 77, 2).

Dazu kommt hier die sozialpsychologische Seite der Emotionsregulierung in ihrer stärksten Weise zur Geltung. Der Angriff gegen Roms Herrschaftsideologie erzeugt bei allen Mitgliedern des Kollektivs Ärger, Abwehr, Aggression. Die Folge kann nur eine vollständig negative Bewertung des gallischen Freiheitsstrebens im Bewusstsein der Leser sein. Simultan zu dieser Ablehnung stellt sich die Zustimmung zu Cäsars Willen ein, die gesamtgallische Rebellion niederzukämpfen. Ihre Voreingenommenheit wird gewissermaßen e contrario aktiviert, indem sie sich zur Einsicht lenken lassen: Freiheit, die wir Römer schätzen, ist nichts für Barbaren. Sie gehören domestiziert. Zugleich werden in den Köpfen der Leser zwangsläufig wieder „mentale Symbole" der römischen Ideologie angesprochen, hier etwa Friedenssicherung, Herrschaftsauftrag, Zivilisierung von Barbaren. Die Botschaft, die von dieser Rede an die römischen Leser ausgeht, hat Rudolf Schieffer so formuliert: „Caesars Krieg ist Roms Krieg; sich dem zu widersetzen bedeutet, sich die Verblendung eines menschenfressenden Barbaren zu eigen zu machen."[16]

Dies ist gewiss richtig, wenn auch nur die halbe Wahrheit. Cäsar befriedigt, wie unschwer zu erkennen, beim Leser auch Gefühle des verletzten Nationalstolzes. Wie die Schlacht um Alesia den Höhepunkt des gallischen Freiheitskampfes markiert, in dem es letztlich um das Schicksal Cäsars und des Imperiums im Norden geht, so stellt die in den Alesia-Bericht eingefügte Rede des Critognatus den Höhepunkt der cäsarischen Erzählstrategie dar. In ihr liefert er die letztliche Begründung seines Eroberungskrieges in Gallien; sie ist das emotional stärkste Mittel, die Leser davon zu überzeugen, dass sein Vorgehen in Gallien zu Recht so und nicht anders erfolgt ist.

[16] Rudolf Schieffer: Die Rede des Critognatus (B.G. VII 77) und Caesars Urteil über den gallischen Krieg. 491. In: Gymnasium 79. 1972. 477-494.

Fassen wir zusammen: In Cäsars *Bellum Gallicum* wird Emotionalisierung auf zwei Ebenen fassbar, im Binnenbezug bei historischen Ereignissen, hier: bei Redeappellen, im Außenbezug in der mutmaßlichen Wirkung auf die Leser. Intratextuell hat die Entzündung der Affekte jeweils einen Stimmungswandel der an der Handlung beteiligten Hörer zur Folge, über den unmittelbar nach dem Redeappell ausdrücklich berichtet wird. Extratextuell entlädt sich die emotionale Energie des Autors unterschwellig und indirekt, indem Schlagwörter, Leitbegriffe, affektive Charakterisierungen, reaktivierte psychische Traumata (Erinnerungsimpulse) u. Ä. erzähltechnisch so geschickt eingesetzt werden, dass davon die „mentalen Symbole" der ideologisch voreingenommenen römischen Leser angesprochen werden. Die in jeder Sprachäußerung mögliche aktuelle und zugleich pragmatische Emotionsregulation tritt uns hier in Perfektion entgegen.

Die fundamentalen Emotionen von Angst, Freude, Ärger evozieren, wie die drei Textstellen zeigen, in den Köpfen derer, die das *Bellum Gallicum* in Rom lesen, die Vorstellungen des *furor Teutonicus*, des Heldenmutes römischer Soldaten, der vor Menschenfresserei nicht zurückschreckenden Freiheitsbesessenheit der Barbaren. Die gefühlsmäßige Reaktion, die Cäsar dabei anstrebt, ist immer – ganz gleich ob er sie nun durch Affirmation des berichteten Ereignisses oder durch Aversion gegen das berichtete Ereignis erzeugt – die Zustimmung zu seinem Handeln: zu seinem Kampf gegen Ariovist in Gallien, zu seinem Britannienfeldzug, zu seinem Krieg gegen ganz Gallien. Emotionalität, wie sie uns hier entgegentritt, dient der Leserlenkung. Solche Emotionalisierung kommt durch das kluge Arrangement von Entscheidungssituationen zu Stande, die von langer Hand vorbereitet und in kleineren Berichtselementen stufenartig ihrem Höhepunkt zugeführt werden. Gerade darin erweist sich die Stärke der cäsarischen Erzähltechnik. Der Rationalist Cäsar setzt Emotionalität gezielt und bewusst ein; sie zeigt sich rational gesteuert, sie ist kalkulierte Emotionalität, und sie ist eine eingeschränkte Emotionalität, denn sie bleibt fokussiert auf den rein militärisch-politischen Bereich. Das *Bellum Gallicum* als Ganzes zeigt sich dabei von rhetorischen Prinzipien durchdrungen. Die gewissermaßen doppelbödige Rhetorik seines Werkes ist auf beiden Ebenen auf Persuasion hin angelegt; sie arbeitet direkt und indirekt mit den Mitteln der persuasiven Strategie. Gerade in dieser Doppelbödigkeit manifestiert sich Cäsars meisterhafte Sprachkunst, sein erzählerisches Raffinement.

Immanuel Kant bezeichnet in seiner *Kritik der Urteilskraft* Rhetorik als eine „hinterlistige Kunst", wenn sie dem Hörer durch emotionalen

Überdruck und Suggestion keinen Spielraum zu einem eigenen Urteil lässt; wenn die Urteilskraft des Hörers dagegen trotz suggestiver Beeinflussung die entscheidende Kraft bleibt, dann findet sie als moralisch achtbares Mittel der Kommunikation Kants Anerkennung[17].

Die moderne Rhetorik unterscheidet dementsprechend zwischen einer Überzeugungsrhetorik und einer Überredungsrhetorik. Hellmut Geissner nennt die eine „konviktiv", die andere „manipulativ"[18]. Wie wäre demnach Cäsars Rhetorik, seine persuasive Strategie zu beurteilen? Dies hängt nun wiederum von der ideologischen Voreingenommenheit der jeweils Urteilenden ab, davon, ob sie diese Gestalt auf der politischen Bühne Europas für ein *fascinosu*m oder für ein *tremendum* halten. Für die einen ist seine Sprachkunst konviktiv, für die anderen manipulativ, für die einen gilt Cäsar als seriöser Geschichtsschreiber, für die anderen als großer Propagandist. Viele nehmen eine mittlere Position ein, indem sie die dokumentarische nicht weniger als die propagandistische Absicht in seinem Werk nebeneinander gelten lassen.

3. DIDAKTISCHE FOLGERUNGEN AUS DER UNTERSUCHUNG

Die kritische Auseinandersetzung mit Cäsars *Bellum Gallicum* ist in allen bundesdeutschen Lehrplänen gefordert; Cäsars Erzählstrategie und die manipulative Art seiner Sprachführung sollen den jugendlichen Lesern offen gelegt werden. Nichts ist fruchtbarer, als dieses Anliegen gerade anhand der im Werk enthaltenen Redepartien zu verwirklichen. Die hier fassbare Psychagogie wird den Schülerinnen und Schülern – gewiss in einfacherer Sprache vermittelt – durchaus zugänglich. Sprach- und Textreflexion aktivieren sich hier in ihrer höchsten Form. Die Leser werden geschult, die sprachlich-rhetorische Konstitution von Texten zu analysieren, ihre beabsichtigte Wirkung zu durchschauen und kritisch zu bewerten, womöglich manipulative Tendenzen zu entlarven – eine didaktische Leistung, die es ermöglicht,

[17] Kant formuliert seine „Mißbilligung einer hinterlistigen Kunst, welche die Menschen als Maschinen in wichtigen Dingen zu einem Urteile zu bewegen versteht, das im ruhigen Nachdenken alles Gewicht bei ihnen verlieren muß. Beredtheit und Wohlredenheit (zusammen Rhetorik) gehören zur schönen Kunst; aber Rednerkunst (ars oratoria) ist, als Kunst, sich der Schwächen der Menschen zu seinen Absichten zu bedienen (diese mögen immer so gut gemeint, oder auch wirklich gut sein, als sie wollen), gar keiner Achtung würdig. ... Wer, bei klarer Einsicht in Sachen, die Sprache nach deren Reichtum und Reinigkeit in seiner Gewalt hat, und, bei einer fruchtbaren zur Darstellung seiner Ideen tüchtigen Einbildungskraft, lebhaften Herzensanteil am wahren Guten nimmt, ist der vir bonus dicendi peritus ..." (§ 53).

[18] Hellmut Geissner: Rhetorische Kommunikation. Bamberg 1979. Teilweise abgedruckt in: Kurt Sprang (Hrsg.): Rede. Bamberg 1987. 9 ff. (Hier: 10).

nahtlos zur Lektüre einer Cicerorede überzugehen. Die erarbeiteten Ergebnisse können in dreierlei Weise im Unterricht eingesetzt werden: 1. indem man alle drei analysierten Stellen als Lektüreprojekt behandelt, 2. indem man die beiden Texte, in denen eine direkte Rede vorliegt, behandelt und ihre gegensätzliche Wirkungsabsicht herausarbeitet, 3. indem man nur eine Textpassage – am ehesten wohl die des Britannienfeldzuges – innerhalb einer darauf abgestellten Lektüreeinheit in der vorgeführten Weise den Schülerinnen und Schülern vermittelt.

Dabei kann die folgende grafische Übersicht im Ganzen wie in den Einzelteilen von Nutzen sein.

ANFANG	MITTE	ENDE
Cäsars Feldherrenrede bei Vesontio (1, 40)	**Appell des Adlerträgers** vor Britannien (4, 25)	**Critognatusrede** in Alesia (7, 77)
difficultas: Meuterei	*difficultas:* Scheitern der Landung	*difficultas:* Kapitulation
INTRATEXTUELLE EMOTIONALISIERUNG		
Angst der Soldaten ↓ Kriegsbegeisterung	Psychische Lähmung ↓ leidenschaftlicher Kampf	Resignation der Belagerten ↓ Entschluss zum Durchhalten
Appell an militärische Grundwerte	Appell an soldatisches Ehrgefühl	Appell an das Freiheitsbedürfnis
HISTORISCHE HANDLUNGSTRÄGER (AUF DIE SITUATION BEZOGEN)		
DER „ANGEPEILTE" LESER (AUF ROM BEZOGEN)		
Instrumentalisierung eines Angstsyndroms *(furor Teutonicus)*	Betonung der Heldentat des Adlerträgers	Vorführen der Freiheitsbesessenheit von Barbaren
Mentales Symbol: Roms Sicherheit ↓ **Cäsar** führt *bellum iustum*	Mentales Symbol: Römischer Nationalstolz ↓ **Cäsar** garantiert Roms Ehre	Mentales Symbol: Roms Zivilisationsauftrag ↓ **Cäsar** kämpft für Rom
indirekte Rede	kurze direkte Rede	längere direkte Rede
EXTRATEXTUELLE EMOTIONALISIERUNG		

VERCINGETORIX

Europas erster Freiheitskämpfer

Der didaktisch lohnendste Text des gesamten *Bellum Gallicum* stellt die Kapitelfolge über die Auseinandersetzung Cäsars mit dem Gallierkönig Vercingetorix dar. Denn hier geht es nicht nur um den Fortbestand des Imperium Romanum nördlich der Alpen, hier wird auch entschieden, ob sich Cäsars Traum von der Weltherrschaft in nichts auflöst oder die Chance auf seine Verwirklichung behält. Kann der Held ein *Caesar Magnus* werden? Will man ein Gesamtbild von Cäsars Lebensdrama vermitteln, so dürfen die hier ausgewählten Texte auf keinen Fall ausgelassen werden. Zumal sich in der Praxis vielfach erwiesen hat, dass die jungen Lateiner sich von diesem leidenschaftlich geführten Kampf der beiden gleichwertigen Gegner faszinieren lassen. Zudem kommt in der hier enthaltenen längsten Oratio recta des Gesamtwerkes, nämlich in der Rede des Galliers Critognatus, die römische Herrschaft überhaupt auf den Prüfstand. In welchem Lichte erscheint die Machtideologie der Römer im Werk eines machtbesessenen Usurpators?

VERCINGETORIX' IMAGE

Vercingetorix' Image gibt Cäsar in seinem Bericht von Anfang (Bell. Gall. 7, 4) an dunkle Züge. Er war ein junger Adliger aus dem Stamm der Arverner. Seinen Vater, den machtlüsternen Celtillus, hatten die Gallier wegen seines Strebens nach der „Königswürde" (*regnum*) umgebracht. Von diesem, so unterstellt Cäsar, habe Vercingetorix nicht nur eine hohe Machtstellung (*summae potentiae*), sondern auch die Ambition, zu höchstem politischen Rang aufzusteigen, geerbt. Er will sich an die Spitze einer Rebellion gegen die Römer setzen, hetzt in Gergovia seine Anhänger dazu auf; er lässt davon auch dann nicht ab, als er von den besonneneren Häuptern des Stammes (*principes*) aus der Stadt geworfen worden ist, sondern rekrutiert auf dem Lande eine Truppe aus „Hungerleidern" und „Halunken" und bringt alle, die er in seinem Stamm angeht, dazu, sich dieser Mannschaft anzuschließen. Mit der Formulierung *egentium ac perditorum* (7, 4, 3) gibt der Autor dem Plan des Vercingetorix eine Schlagseite zum Schlechten, sein Heer setzt sich im Kern aus Gesindel zusammen. Diese pejorative Schattierung trifft auch das Freiheitsmotiv, mit dem er dazu aufruft, zu den Waffen zu greifen (*hortatur, ut communis libertatis causa arma capiant,* 7, 4, 4). Was soll Freiheit in den Händen solcher Leute!

Mit den offensichtlich rasch zu einer großen Masse angewachsenen Truppen begeht Vercingetorix einen ersten Gewaltakt, indem er nun seinerseits seine Gegner, also die nicht zum Aufstand bereiten führenden Köpfe, aus Gergovia verjagt, um dort seine strategische Basis einzurichten. Schon wird er hier von seinen Anhängern zum „Leiter" (*rex*) der Operation ernannt. Durch die lapidare Feststellung *rex ab suis appellatur* (7, 4, 5) soll die Zielstrebigkeit und Entschlossenheit seines skrupellosen Wesens zum Ausdruck kommen. Ohne Wenn und Aber hat er in Kürze das erreicht, weshalb sein Vater umgebracht worden ist: *regnum,* das „Königsamt". Durch die Schilderung der unmittelbar eingeleiteten Maßnahmen wird die negative Charakterisierung des neuen Führers fortgesetzt:

> „Er schickt nach allen Richtungen Gesandte und beschwört sie, sie sollten ihm die Treue halten. Schnell bewegt er die Senonen, Parisier, Cadurcer, Turonen, Aulercer, Lemovicer, Anden und alle, die am Atlantik siedeln, zum Anschluss. Mit aller Zustimmung wird ihm der Oberbefehl übertragen, nachdem ihm diese Machtstellung gegeben worden ist, befiehlt er allen Stämmen die Stellung von Geiseln, gebietet, sie in einer bestimmten Zahl von Stunden zu ihm zu führen und setzt fest, wie viel an Waffen jeder Stamm zu Hause bis zu einer jeweils bestimmten Zeit herstellen solle. Am meisten setzte er auf die Reiterei. Hoher Gewissenhaftigkeit fügt er harte Strenge in der Ausführung seines Oberbefehls (*imperii*) hinzu. Mit großen Strafen übt er auf die Zaudernden Zwang aus. Denn bei einem größeren Vergehen lässt er sie durch Feuer und alle möglichen Foltern töten, bei geringerem Anlass schickt er sie, nachdem er ihnen die Ohren hat abschneiden oder ein Auge ausstechen lassen, nach Hause, damit sie den anderen zur Warnung dienen und sie durch die Größe ihrer Bestrafung in Angst und Schrecken versetzen (*ut ... perterreant*)." (7, 4, 5-10)

Durch Botschaften in alle Richtungen gewinnt er also, zum „König" ernannt, sehr rasch viele Stämme für die Rebellion, von diesen wird ihm das *imperium* übertragen, weil man allseits seinem offenen Verschwörungsakt zustimmt. Allein durch die in diesem Abschnitt verwendeten Verben macht Cäsar deutlich: Hier handelt es sich um einen Mann, der zum Befehlen geboren ist, der keines Beraters bedarf, einen klar konturierten Plan hat und diesen ohne Skrupel und ohne Zögern Punkt für Punkt durchsetzt: *perducit, hortatur, expellit, dimittit, obtestatur, adiungit, imperat, iubet, constituit, studet, cogit, necat.* Cäsar baut Vercingetorix so zum ranggleichen Gegenspieler auf, zum Oberbefehlshaber der Befreiungsarmee.

Vercingetorix gebietet allen Stämmen, ihm Geiseln zu stellen – als Zeichen ihrer unbedingten Abhängigkeit – und zwingt alle Stämme, Truppen und Waffen zu stellen. Seinen Oberbefehl (*imperium*) übt er nicht nur gewissenhaft, sondern mit äußerster Strenge aus, wenn es um die Gefolgstreue im Freiheitskampf gegen Rom geht. Bei großen Vergehen bestraft er mit Folter- und Feuertod, bei geringem Anlass durch Abschneiden der Ohren oder Ausstechen eines Auges, wobei er die so Verstümmelten zur Warnung und Abschreckung nach Hause schickt.

Durch das Erwähnen dieser brutalen Strafen an Volksangehörigen zeichnet Cäsar den „Gallierkönig" als Ausgeburt barbarischer Grausamkeit. Das Verbum *perterrere* soll den Eindruck erwecken, als übe Vercingetorix eine Art Schreckensherrschaft aus. Ganz gezielt werden, noch ehe es zur Konfrontation der beiden Kontrahenten kommt, die Mittel der propagandistischen Abwertung des Feindes eingesetzt. Das Freiheitsmotiv, das den ganzen Krieg gegen die Römer tragen soll, hat in der begrifflichen Umgebung des Berichts für den römischen Leser von Anfang an eine ausgesprochen negative Konnotation. Überspitzt formuliert: Wie sollen Schreckensherrschaft und Freiheitsstreben zueinander passen? Die begriffliche Substanz des Textes erzwingt im Denken des Lesers diese Frage.

Im Schema:

Vercingetorix

summa potentia

pater regnum appetebat

<clientes> facile ***incendit***

expellitur *Gergovia*

in agris habet dilectum

egentium *ac* ***perditorum***

hortatur ut communis libertatis causa arma capiant

adversarios ***expellit*** *e civitate*

rex appellatur

ad eum defertur imperium

summa imperii severitas

igni atque omnibus tormentis ***necat***

auribus desectis *aut singulis* ***effossis oculis*** *domum remittit*

ut sint ***documento*** *et ...* ***perterreant***

Am Anfang des großen Entscheidungskampfes zwischen Cäsar und Vercingetorix steht das Psychogramm des Gegenspielers klar vor den Augen der Leser: Vercingetorix – einflussreich, machtbesessen, draufgängerisch; durch inneren Widerstand nicht aufzuhalten; entschlossen, für seine Zwecke alle Leute, auch Gesindel einzusetzen; vor Gewaltakten nicht zurückschreckend; mit Zwang und Strenge herrschend; grausam strafend, nahe an den Methoden einer Terrorherrschaft[1]. Und, was zwangsläufig zur entscheidenden Bedrohung römischer Interessen werden muss: Er besitzt das Talent, andere für seine Ziele zu begeistern, d. h. bis dahin uneinige, für sich genommen schwache Stammesverbände zu einer starken Macht zu vereinen.

VERCINGETORIX' STRATEGIE

Da es Vercingetorix nicht gelungen ist, Cäsar von der Hauptmacht seiner Heere abzuschneiden, im Gegenteil Cäsar durch seine Sonderleistung, nämlich die Überwindung der verschneiten Cevennen, mitten im Arvernerland steht, also die Konfrontation unmittelbar bevorsteht, muss der „Gallierkönig" seine Strategie ändern. In einer Rede versucht er die „Unterführer" seiner Streitmacht davon zu überzeugen. „Sein strategischer Plan ging dahin, die Römer durch Wegnahme der Verpflegungsmöglichkeiten bis zum Untergang zu zermürben."[2]

Ziel müsse es sein, die Römer dadurch, dass man ihnen den Zugang zum Proviant nimmt, kampfunfähig zu machen; dies könne zu dieser Jahreszeit (Frühsommer) erreicht werden, indem alle Gebäude, in denen Getreide lagert, zerstört würden. Rücksicht auf persönliche Vermögen dürfe es dabei nicht geben (*rei familiaris commoda neglegenda <esse>*, 7, 14, 5). Also müssten in allen Richtungen, wohin die Römer des Proviants wegen ziehen könnten, die Dörfer und Häuser in Brand gesetzt werden, selbst die Festungsstädte, die nicht hinreichend gesichert seien, seien einzuäschern (*oppida incendi oportere*, 7, 14, 9), damit sie weder Kriegsverweigerern als Schlupfwinkel dienten, noch den Römern die Möglichkeit böten, Proviant und Beute zu machen. „Mit dem Verlust ihrer Habe erlangten sie immerwährende Freiheit, verkündete Vercingetorix."[3]

Cäsar stellt Vercingetorix als rhetorisch versierten Gallierführer dar, der seine strategischen Ziele in scharf-befehlendem Ton vorzutragen

[1] Christian Meier: Caesar. Berlin 1982. 385 f.

[2] Matthias Gelzer: Caesar, Politiker und Staatsmann. Wiesbaden 1982. 142.

[3] Wolfgang Will: Julius Caesar. Eine Bilanz. Stuttgart / Berlin / Köln 1992. 93.

imstande ist: Die Befehle sind in dichter Folge im Gerundivum mit nezessitärer Bedeutung oder mit *oportere* ausgedrückt: *studendum <esse> ... neglegenda <esse> ... vicos atque aedificia incendi oportere ... oppida incendi opportere,* 7, 14. Vercingetorix erscheint hier als Mann, der für seine Kriegsziele, nämlich sich physisch gegen die Römer durchzusetzen, alle Rücksichten auf Privates unbedingt zurückzustellen gebietet und deswegen auch den Kampfesunwilligen jede Chance nimmt. Insofern sieht Cäsar in Vercingetorix einen ihm ebenbürtigen Gegenspieler, der hohes taktisches Geschick hat und keinerlei Skrupel kennt – wohlahnend, dass dieser ihn in die „tiefste Krise des gesamten Feldzuges" stürzen werde[4].

Auch hier wieder wird eine Parallele zur Kriegssituation fassbar, in die Cäsars Vorbild Alexander in Asien geraten ist. „Vercingetorix plädierte ... für einen Kriegsplan, den bereits die persischen Satrapen 334 v. Chr. diskutiert hatten, als Alexander in ihr Land eingefallen war: die Taktik der verbrannten Erde."[5]

Im Schema:

Taktik der verbrannten Erde

Absicht: *Romanos a pabulatione et commeatu prohibere*

Methode: *vicos atque aedificia incendere, oppida incendere*

Motiv: *communis salutis causa*

SCHMERZLICHE ZUSTIMMUNG

Da die von Vercingetorix vorgeschlagene Taktik beim Heer Billigung findet, werden an einem Tag 20 Städte der Bituriger niedergebrannt; das Gleiche geschieht bei den übrigen Stämmen, sodass das ganze Land bald in Flammen steht. Die Menschen Galliens empfinden über ihren Verlust zwar großen Schmerz (*magno cum colore ... ferebant,* 7, 15, 2), trösten sich aber damit, dass sie angesichts des greifbar nahen Sieges fest daran glauben, das Verlorene bald wieder zurückzubekommen (*se ... celeriter amissa recuperaturos confidebant,* 7, 15, 2). Die Aussage

[4] Wolfgang Will. op. cit. 93.

[5] Wolfgang Will. op. cit. 92.

dieses Textes zeigt, welche Wirkung die Person des Vercingetorix, seine in Wort und Tat bekundete Strategie auf das gallische Land gehabt hat. Nach Christian Meier war der Arverner „ein imponierender Mann, hochbegabt, ... mitreißend, überzeugend“[6], eine Führernatur, von der offensichtlich eine massensuggestive Kraft ausgegangen ist.

Im Schema:

Vercingetorix‘ Wirkung

allgemeine Zustimmung: *omnium consensus*

ganz Gallien in Flammen: *in omnibus partibus incendia conspiciuntur*

Siegeserwartung: *prope explorata victoria*

Massensuggestion

DIE REDE DES CRITOGNATUS – DIE SCHLACHT UM ALESIA

Der Inhalt der Kap. 7, 16-76 sollte im Unterricht nur in kurzer Paraphrase angedeutet werden. Er umfasst fast ausschließlich das Hin und Her der Kriegsauseinandersetzung sowie die Beschreibung der komplizierten Befestigungsanlagen um Alesia. Die Hinführung zur Critognatusrede (7, 77, 1-3) wiederum lässt sich in Übersetzung präsentieren.

Der Kampf um Gallien konzentriert sich letztlich auf drei zentralgallische Städte: Avaricum, Gergovia und Alesia. Avaricum, das gegen den Rat des Vercingetorix nicht aufgegeben und in Brand gesteckt wurde (7, 15, 3-6), wird von den Römern mit der Folge eines furchtbaren Blutbades unter den Einwohnern erobert (7, 16-28), Gergovia hingegen bringt Cäsar eine Niederlage; er kann die Stadt nicht erobern (7, 35-53). Die Entscheidungsschlacht um das Schicksal Galliens fällt letztlich bei Alesia (7, 68-89). Um diese Stadt haben die Römer einen doppelten Belagerungsring gelegt (7, 72-74), den einen in Richtung auf die Stadt, um die 80.000 Eingeschlossenen an einem Ausbruch zu hindern, den anderen, um ein gesamtgallisches Entsatzheer, das man erwartet (7, 75), von der Stadt abzuhalten. Da in der Stadt selbst die

[6] Christian Meier. op. cit. 385 f.

Nahrungsvorräte ausgehen, wird über mögliche Auswege aus der Bedrängnis diskutiert. Vorgeschlagen werden Kapitulation oder Ausfall (7, 77, 1-3). In dieser Situation hält Critognatus, ein hochadeliger Arverner eine Rede, die – so Cäsar – „wegen ihrer einzigartigen und ruchlosen Grausamkeit (*propter ... singularem ac nefariam crudelitatem,* 7, 77, 2) nicht übergangen werden darf"; Cäsar hat diese Rede deshalb direkt und in voller Länge in seinen Bericht aufgenommen.

Die Rede des Critognatus (7, 77, 3-16) sollte zumindest in Ausschnitten in statarischer Lektüre bearbeitet werden; ihr kommt nämlich im Gesamtwerk eine extraordinäre Funktion zu. Die Lektüre des lateinischen Originals verlangt etwa fünf Schulstunden. Wer diese Zeit nicht in diese Textpassage investieren will, sollte sie in deutscher Übersetzung lesen; dafür stehen viele gute Versionen zur Verfügung. Bei der Besprechung auch der nur in Übersetzung vermittelten Rede kann man sich an der nachfolgenden Interpretation orientieren, wenigstens am Kern der Deutung von Funktion und Darstellungsabsicht.

Um die Grundaussage der Rede zu verstehen, müssen die Schüler vom Lehrer oder durch ein Schülerreferat darauf hingewiesen werden, dass sich seit Cäsars Anwesenheit in Gallien eine Opposition gegen die Römer gebildet hat, die um den Erhalt oder die Wiedergewinnung der Freiheit (*libertas*), also um die Abschüttelung der Knechtschaft (*servitus*) leidenschaftlich kämpft. Die Spannung zwischen den beiden Extremen *libertas* und *servitus* baut sich von Beginn der *Commentarii* an immer stärker auf.

Cäsar lässt um den gallischen Freiheitsbegriff eine immer trübere Atmosphäre entstehen, indem er den Wertbegriff *libertas* in eine enge Verbindung mit Rebellion, Verbrechen, Aufstand, Hinterlist und Mord bringt. Der Eindruck, unter dem der römische Leser steht, wenn er diese Rede am Ende des Werkes liest, ist, dass Freiheit nicht zu diesen barbarischen Galliern passt. Er ist also in gewissem Sinne voreingenommen. Die extratextuelle Leserlenkung programmiert jeden Römer auf Ablehnung, ist auf eine Antipathie-Haltung gegen das gallische Freiheitsdenken fixiert (vgl. dazu S. 73 ff.). Damit die Schüler(innen) diesen Spannungsaufbau nachvollziehen können, sollte die folgende schematische Übersicht zu gegebener Zeit in Kopie ausgeteilt werden:

Der gesamtgallische Freiheitskampf: Schwerpunkte und Motive

B1	Häduer: **Dumnorix**	*quidam Dumnorix, Romani omnibus libertatem erepturi.* 1, 14, 4. *coniuratio*
B3	Veneter: **principes**	*ut in ea libertate permanerent quam Romanorum servitutem perferre.* 3, 8, 2. *inter se coniurare, sollicitare*
	Veneter: **principes**	*omnes homines natura libertatis studio incendii et condicionem servitutis odisse.* 3, 10, 3. *inter sese coniurare*
B5	Häduer: **Dumnorix**	*resistere, clamitans se liberum esse liberaeque civitatis.* 5, 6, 7. *rerum novarum cupidus, sollicitare principes Galliae*
	Eburonen: **Ambiorix**	*de recuperanda communi libertate.* 5, 27, 6. *coniuratio*
B7	**principes Galliae**	*Galliam in libertatem vindicare.* 7, 1, 6. *libertatem recuperare.* 7, 4, 3. *communis libertatis causa.* 7, 4, 4. *arma capere, egentes perditi*
	Arverner: **Vercingetorix**	*perpetuum imperium libertatemque consequi.* 7, 4, 3. *furor, bellum, tanta universae Galliae consensio*
	Arverner: **Critognatus**	Critognatusrede: Romkritik oder Selbstentlarvung der gallischen Barbarei?

Romfeindliche Führergestalten

ORGETORIX: adeliger Helvetier, reich, strebt nach einer Führungsrolle in Gallien; Schwiegervater des Häduers Dumnorix.

DIVICO: adeliger Helvetier, führt die Gesandtschaft seines Stammes bei Cäsar an, selbstbewusst und von provozierendem Stolz.

DUMNORIX: Häduer, ehrgeizig, hinterhältig, erbitterter Romgegner, stellt sich gegen Cäsars Verteidigungsstrategie, Bruder des Diviciacus, von Cäsar unter Arrest gestellt, später getötet.

AMBIORIX: Eburonenfürst, gefährlicher und listenreicher Gegner, fügt Cäsars Truppen große Verluste zu.

CRITOGNATUS: adeliger Arverner, hält in Alesia die „Durchhalterede".

VERCINGETORIX: adeliger Arverner, Anführer des Gallieraufstandes im Jahre 52 v. Chr., entschlossener Gegner der Römer und gefährlichster Widersacher Cäsars.

Cäsar muss dieser Rede – schon wegen ihrer Länge, mit der sie alle vorausgehenden gleichfalls direkt gestalteten Reden überragt – im Kontext der Vercingetorix-Darstellung eine besondere Funktion zugewiesen haben. Sie ist deutlich auf Steigerung angelegt, wobei der Höhepunkt am Ende mit allen Mitteln der rhetorischen Kunst ausgeprägt wird: z. B. asyndetisches Tetrakolon mit Steigerung (*iura, leges, agros, libertatem,* 14), Parallelismus mit Iteratio (*quid petunt ... aut quid volunt,* 15), emphatische Spitzenstellung des Relativsatzes (*quos ... cognoverunt, horum in agris,* 15), Hyperbata (*aeternam iniungere servitutem; perpetua premitur servitute,* 15 f.), periodisierte Adhortative (*quodsi ea, quae ..., ignoratis, respicite ... Galliam, quae ...,* 16), asyndetische Reihung von Partizipialstrukturen (*... redacta ... commutatis ... subiecta,* 16), Alliteration (*securibus subiecta perpetua premitur servitute,* 16). Der letzte Satz wirkt durch Struktur und Stilmittel wie ein mächtiger Schlussakkord und signalisiert die Höchststufe an emotionaler Bewegung[7].

Unterstreicht man die bedeutungstragenden, begrifflichen Schwerpunkte im Text, so erkennt man an ihrer Massierung im letzten Drittel der Rede die Klimax, deren Ziel die Emotionalisierung des Lesers ist; dieser wird aufs Höchste provoziert.

Zunächst der Text:

[1] At ii, qui Alesiae obsidebantur, praeterita die, qua auxilia suorum exspectaverant, consumpto omni frumento, inscii, quid in Haeduis gereretur, consilio coacto de exitu suarum fortunarum consultabant.
[2] Apud quos variis dictis sententiis, quarum pars deditionem, pars, dum vires suppeterent, eruptionem censebat, non praetereunda videtur oratio Critognati propter eius **singularem ac nefariam crudelitatem**.
[3] Hic summo in Arvernis ortus loco et magnae habitus auctoritatis, „Nihil" inquit „de eorum sententia dicturus sum, qui **turpissimam servitutem** deditionis nomine appellant, neque hos habendos civium loco neque adhibendos ad concilium censeo.
[4] Cum his mihi res sit, qui eruptionem probant, quorum in consilio omnium vestrum consensu pristinae residere virtutis memoria videtur.
[5] Animi est ista mollitia, non virtus, paulisper inopiam ferre non posse.

[7] Rudolf Schieffer: Die Rede des Critognatus (B. G. VII 77) und Caesars Urteil über den gallischen Krieg. 485. In: Gymnasium 79. 1972. 477-494. Vgl. auch oben S. 67 f. und S. 73 f.

[6] Qui se ultro morti offerant, facilius reperiuntur, quam qui dolorem patienter ferant. Atque ego hanc sententiam probarem – tantum apud me dignitas potest –, si nullam praeterquam vitae nostrae iacturam fieri viderem;
[7] sed in consilio capiendo **omnem Galliam respiciamus,** quam ad nostrum auxilium concitavimus.
[8] Quid enim hominum milibus octoginta uno loco interfectis propinquis consanguineisque nostris animi fore existimatis, si paene in ipsis cadaveribus proelio decertare cogentur?
[9] Nolite hos vestro auxilio exspoliare, qui vestrae salutis causa suum periculum neglexerunt, nec stultitia ac temeritate vestra aut animi imbecillitate **omnem Galliam prosternere et perpetuae servituti subicere.**
[10] An, quod ad diem non venerunt, de eorum fide constantiaque dubitatis? Quid ergo? Romanos in illis ulterioribus munitionibus animine causa cotidie exerceri putatis?
[11] Si illorum nuntiis confirmari non potestis omni aditu praesaepto, his utimini testibus appropinquare eorum adventum, cuius rei timore exterriti diem noctemque in opere versantur.
[12] Quid ergo mei consilii est? Facere, quod nostri maiores **nequaquam pari bello Cimbrorum Teutonumque** fecerunt: qui in oppida compulsi ac simili inopia subacti eorum corporibus, qui aetate ad bellum inutiles videbantur, vitam toleraverunt neque se hostibus tradiderunt.
[13] Cuius rei si exemplum non haberemus, tamen **libertatis causa** institui et posteris prodi pulcherrimum iudicarem. Nam quid illi simile bello fuit?
[14] Depopulata Gallia Cimbri magnaque illata calamitate finibus quidem nostris aliquando excesserunt atque alias terras petierunt; **iura, leges, agros, libertatem** nobis reliquerunt.
[15] Romani vero quid **petunt** aliud aut quid **volunt**, nisi invidia adducti, quos fama nobiles potentesque bello cognoverunt, horum in agris civitatibusque considere atque his **aeternam iniungere servitutem?** Neque enim **umquam alia condicione bella gesserunt.**
[16] Quodsi ea, quae in longinquis nationibus geruntur, ignoratis, **respicite finitimam Galliam, quae in provinciam redacta, iure et legibus commutatis, securibus subiecta perpetua premitur servitute.**"
(Bell. Gall. 7, 77, 1-3)

Die Gliederung der Rede lässt fünf Abschnitte erkennen: 1. Das Eingehen auf die aktuelle Entscheidungssituation (3-6), 2. Die Rücksicht auf ganz Gallien (7-11), 3. Die Erinnerung an die Leistung der Vorfahren im Krieg gegen die Kimbern und Teutonen (12), 4. Der Vorschlag zum Durchhalten mit der „Methode“ des Kannibalismus (12-13), 5. Die Attacke auf den römischen „Imperialismus“ (14-16).

Die leitmotivischen Begriffe sind, wie aus ihrer Kennzeichnung im Text hervorgeht, *servitus* und *libertas*. Die polare Spannung zwischen diesen beiden Prinzipien, von der ganz Gallien betroffen ist, beherrscht den Text; sie zeigt auch eine Art von Ringkomposition an, die sich im Schema so verdeutlichen lässt:

[3] ***turpissimam servitutem***
deditionis nomine appellant

[7] ***omnem Galliam** respiciamus*

[10] ***perpetuae servituti** subicere*

[14] ***libertatis** causa*
iura leges agros

[15] ***libertatem** reliquerunt*

[16] *his **aeternam** iniungere **servitutem***

[16] *respicite **omnem Galliam***

[16] ***perpetua** premitur **servitute***

Der Begriff *servitus* begegnet am Anfang, in der Mitte und am Ende der Rede, hier sogar zweimal. Wer für Kapitulation sei, befürworte die schändlichste Knechtschaft (*turpissimam servitutem deditionis nomine appellant,* 7, 77, 3). Man solle nicht aus Feigheit oder Unbesonnenheit ganz Gallien zugrunde richten und ewiger Knechtschaft ausliefern (*perpetuae servituti subicere,* 7, 77, 9); die Römer würden ja alle Völker, die sie als bedeutend und kriegstüchtig erkennen, in ewige Knechtschaft stürzen wollen (*his aeternam iniungere servitutem,* 7, 77, 15). Beweis dafür sei das benachbarte Gallien (gemeint sind *Gallia citerior* und *ulterior*), das zur römischen Provinz gemacht, in ewiger Knechtschaft schmachtet (*perpetua premitur servitute,* 7, 77, 16).

Der Gegenbegriff „Freiheit“ (*libertas*) begegnet nur im Schlussteil der Rede, hier aber sehr pointiert gesetzt, zweimal, als Gegenbild zu der befürchteten und abgelehnten Knechtschaft. Die Eingeschlossenen sollten durchhalten, selbst wenn sie sich vom Fleisch der verstorbenen alten Leute ernähren müssten. Gäbe es dafür nicht schon ein Beispiel in ihrem Volke (beim Einfall der Kimbern und Teutonen), dann müsste es jetzt geliefert werden, und zwar „um der Freiheit willen" (*libertatis causa,* 7, 77, 13). Die Römer nämlich würden schlimmer als jene vorgehen, jene hätten nach ihrem baldigen Abgang Recht, Gesetz, Felder und Freiheit zurückgelassen (*iura, leges, agros, libertatem nobis reliquerunt,* 7, 77, 14); die Römer aber würden ewig bleiben und sie für immer all dessen berauben, was ihre nationale Identität ausmacht. Auf diese Weise werden die Römer letztlich als Versklaver gebrandmarkt, hier der ganzen Nation der Gallier.

Die Rede des Critognatus wird – als Invektive gegen Rom – in einer Versammlung der Gallier gesprochen, am Höhepunkt des offenen Krieges gegen Rom, und zwar in der von den Römern umlagerten Stadt Alesia, wo die Eingeschlossenen über ihr zukünftiges Schicksal in einer „Ratsversammlung" zu beschließen haben. Diese Beratung findet im Geheimen statt. Cäsar lässt sie seine Leser – als auktorialer Erzähler, also im Besitz eines höheren Wissens gewissermaßen „aus olympischer Höhe"[8] – unmittelbar, nämlich in direkter Rede miterleben. Woher Cäsar dieses höhere Wissen hat, bleibt unerklärt. Ist es reine Fiktion oder in seinem Kern, bezogen auf die ansonsten bekannte Grundhaltung der Gallier, wahr?

Es ist also zu prüfen, ob diese Aussagen als plausibles Ergebnis von Cäsars Überlegungen und Erfahrungen über die gallische Wesensart gelten dürfen. Wir finden die Antwort darauf, wenn wir die in der Rede wirksame Grundspannung von *servitus* und *libertas* in ähnlichen Situationen innerhalb des *Bellum Gallicum* von Anfang an bis hin zu dieser Critognatusrede untersuchen. Wo wird in ähnlicher Weise der Widerstand der Gallier gegen Rom spürbar gemacht? Wir haben die markantesten dafür maßgeblichen Stellen geprüft und das Ergebnis auf S. 85 bereits vorgestellt.

Wie ist die Rede zu bewerten, in der so scharf gegen die Knechtschaft, so leidenschaftlich für die Freiheit gesprochen wird? Ist sie ein Angriff auf Rom, gegen das Imperium Romanum, also antiimperialistisch? Gehört „die Critognatus-Rede zu den kritischsten und erbarmungslosesten Abrechnungen mit dem römischen Herrschaftsanspruch", wie Herbert Meyerhöfer annimmt?[9] Wird hier, wie vielleicht in der Calga-

8 Woldemar Görler: Caesar als Erzähler (am Beispiel von BG II 15-27). In: AU 23 / 3 (1980). 18-31.

9 Herbert Meyerhöfer: Der Einzelne und der Staat. In: Handreichungen für den Latein-Unterricht, 3. Folge, B. III, München 1977. 119.

cus-Rede[10] des Tacitus „der imperialen Politik der Römer die Maske vom Gesicht gerissen?“[11] Oder liefert hier Cäsar „in selbstentlarvender Absicht eine Demonstration römischen Selbstbewusstseins, die ohne Schaden auch die Position des Gegners formulieren kann?“[12] Warum hat Cäsar eine derart antiimperialistische Rede eines Galliers in sein durch und durch imperialistisches Werk aufgenommen oder, was als sehr viel wahrscheinlicher angenommen wird, sogar formuliert? Will er sich wirklich selbst demaskieren?

Aus der Lektüre der vorausgehenden Bücher des *Bellum Gallicum*, also des bisherigen Kriegsberichtes, ist dem Leser, wie wir oben kurz anzudeuten versucht haben, die Grundspannung zwischen *servitus* und *libertas* in ähnlichen Situationen, wo von Widerstand und antirömischer Propaganda im gallischen Untergrund die Rede ist, längst vertraut. Wenn er sich also der Lektüre der Critognatusrede nähert, ist er bereits auf eine Antipathie-Haltung gegen das gallische Freiheitsdenken fixiert – zumal ihm eben auch die Atmosphäre um den Freiheitshelden Vercingetorix in der vorausgehenden Kapitelfolge düster, ja giftig vorkommen muss. Die Leserlenkung programmiert jeden Römer auf Ablehnung. In der Critognatusrede treten nun alle Wertungsaspekte, die die Begriffsopposition *libertas – servitus* betreffen, in verdichteter Form und noch viel stärker emotionalisiert in Erscheinung.

Hier in der schicksalhaften Entscheidungssituation, wo es darum geht, sich den Römern endgültig zu ergeben oder auf ein rettungsbringendes Entsatzheer der Gallier zu warten, steht die Knechtschaft als Dauerzustand drohend vor Augen; deshalb ist *servitus* hier nun sogar der textbeherrschende Begriff; er begegnet, wie oben bereits angedeutet, an den Schwerpunktstellen des Textes, am Anfang, in der Mitte und am Schluss, stilistisch pointiert herausgehoben. In dieser Ratsversammlung in Alesia steht nicht bloß das Leben von 80.000 Eingeschlossenen auf dem Spiel, es geht um die Existenz ganz Galliens (7, 77, 7-10). Wenn man in Alesia kapituliere, würde das auf alle Gallier demotivierend wirken; ihre Unbesonnenheit und Feigheit würden ganz Gallien zugrunde richten und in ewige Knechtschaft stürzen. Um

[10] Agricola 30, 1 - 31, 4. Der zentrale Satz dieser Rede ist zum locus classicus geworden: *Raptores orbis, postquam cuncta vastantibus defuere terrae, mare scrutantur: si locuples hostis est, avari, si pauper, ambitiosi, quos non Oriens, non Occidens satiaverit: soli omnium opes atque inopiam pari adfectu concupiscunt. Auferre trucidare rapere falsis nominibus imperium, atque ubi solitudinem faciunt, pacem appellant.*

[11] Werner Suerbaum: Vom antiken zum mittelalterlichen Staatsbegriff. Münster 1970. 102.

[12] Christian Meier. op. cit. 394.

solches zu vermeiden, bräuchte man auch nicht vor kannibalistischen Trieben zurückzuschrecken: *libertatis causa*.

Eine Extremsituation rechtfertige ein extremes Verhalten. Die Römer seien gefährlicher als die Kimbern und Teutonen, umso mehr sei ein solches Verhalten hier berechtigt. Das wird mit dem Unterschied zwischen den Kimbern / Teutonen auf der einen Seite, den Römern auf der anderen Seite begründet: Jene hätten ihnen einmal *iura, leges, agros, libertatem* zurückgegeben, die Römer würden ihre Herrschaft auf ewige Dauer anlegen; das liege in ihrem Wesen, alle Völker, die sie als groß und kriegstüchtig erkannten und deren Rivalität sie nicht ertrügen (aus Neid, d. h. weil sie deren Souveränität nicht „mitansehen" könnten: *invidia* < *in-videre*), unter ihre Herrschaft zu zwingen. Die Grundbedingung ihrer Politik sei eben, wie ein Blick in die weite Welt zeige, durch Kriege alle unter ihre Rechtsordnung in der Form von Provinzen zu zwingen und ihnen so ewige Knechtschaft aufzulasten.

Es ist ohne Zweifel zu erkennen, dass die Tendenz dieser Critognatusrede analog jener ist, die sich von Anfang an abzeichnet in den Äußerungen antirömischer Oppositioneller, die an verschiedenen Stellen Galliens, bei jeweils anderen Stämmen, zu gemeinsamen Aktionen aufrufen (Übersicht S. 85); dort geht es jeweils um Freiheit und gegen Knechtschaft, und immer werden die Römer heftig attackiert als gewaltsame Zerstörer der *libertas*, die den Galliern als quasi naturgegebenes Gut von den Vorfahren hinterlassen worden ist, und als Bringer von Unterdrückung und ewiger Knechtschaft. Diese Antistimmung gegen Rom manifestiert sich zunächst im Untergrund, bei Verschwörungen, in Geheimzirkeln, weitet sich dann mit der Zeit über ganz Gallien als *consensus omnium* bzw. *consensio universae Galliae* (7, 4. 29. 76) aus, und findet in Vercingetorix die Leitfigur, auf die sich die Erwartungen aller konzentrieren.

Dieser Widerstands- und Aufstandsbewegung liegt eine romkritische Einstellung zugrunde: das Imperium Romanum sei gegen die menschliche Natur, die auf Freiheit angelegt sei; der natürliche Hass auf die Knechtschaft ist deshalb immer auch als ein Hass gegen die Knechter, die Römer, zu verstehen. Insofern ist die von Critognatus gegen Rom gerichtete gehässige Kritik nichts Unerwartetes; sie ist Fortsetzung und zugleich Höhepunkt dieser antirömischen Stimmung; sie markiert den Anfang vom Ende des sich allmählich entwickelnden und dann fulminant zum Ausbruch kommenden gallischen Freiheitskrieges; ihr kommt die Funktion eines dramatischen Ereignisses zu, das deshalb auch stilistisch durch die Darstellung in der Oratio recta gebührend gekennzeichnet ist.

Cäsar hat den letzten Ausbruch gallischen Romhasses regelrecht inszeniert, indem er diese Rede kunstvoll gestaltete. Sie hat deshalb eine enorme erzähltechnische Bedeutung inne. Am Kulminationspunkt des Krieges wird drastisch und unmittelbar die Stimmungslage in Alesia den Lesern zum Erleben gebracht, wobei eben – der Situation solcher geheimen Beratungen entsprechend – Kritik an Rom, hier massiv, umfassend und ins Allgemeine gehoben, mit scharfer Pointierung vorgebracht wird. Diese Kritik mag Cäsar durch Mittelsmänner bekannt geworden sein oder er hat sie so konstelliert, wie sie dem ihm allmählich bekannt gewordenen Denken und Reden der gallischen Oppositionellen entsprach; einige toposartige Elemente (z. B. den *invidia*-Gedanken, 7, 77, 15) mag er hinzugefügt haben.

Also: Widerstand gegen die imperiale Politik der Römer liegt an dieser Textstelle vor, Kritik an Roms Vorgehen ist in der Rede des Galliers durchaus gegeben. Aber wie ist diese Attacke gegen die Römer, die Cäsar selbst formuliert hat, im Hinblick auf seine Herrschafts- und Eroberungspolitik letztlich zu deuten? Dieser leidenschaftliche Angriff auf das Imperium Romanum erweckt Emotionen, er zwingt den Leser mitzuempfinden, „mitzuleiden". In welche Richtung wollte der Autor, indem er dieses sein Wissen in der kunstvoll gestalteten Form einer direkten Rede mitteilt, die Sympathie seiner Leser lenken? Gewiss nicht in Richtung der Gallier! Deren Freiheitsambition ist in der sich im Laufe des Werkes aufbauenden Atmosphäre um den *libertas*-Begriff so negativ akzentuiert, dass er auch hier keine Attraktivität mehr entfaltet; im Gegenteil: die Verbindung dieser Freiheitsidee mit dem barbarischen Appell zum Kannibalismus macht das Wort und die dahinterstehende Bewegung für den römischen Leser noch abstoßender, sie wird desavouiert.

Auf diese Reaktion legt Cäsar seine Leser ja schon von vornherein mit dem Hinweis auf die einzigartige, unmenschliche Grausamkeit (*singularis ac nefaria crudelitas,* 7, 77, 2) des Redners fest. Die Kritik an Rom ist, wie an allen Stellen, immer aus der Perspektive der Romfeinde gesprochen zu werten; sie relativiert sich dadurch; dies umso mehr, je stärker sich deren Freiheitsambition als illusionär, als leere Phrase ohne Realitätsbezug entlarvt[13]. Wie wirkt zudem auf die Leser in Rom die Behauptung, sie selbst seien schlimmer als die Kimbern und Teutonen, deren Schreckensangriff auf Italien vor einem halben Jahrhundert sie so nachhaltig traumatisiert hat?

[13] vgl. dazu Rudolf Schieffer. op. cit. 491.

Die Critognatusrede darf deshalb nicht als bloßes Zugeständnis an einen literarischen Topos verstanden werden; sie hat durchaus eine werk- und aussageimmanente Funktion. Freilich begegnet uns in ihr nicht römisches Selbstbewusstsein, das auch die Position des Gegners ohne Schaden formuliert; in ihr tritt uns auch nicht eine von Cäsar bewusst angestrebte Kritik am römischen Herrschaftsanspruch entgegen. Cäsar entlarvt sich nicht selbst als Imperialist. Er erweist sich vielmehr als Vertreter des Imperium Romanum, also, wenn man so will, als Imperialist, der die Position der Gegner als falsch, als verkehrt, letztlich als ihren eigenen Interessen zuwider hinstellt; denn, was sie in der Verbindung mit Freiheit erreichen wollen, nämlich *pax* und *otium*, kann, das zeigt sich allerorten, nur unter der Schirmherrschaft Roms gewährleistet werden. Die Freiheit der Feinde ist auf diese Weise ad absurdum geführt; Roms Vorgehen gegen die Gallier, der Sieg bei Alesia liegen in der Konsequenz römischer Herrschaftsdoktrin und der sie tragenden Kriegsideologie, d. h. der Entbarbarisierung der wilden Grenzvölker. „Caesars Krieg war Roms Krieg; sich dem zu widersetzen bedeutete, sich die Verblendung eines menschenfressenden Barbaren zu eigen zu machen.“[14]

Daraus lässt sich schließlich folgern: Die Critognatusrede liegt ganz auf der Linie der darstellerischen und inhaltlichen Entwicklung des Berichtes, der den Gallischen Krieg rechtfertigen will. Sie steht völlig im Einklang mit Wesen und Denken des Imperators Cäsar und seiner Landsleute, sie ist kein Fremdkörper im Werk des *Bellum Gallicum*; sie ist ein Mittel, wenn nicht das stärkste, zur Überzeugung der römischen Leser, dass sein politisch-militärisches Vorgehen in Gallien zu Recht so und nicht anders erfolgte. Und dass in der gegebenen Situation sein Endkampf gegen Vercingetorix den Totaleinsatz aller Menschen und Mittel rechtfertigte.

Die Rede des Critognatus verstärkt, da von einem adeligen Stammesgenossen gesprochen, das düstere Bild, das Cäsar vom Gallierkönig Vercingetorix zeichnen will. Der Kern seines Wesens und Denkens ist hier gewissermaßen objektiviert und an einer anderen Figur, die sonst im Werk ja keine Rolle spielt, zur Anschauung gebracht.

Sie macht deutlich: So hart und grausam in ihrem Widerstand gegen Rom sind die Gallier, deren Exponent Vercingetorix ist. Wie dieser als der gefährlichste Gegner im ganzen *Bellum Gallicum* vorgestellt wird, so erscheint die Freiheit, für die die Barbaren, allen voran ihr „König“

[14] vgl. dazu Rudolf Schieffer. op. cit. 491.

kämpfen, in der Critognatusrede am stärksten diskreditiert. Die „schier unmenschlich harte“[15], aber rhetorisch brillant gestaltete Rede erweist sich letztlich als das wirkungsvollste Mittel, das Cäsar zur Kennzeichnung seines größten und gefährlichsten Gegners in Gallien, des Freiheitskämpfers Vercingetorix, einsetzt. Sie hat also erwiesenermaßen eine gezielte erzählstrategische Funktion „Caesar überliefert die Rede des Critognatus ausführlich in seinem 7. Buch, um seinem Publikum die Entschlossenheit des gallischen Feindes, seine Grausamkeit und seinen Hass gegen Rom vor Augen zu führen.“[16]

DIE AUSLIEFERUNG DES VERCINGETORIX – ALESIAS KAPITULATION

Mag Cäsar die Critognatusrede auch „auf den dramatischsten Höhepunkt des gesamten *Bellum Gallicum*“[17] gesetzt haben, sie hat auf den Fortgang im „wichtigen und bestürzenden Finale“[18] der Ereignisse keine Wirkung. Auch das bestätigt ex eventu ihre bloße Funktion als Mittel der Gallier- und Vercingetorix-Charakterisierung.

Die Schlacht um Alesia setzt unmittelbar darauf ein; und da das gallische Entsatzheer bald kam, bedurfte es des strategischen Genies Cäsars und der Höchstleistung seiner Soldaten, um am Ende Alesia zur Kapitulation zu zwingen. Doch ehe es dazu gekommen ist, wirft Cäsar nochmals ein Schlaglicht auf seinen Kontrahenten, das den bisher gewonnenen negativen Eindruck noch weiter verstärkt. Die Reiter, die Vercingetorix zu ihren Stämmen nach Hause schickt, um neue Waffenfähige anzuwerben, beschwört er; sie sollten an sein Wohl und Leben denken (*ut suae salutis rationem habeant,* 7, 71, 3) und ihn, der sich doch um die gemeinsame Freiheit höchst verdient gemacht habe (*se optime de communi libertate meritum,* 7, 71, 3), nicht den Feinden zur Folterung überlassen. Vercingetorix erscheint als Egoist, als „ein von ehrgeizigen persönlichen Zielen getriebener Anführer“[19], der hier das Freiheitsmotiv für das Ziel seiner persönlichen Rettung instrumentalisiert. An dieser Stelle demaskiert Cäsar seinen Gegner: Er ist ein Barbar, der in der Krise letztlich nur an sich denkt. An ihm manifestiert

[15] Gregor Maurach: Caesar. Der Geschichtsschreiber. Kommentar für Schule und Studium. Münster 2003. 17.

[16] Wolfgang Will. op. cit. 94.

[17] vgl. dazu Rudolf Schieffer. op. cit. 480.

[18] Otto Schönberger: Darstellungselemente in Caesars bellum Gallicum. 142. In: Gymnasium 95. 1988. 141-143.

[19] Gregor Maurach. op. cit. 183.

sich die Verhaltensform eines Machtmenschen, als welchen ihn Cäsar von Anfang an den Lesern präsentiert.

In einer letzten Versammlung seiner Leute macht Vercingetorix jedoch deutlich, dass er den Krieg nicht aus persönlichen Interessen (*non suarum necessitatum ... causa,* 7, 89, 2), sondern „der gemeinsamen Freiheit wegen" geführt habe und dass er nun bereit sei, da man sich dem Schicksal fügen müsse, entweder durch den Tod den Römern Genugtuung zu geben oder sich lebend den Feinden ausliefern zu lassen. Mag auch der Hinweis auf die *communis libertas* in den geschärften Augen des römischen Lesers wiederum als hohle Phrase wirken, so gewinnt der Gallierkönig hier doch eine gewisse Größe.

Cäsar gesteht vor seinen Lesern dem Geschlagenen eine ehrenhafte Haltung zu (was in römischen Siegesberichten nicht unüblich ist[20]). „Vercigetorix entschloss sich – und darin zeigt sich seine Größe als Anführer –, ein Gemetzel an den Seinen zu vermeiden. Am Tag nach der Niederlage lieferte er sich Cäsar aus und ersparte seinen Leuten damit die Qual einer zermürbenden Belagerung und einer erbarmungslosen Plünderung."[21]

Vercingetorix ist bereit zur Kapitulation und dazu, sich dem Feind auszuliefern. Die Situation, wo Sieger und Besiegter sich am Ende des als „Zweikampf" gestalteten Krieges zwischen den beiden Heerführern Auge in Auge gegenüberstehen, dramatisiert der Autor in einer leicht affektisch aufgeladenen Szene (welche für Historienmaler und Romanautoren ein willkommenes Sujet bietet). Im dramatischen Präsens, in kurzen, asyndetisch gereihten Sätzen ist die Kapitulationsgeste geschildert: Vor dem auf einem Mauerwall sitzenden Cäsar wird Vercingetorix ausgeliefert (*deditur,* 7, 89, 4), die Waffen werden hingeworfen[22].

Die Szene ist auf diese Weise aus der Distanz der sonstigen Darstellung in die Unmittelbarkeit des Miterlebens gebracht, sodass man das Ende des „Zweikampfes" in der „abbildenden Wortstellung" vor Augen hat.

[20] Vgl. z. B. Horaz' Schilderung der „nicht unedlen Frau" Kleopatra nach ihrem Freitod als Konsequenz der Niederlage bei Aktium (c. 1, 37).

[21] Luciano Canfora: Caesar. Der demokratische Diktator. Eine Biographie. München 2001 (2004). 123.

[22] Florus, Epitome I, 45. Plut. 25-27. Strabon 4, 2, 3.

Das Ende des „Zweikampfes“:

	ad Caesarem	
Sieger	*iubet arma tradi, principes produci*	**Befehl**
	ipse in munitione pro castris consedit *eo principes producuntur*	
Verlierer	*Vercingetorix deditur, arma proiciuntur*	**Ausführung**

Der Gefangene wird, wie wir aus anderen Quellen wissen, nach Rom gebracht, dort im Tullianum eingekerkert und nach über fünf Jahren, nachdem er zunächst im Triumphzug den Römern präsentiert worden ist, durch Enthauptung oder Erdrosselung hingerichtet.[23]

WIEDERGABE DER SCHLUSSSZENE IN HEUTIGEN MONOGRAFIEN

Matthias Gelzer beschreibt die Szene, sich auf zusätzliche Quellen stützend, so: „Hoch zu Ross sprengte Vercingetorix heran und ließ sich vor Caesar stumm auf die Knie nieder, als ehemaliger Freund auf Begnadigung durch den Sieger hoffend. Manche Zuschauer wurden gerührt, doch Caesar blieb hart und hielt ihm seine Felonie [Untreue] vor. Der große Rebell sollte die Folgen für seine Vermessenheit tragen, und der Imperator befahl, ihn nach römischem Herkommen für den Triumph und die nachfolgende Hinrichtung in Gewahrsam zu nehmen.“[24]

Ähnlich bei Christian Meier: „Vercingetorix kommt in glänzender Rüstung, noch als Unterlegener imponiert der stattliche, tapfere Mann den Römern. Er wirft sich Caesar schweigend zu Füßen und streckt seine Hände vor zum Zeichen der Kapitulation. Manch einen der Umstehenden erfasst Mitgefühl. Doch Caesar hält ihm den Bruch der alten Freundschaftsbindung vor und lässt ihn in Ketten legen.“[25] Die positiven Züge in diesen Bildern stammen nicht aus Caesars Bericht.

Luciano Canfora: „Er verließ Alesia allein, zu Pferd und in seiner prächtigsten Rüstung. Und allein trat er Caesar gegenüber und umritt den Stuhl, auf dem Caesar saß; dann stieg er vom Pferd, legte die Rüs-

[23] Cassius Dio 43, 19.

[24] Matthias Gelzer. op. cit. 148.

[25] Christian Meier. op. cit. 398.

tung ab und ließ sich zu Füßen des Prokonsuls nieder, um sich abführen zu lassen."[26] Auch hier stammen die positiven Angaben aus anderen Quellen.

Wolfgang Will gibt eher die cäsarische Perspektive wieder: „Auf dem Tribunal sitzend, das auf dem Wall vor dem Lager aufgestellt war, nahm Caesar die Kapitulation von Alesia entgegen. Die gallischen Führer zogen vorbei und legten ihre Waffen nieder. Die Gefangenen wurden versklavt, lediglich Haeduer und Arverner verschont, da der Sieger sie für die Neuordnung Galliens benötigte. Vercingetorix wurde in Ketten gelegt. Im Tullianum, dem römischen Staatsgefängnis, wartete er sechs Jahre auf seine Hinrichtung. Im August 46 ließ ihn Caesar erwürgen."[27]

VERCINGETORIX ALS WEGBEREITER

Dadurch dass Cäsar das „keltische Staatengewimmel" – nicht wenige davon befeindeten sich – unter die Herrschaft einer einheitlichen Provinz zwang, erweckte er bei den Galliern das Bewusstsein von ihrer Zusammengehörigkeit, von einer eigenen Staatengemeinschaft, die unabhängig von den Römern bestand. Auf diese Weise erwachte in ihnen auch das Gefühl der Unabhängigkeit, der Freiheit von fremder Macht und Bevormundung. Die Nachfahren der Gallier, die sog. Francogalli, stellten deshalb Vercingetorix als den Vorfahren dar, der erstmals offen gegen eine Besatzungsmacht, gegen die Herrschaft der Römer gekämpft hat; er war für sie der erste Freiheitskämpfer, gerade für die Anhänger der Resistance während der deutschen Besatzung eine Art Vorbild. Deshalb haben sie den Mann Denkmälern als begeistert in den Kampf stürmenden Freiheitshelden dargestellt. Vercingetorix ist für die Franzosen heute ein Symbol ihrer nationalen Identität (stärker als für die Deutschen der Freiheitsheld Arminius <Hermann> im Teutoburger Wald).

Insofern war Vercingetorix auch der erste Freiheitskämpfer Europas. Er hat – auf dem Weg über Cäsars *Bellum Gallicum* – „Freiheit" als Wert in der später so elementar bedeutsamen Trias der Menschenrechte ins Bewusstsein der Menschheit gehoben. Liberté, égalité und fraternité (*libertas, aequalitas, fraternitas*) haben ihre Wurzeln in der Antike. In der Gestalt des Vercingetorix personifizierte sich geradezu der erste Begriff eben in dem Land, in dem erstmals die Menschenrechte for-

---

26 Luciano Canfora. op. cit. 123.

27 Wolfgang Will. op. cit. 94 f.

muliert und für sie gekämpft worden ist. In der Französischen Revolution stellt sich in den Köpfen der Republikaner unwillkürlich die Verbindung zu Vercingetorix als ihrem ersten Freiheitskämpfer ein, den sie hoch verehrten. Man behauptete damals sogar, die Trikolore habe bereits in Alesia gehangen. „Indem man den Galliern Brüderlichkeit, Vaterlandsliebe sowie das Streben nach Freiheit und Unabhängigkeit zuschrieb, ordnete man sie in eine frühe Vergangenheit ein und nahm in gewisser Weise so die Grundzüge der Menschenrechtserklärung von 1789 vorweg."[28]

[28] Nadia Endl: Vercingetorix: Ein antiker Held im Frankreich des 19. Jarhunderts. In: Kai Brodersen (Hrsg.): Die Antike außerhalb des Hörsaals. Münster / Hamburg / London 2003. 47-68. bes. 63.

CICERO

Repräsentant der römischen Geisteswelt

Cicero ist eine Gestalt des antiken Rom, die auch außerhalb des Kreises der zünftigen Altphilologen mit Bekanntheit rechnen darf; vor allem seine Meisterschaft in der Redekunst hat ihn in der Erinnerung der Menschen Europas wach gehalten. Schon die Antike hat Ciceros epochenübergreifende Bedeutung als Redner und Redelehrer erkannt und gewürdigt; so liest man bei Quintilian:

> *... apud posteros vero id consecutus, ut Cicero iam non hominis nomen, sed eloquentiae habeatur. Hunc igitur spectemus, hoc propositum nobis sit exemplum, ille se profecisse sciat, cui Cicero valde placebit.*

> ... bei den Nachgeborenen jedoch hat er es erreicht, dass Cicero schon nicht als ein Eigenname gilt, sondern als Name der Beredsamkeit selbst. Auf ihn also lasst uns blicken, er stehe uns als Muster vor Augen, und jeder soll wissen, dass er weitergekommen ist, sooft er künftig an Cicero besonderen Gefallen findet.
> (Inst. or. 10, 1, 112)[1]

[1] Marcus Fabius Quintilianus. Ausbildung des Redners. Herausgegeben und übersetzt von Helmut Rahn. Zweiter Teil. Buch VII-XII. Darmstadt 1988. 476 f. (Texte zur Forschung 3). – Vgl. dazu auch die beeindruckenden Worte bei Velleius Paterculus 2, 66, 3 ff.

Daneben grub sich der Römer in das kollektive Gedächtnis Europas ein durch seine kulturvermittelnde Leistung, insofern er die in Griechenland geschaffenen Grundlagen der Philosophie durch Übertragung ins Lateinische in den Strom der europäischen Kultur einfließen ließ. „Roms Starredner und philosophischer Essayist“[2] ist eine Figur, von der die Identität der westlichen Welt essenziell mitgeprägt ist; in sein Werk reichen die Wurzeln der Menschenrechte. Cicero „war der Allererste, der nachweislich von allgemeiner Menschenwürde sprach“[3]. Die kulturelle Entwicklung brachte es mit sich, dass Cicero neben Vergil und Cäsar „zu einem der Väter Europas aufrücken sollte durch eine Humanität, die philosophische Bildung mit der Befähigung zum öffentlich wirkenden Wort zu vereinigen strebte“[4]. Der *homo novus* unter den arrivierten Großen der römischen Politik identifizierte sich weit stärker als die anderen mit Roms Idealen, die über eine lange Tradition auf seine Zeit gekommen waren, mit den *mores maiorum* und den *virtutes Romanae*: Seine Rhetorik verhalf dem Matador des Forums, mit Verve und Überzeugungskraft seine Position lautstark zu vertreten. Weil er über die Macht des Wortes verfügte und ihm die philosophischen Begründungen zugänglich waren, konnte er diesen römischen Werten einen Tiefgang geben, der ihnen weit über die Zeit der Römer hinaus Gültigkeit und Wirkungskraft verlieh. Auch das begründete Ciceros Ruhm mit.

Cicero identifizierte sich mit Rom, seiner Herrschaft und seinem Sendungsauftrag; er stellte seine ganze Person – gewiss nicht ohne Ehrgeiz und Karrierestreben – in den Dienst der römischen Politik. Für ihn galt: „Wenn die Philosophie eine Lebenslehre ist, so kann sie nicht unpolitisch sein; die *virtus* muss gelebt werden.“[5] Sein Genie und seine schier unerschöpfliche Energie machten ihn zu einem leidenschaftlichen Kämpfer für die Republik, deren Merkmal die Freiheit war: *res publica libera*. Er kämpfte dafür ohne Rücksicht auf sein eigenes Leben.

War es ihm als Konsul 63 v. Chr. gelungen, den Putsch bzw. die Sozialrevolution eines Catilina zu unterdrücken, so stand er – zusammen mit den Freiheitskämpfern im Senat – gegen Cäsars rigorose Macht-

[2] Reinhard Mohr / Johannes Saltzwedel / Elke Schmitter / Mathias Schreiber: Die unverschleierte Würde des Westens. 58. In: Der Spiegel. Nr. 52 vom 22.12.2001. 50-66.

[3] Franz Josef Wetz: Die Würde des Menschen ist antastbar. Eine Provokation, Stuttgart 1998. 20 ff.

[4] Manfred Fuhrmann: Cicero und die römische Republik. Eine Biografie. München / Zürich 1989. 309.

[5] Marion Giebel: Treffpunkt Tusculum. Literarischer Reiseführer durch das antike Italien. Stuttgart 1995. 45.

gier auf verlorenem Posten. Im Bewusstsein seiner Zeitgenossen war Cicero so sehr mit der freiheitlichen Staatsform verwachsen, dass man seinen Namen – ebenso wie mit dem Begriff der *eloquentia* – mit der *res publica libera* identifizierte. Wie anders könnte man erklären, dass Brutus nach der Ermordung Cäsars, den blutigen Dolch emporhaltend, Ciceros Namen ausrief?[6] Dafür freilich musste der Angerufene bitter büßen: Antonius, der Rächer Cäsars, den Cicero tollkühn und todesmutig in seinen *Philippischen Reden* attackierte – er nannte ihn eine „brutale und eklige Bestie" (*immani taetraque belua*, In Ant. 4, 12) –, ließ dem letzten großen Republikaner Kopf und Hände abschlagen und auf der Rostra am Forum Romanum öffentlich präsentieren (Plut. Cic. 48 f., Cass. Dio 47, 8). „Die brutale Botschaft war klar. Von dem größten Redner Roms, der seine Fähigkeiten gegen die Machthaber eingesetzt hat, wurden zur Abschreckung die Körperteile ausgestellt, die man zum Reden am meisten braucht, der Kopf und die Hände, die zur gestischen Untermalung der Worte von großer Bedeutung waren."[7]

Cicero ist so zum lebenden Beweis für die Gefährlichkeit der Rede an sich geworden; sie wird zur Waffe, die den Gegner vernichten will, sie provoziert aber auch den tödlichen Gegenschlag. Schon die Antike kennt diese martialische Metapher für die Redekunst. Tacitus formuliert, sie sei *in locum teli*, „als Geschoss" erfunden worden (Dial. 12, 14). Folgerichtig wird der Anwalt mit dem Kämpfer an der Front auf die gleiche Stufe gestellt: So stellt zum Beispiel eine im *Codex Iustinianus* überlieferte kaiserliche Konstitution fest, dass nicht nur jene, die sich auf Schwerter, Schilde und Brustpanzer verlassen, sondern auch die Anwälte Kriegsdienst für das Imperium leisten[8].

Cicero stieg zunächst als Anwalt in die politische Arena; hier kämpfte er in den Angriffsreden mit scharfer Klinge und mit allen Raffinessen seiner Kunst, um den Prozessgegner Schlag auf Schlag unschädlich zu

6 *Caesare interfecto ... statim cruentum alte extollens Brutus pugionem Ciceronem nominatim exclamavit atque ei recuperatam libertatem est gratulatus.* (Cicero, In Ant. 2, 28). *Brutus ... cruentum pugionem tenens Ciceronem exclamavit.* (ibid. 30). Vgl. auch Cassius Dio 46, 22.

7 Martin Jehne: Marcus Tullius Cicero – ein Neuling, der zu spät kam. 265. In: Karl-Joachim Hölkeskamp / Elke Stein-Hölkeskamp (Hrsgg.): Von Romulus zu Augustus. Große Gestalten der römischen Republik. München 2000. 205-267.

8 *Advocati, qui dirimunt ambigua fata causarum suaeque defensionis viribus in rebus saepe publicis ac privatis lapsa erigunt, fatigata reparant, non minus provident humano generi, quam si proeliis atque vulneribus patriam parentesque salvarent. Nec enim solos nostro imperio militare credimus illos, qui gladiis clupeis et thoracibus nituntur, sed etiam advocatos: militant namque causarum patroni, qui gloriosae vocis confisi munimine laborantium spem vitam et posteros defendunt.* (Cod. Iust., De advoc. div. iud. 2,7, 14)

machen. Die Reden *In Verrem* sind dafür der erste Beleg; sie begründeten Ciceros Karriere, die ihn bis zum höchsten Amt im Staat führte.

Seine Redekunst ermöglichte Cicero den Einstieg in die politische Karriere und den Aufstieg in der Gesellschaft Roms. Der zum Staranwalt arrivierte *homo novus* zählte bald zu den Spitzen der *High society* Roms. Sein Kampf für die Ideale der Republik – mit dem Höhepunkt der Aufdeckung von Catilinas Verschwörung – macht ihn zum wohl berühmtesten Römer im Weltreich. Auf dem Zenit seiner politischen Laufbahn musste er freilich die Macht des Schicksals spüren; sein Absturz war fürchterlich. Zwar gab ihm die Entmachtung durch Cäsar die Chance, Geist und Sprachkraft für eine „Gesamtdarstellung der Philosophie, d. h. der hellenistischen Philosophie"[9] zu aktivieren, sich damit als wichtigster Brückenbauer zwischen Griechenland und Rom zu betätigen – es entstand ja in dieser Lebensphase der Großteil seiner philosophischen Werke –, doch war er da bereits ein gebrochener Mann; die gute alte Zeit war dahin, verzweifelt und blindwütig stellte er sich dem Neuen entgegen – am Ende um den Preis des eigenen Lebens. Der Mord an ihm und die Schändung seiner Leiche mussten die Bürger Roms entsetzen, zumal die Gebildeten unter ihnen. Erfuhren sie doch, wie brüchig und hinfällig Erfolg und Glück sind.

Der historische Rückblick allerdings macht deutlich, dass Ciceros politischer Niedergang in gewisser Hinsicht ein Glück für Europa war. Durch seine schriftstellerische Arbeit gerade in der Schlussphase seines Lebens ließ er das griechische Gedankengut, zumal auf dem Felde der Philosophie, durch seine Übersetzungen in den europäischen Kulturstrom einfließen. Die gebildeten Römer der Kaiserzeit beherrschten zwar in der Regel die griechische Sprache. Doch ab der Völkerwanderungszeit bis in die Renaissance waren die griechischen Originale im Westen unzugänglich. Man konnte sich hier – an Schulen und Universitäten – nur über die lateinische Tradition mit deren Inhalt vertraut machen. Geprägt war diese Tradition hauptsächlich von Cicero. In seinem Latein, in den Sprachstrukturen und in der fachlichen Begrifflichkeit, die er geschaffen hatte, wurden grundlegende und bahnbrechende Werke der Wissenschaft, auch und gerade der Naturwissenschaft, bis weit in die Neuzeit geschrieben. Insofern gilt der Römer zurecht als einer der geistigen Wegbereiter des Abendlandes.[10]

9 Wilfried Stroh: Cicero. Redner, Staatsmann, Philosoph. München 2008. 89.

10 Vgl. dazu neuerdings Jürgen Leonhardt: Latein. Geschichte einer Weltsprache. München 2009. bes. 125 ff.

Cicero hat keine Autobiografie hinterlassen, wie etwa Cäsar und später Augustus. Seine Briefe jedoch – eine Literaturgattung, die er gleichfalls auf römischem Boden zu großer Blüte reifen ließ – fügen sich in ihren vielfachen und detaillierten Facetten zu einem Lebensbild des Mannes zusammen, das einerseits seine besondere Rolle bei historischen Ereignissen authentisch belegt, andererseits hinter die Kulissen der politischen Tagesgeschäfte blicken lässt, bei denen List, Rankünе, Kalkül, Intrige, Manipulation der Machtträger am Werke gewesen sind. Nicht wenige dieser Briefe sind jedoch auch Dokumente seiner Gesinnung, seines Ethos, auch seiner Visionen.

In Arpinum ist dem größten Sohn der Stadt 1957 – anlässlich seines 2000. Todestages – ein Denkmal errichtet worden; am Sockel, auf dem Cicero in der Pose des wie mit einem Schwert zustoßenden Akteurs steht, ist eine Tafel angebracht, dessen Aufschrift die polit- und kulturgeschichtliche Leistung des Römers in ehernen Lettern verkündet:

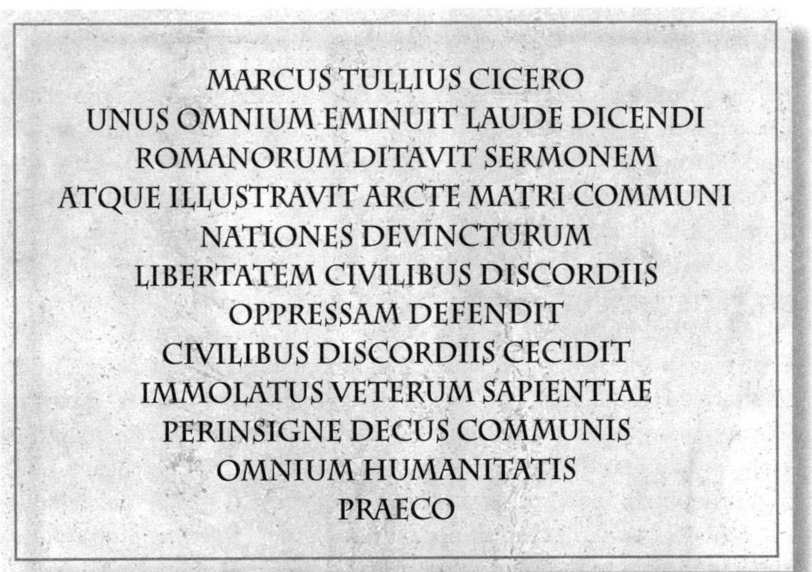

Steht Cäsar für die Macht Roms, so Cicero für den Geist, der von der Hauptstadt des Reiches aus die Welt prägte. Beide haben gleichermaßen am Bau der Fundamente gearbeitet, die einmal Europa und die westliche Welt tragen sollten.

VOM HOMO NOVUS ZUM STARANWALT

Taktik auf der Rednerbühne

Das Jahr 70 v. Chr. brachte Cicero den Karrieresprung. Der junge Anwalt hatte Gelegenheit, in einem Sensationsprozess die Interessen einer ganzen Provinz zu vertreten. Sizilien, ein altehrwürdiger, begüterter und kulturreicher Teil des Imperiums, war von einem Vertreter eben dieses Imperiums aufs Brutalste ausgebeutet worden. Die Bewohner der Insel reichten in Rom gegen ihn eine Klage *de repetundis* ein und vertrauten Cicero die Vertretung ihrer Interessen vor Gericht an. Der Provinzverwalter Gaius Verres sollte wegen seiner Verbrechen in Sizilien bestraft werden. Die Ausgangslage war für Cicero allerdings prekär. Der *homo novus* musste gegen die drei besten Verteidiger seiner Zeit, Männer des Hochadels, antreten, unter anderem gegen Quintus Hortensius Hortalus, der in seinem Metier als unschlagbar galt.

Cicero musste, um hier bestehen zu können, alle Register seines Könnens ziehen. Die Taktik, die er sich zurechtgelegt hatte, sollte beispielhaft werden. Im vierten Buch der zweiten Rede gegen Verres erhält diese Taktik ganz scharfe Konturen, sodass sie sich hier genau analysieren lässt. Dabei lassen sich – bezogen auf die Wirkung beim Angeklagten – mehrere Schritte unterscheiden, in denen sich die Angriffsschärfe massiv steigert.

DER RHETORISCHE ÜBERFALL

Cicero überfällt Verres unvermittelt mit einer furiosen Attacke. Ein Paukenschlag, der auch den schläfrigsten Richter zum Zuhören zwingt. Der Angeklagte wird im Kopf der Zuhörer sofort als ein krankhaftes, wahnsinniges Räuberwesen fixiert. Die ihm unterstellten Motive, noch mehr die ihn prägenden Wesenszüge steigern sich von „leidenschaftlicher Gier“ (*studium*), über „krankhafte Neigung“ (*morbus*) und „Wahnsinn“ (*insania*) bis zu „Räubertum“ (*latrocinium*). Mit solchem Verhalten habe der Mann die ganze Insel in die Katastrophe gestürzt, seine Bewohner gegen Rom und das Imperium aufgebracht. Diese Feststellung wird mit allen zur Verfügung stehenden Mitteln der Sprache gewissermaßen stahlhart gemacht. Wörtlich verkündet der Redner:

> *Nego in Sicilia tota, tam locupleti, tam vetere provincia, tot oppidis, tot familiis tam copiosis, ullum argenteum vas, ullum Corinthium aut Deliacum fuisse, ullam gemmam aut margaritam, quicquam ex*

auro aut ebore factum, signum ullum aeneum, marmoreum, eburneum, nego ullam picturam neque in tabula neque in textili, quin conquisierit, inspexerit, quod placitum sit, abstulerit ... Etiam planius: nihil in aedibus cuiusquam, ne in <hospitis> quidem, nihil in locis communibus, ne in fanis quidem, nihil apud Siculum, nihil apud civem Romanum, denique nihil istum, quod ad oculos animumque acciderit, neque privati neque publici neque profani neque sacri tota in Sicilia reliquisse. (In Verrem 2, 4, 1-2)

Dichtest gedrängt stützen und intensivieren die Aussage Anapher, Asyndeton, Klimax u. ä. m., sie knallen wie Geschosse in den Raum. Staccatohaft hallen in den Ohren die Abfolgen von *tot, tot, tam, tam* und *nihil, nihil, ne, neque ... neque*. Bei einer solchen durch die Sprache verursachten „psychischen Massage“[1] oder gar „rhetorischem Sperrfeuer“[2] gewinnt der Hörer zwangsläufig den Eindruck: Von dem einst so gewaltigen Reichtum an Kultur auf der Insel sei nichts, aber auch gar nichts zurückgeblieben, der einstigen Fülle stehe nun die bloße kulturelle Öde gegenüber.

Automatisch entsteht in dieser aufgeheizten Stimmungslage, auf die es Cicero anlegt, ein Prozessdreieck, dessen Eckpunkte der Ankläger, die senatorischen Richter und der Angeklagte bilden. Das Verachtung evozierende *iste* „der da“ (mit der Konnotation „dieser Halunke da“) schafft sofort Distanz zwischen Cicero und den Richtern auf der einen und dem Verbrecher auf der anderen Seite. Verres gerät von Anfang an in eine isolierte Position. Darauf hat Ciceros überfallartiger Angriff gezielt.

1 Karl Bayer: Wider die permanente Revolution. Zur Interpretation von Ciceros Rede pro Sex. Roscio Amerino. In: Karl Bayer: Das Angebot der Antike. München 1995. 174.

2 Helmuth Vretska: Rhetorische Vernichtung des Gegners. Cicero in Catilinam 1.1. 247. In: Anregung 37 / 4. 1991. 243-248.

DISQUALIFIZIERUNG DES GEGNERS

Der Angriff setzt sich in gesteigerter Form fort; die Klimax erfolgt nicht mehr nur durch die Sprache, sondern durch die Inhalte, die Anklagepunkte. Das verbrecherische Verhalten wird unter Berufung auf die betroffenen Zeugen der Reihe nach in plastischen Formulierungen vorgeführt. Cicero geht vom Raub an Privatpersonen aus, kommt zu den Gewalttaten gegen ganze Gemeinden, dann sogar gegen einen hohen Staatsbesuch aus dem Osten, nämlich König Antiochus von Syrien, und setzt den ersten Höhepunkt mit der drastischen Ausmalung des Raubes an Henna, dem religiösen Zentrum der Insel, wo sich Verres am Tempel der Fruchtbarkeitsgöttin Ceres vergangen hat, und den zweiten Höhepunkt mit der Ausplünderung der Hauptstadt Syrakus. Der Angeklagte hat dabei gestohlen, geplündert, geschändet. Der Religionsfrevel an der höchsten Kultstätte Siziliens enthüllt die ganze Verbrechernatur des Mannes.

Solches hätten frühere Leute an diesem Ort, denen alles zuzutrauen war, was dem Verbrechen nahe liegt, nicht getan, aus Pietät. Das waren Sklaven, Flüchtige, Barbaren, Staatsfeinde (*servi, fugitivi, barbari, hostes,* 2, 4, 112). Alle Negativfiguren, die in Ciceros Zeit das Bild menschlicher Abartigkeit schufen, werden in asyndetischer Reihung und mit forcierter Steigerung aufgeführt. Diese Typen aber sind nichts gemessen an Verres. Denn der ist schlimmer, er übertrifft sie alle:

> *Sed neque tam servi illi dominorum quam tu libidinum, neque tam fugitivi illi ab dominis quam tu ab iure et ab legibus, neque tam barbari lingua et natione illi quam tu natura et moribus, neque tam illi hostes hominibus quam tu dis immortalibus.*
>
> Aber weder sind jene so Sklaven ihrer Herren wie du deiner Leidenschaften, noch jene so Flüchtige vor ihren Herren wie du vor Recht und Gesetz, noch sind jene so Barbaren nach Sprache und Herkunft wie du nach Wesen und Charakter, noch sind jene so Feinde den Menschen wie du den unsterblichen Göttern. (2, 4, 112)

Durch die Kontrastierung mit allen nur denkbaren Negativgestalten wird Verres nicht nur moralisch in höchstem Maße disqualifiziert. Es wird auch der Eindruck erweckt, als habe er sich durch seine Verbrechen dem Menschengeschlecht entfremdet: Er ist übler als die übelsten Typen. Die Qualitäten, die ihm zugeschrieben sind, evozieren die Gesamtvorstellung, Verres sei die Ausgeburt von roher, barbarischer Brutalität (*immanissimum,* 2, 4, 95). Darauf ist die Taktik der Rede angelegt.

Verres – übler als die übelsten Typen:

homines scelesti		*Verres*		*eos vicit*
servi	*dominorum*	*<servus>*	*libidinum*	*indignitate*
fugitivi	*ab dominis*	*<fugitivus>*	*ab iure et ab legibus*	*temeritate*
barbari	*lingua et natione*	*<barbarus>*	*natura et moribus*	*scelere*
hostes	*hominibus*	*<hostis>*	*dis immortalibus*	*crudelitate*
Gesamteindruck: *immanissimus*				

DÄMONISIERUNG DES ANGEKLAGTEN

Der Fall Henna diente Cicero in seiner Redestrategie dazu, die Atmosphäre auf den emotionalen Siedepunkt zu bringen. Das wirkungsvollste Mittel zur Emotionalisierung ist der Vergleich. Den Bewohnern von Sizilien galt Ceres als heiligste Göttin, als religiöse Patronin, sie gab den Menschen auf der Insel von ihrer Mitte, dem „Nabel Siziliens", aus, den inneren Halt; auf dem Glauben an sie gründete zu einem guten Teil deren Identität. Deshalb war auch Ceres' hartes Schicksal allen geläufig. Einst hatte ihr Pluto (Hades), der Gott der Unterwelt, die Tochter Proserpina (Persephone) aus dem Hain von Henna geraubt, Ceres habe daraufhin mit einer Fackel, die sie am Feuer des Aetna entzündet hatte, die ganze Welt durchwandert und nach der Tochter gesucht (2, 4, 106 ff.).

Cicero erzählt diesen Mythos ausführlich, um seinen Hörern den Anstoß zur Empathie mit dem Unglück der Sizilier zu geben; sie litten schmerzlich an diesem Verbrechen an der altehrwürdigen und hochverehrten Fürstin aller Feierlichkeiten (*Cererem antiquissimam, religiosissimam, principem omnium sacrorum*, 2, 4, 109). Die kurz danach gesetzte Aussage muss wie ein rhetorischer Paukenschlag wirken:

> *Hic dolor erat tantus, ut Verres alter Orcus venisse ... et non Proserpinam asportasse, sed ipsam abripuisse Cererem videretur.* (2, 4, 111)

Der Schmerz der Sizilier über ein solches Verbrechen an Ceres war so groß, dass man den Eindruck hatte, als sei Verres als zweiter Hades über sie gekommen und habe nicht Proserpina weggeschleppt, sondern Ceres selber gewaltsam entführt. Als was will der Redner den

Angeklagten hinstellen? Als einen, der sich noch übler als der Gott der Unterwelt, der Herrscher des Totenreiches, aufgeführt hat. Er war schlimmer als Pluto, als Hades oder, um es im heutigen Jargon zu sagen, als der Teufel. Was Cicero hier gegen Verres betreibt, ist in der Tat Verteufelung, in der Sprache der modernen Rhetorik Dämonisierung[3]. Nirgends wird wohl dieses seither gängige Mittel und Ziel des Redners unmittelbarer und nachhaltiger fassbar, gleichsam sinnlich greifbar als in diesem hier vorliegenden Kontext. Mag sein, dass Cicero für dieses rhetorische Mittel der „erste Erfinder" gewesen ist.

DIE „ENTMENSCHUNG" DES VERRES

Die Dämonisierung des Mannes kulminiert in der Vorführung seiner Verbrechen bei der Ausplünderung der Hauptstadt Syrakus (2, 4, 120 ff.). Wieder ist ein Vergleich das taktische Mittel; allerdings richtet sich der eher an den Verstand, an das Bildungsbewusstsein der Richter. Verres wird mit dem Vorgänger im Amt Marcellus, dem Eroberer Siziliens, verglichen. Dieser habe nach der Einnahme der Stadt sich so verhalten, als wäre er nicht zu deren Eroberung, sondern zu deren Verteidigung gekommen. Warum? Er hat es nicht mit dem Ruhm des römischen Volkes für vereinbar gehalten, die Schönheit der Stadt, von der keine Gefahr drohte, zu vernichten und auszulöschen. Nach Kriegsrecht hätte er Kulturschätze aus Syrakus abtransportieren können, aber er hielt darin Maß. Was er mitnahm, brachte er als Eigentum der Stadt nach Rom, und nicht als Privatbesitz.

Was hemmte ihn bei seinem Vorgehen als siegreicher Heerführer? Hemmschwelle war die ihm eigene *humanitas*, seine Bildung, seine Sensibilität dafür, dass man bei Eroberungen Kulturräume nicht zerstören und total ausrauben dürfe, aus Rücksicht gegenüber den dort lebenden Menschen und aus Achtung vor den dort verehrten Gottheiten. Dass dieser Begriff mit stärkstem Nachdruck versehen ist, er den Leitbegriff der Argumentation, sozusagen den rhetorischen Widerhaken darstellt, zeigt seine dreimalige Nennung in diesem Redeabschnitt (2, 4, 120) und der Kontext, in dem er verwendet wird: er nahm Rücksicht auf die *humanitas* ...; er hielt es für eine Pflicht der *humanitas* ...; die *humanitas* behielt [viel] für die Syrakusaner zurück ...

Das Raffinement der Redeführung liegt hier in der kalkulierten Verwendung der Begriffe und in ihrer Konstellation. Es begegnen alle Wörter eines negativen Verhaltens gegenüber Kulturwerten: *delere, ex-*

[3] Helmuth Vretska. op. cit. 246 f.

stinguere, exspoliare, violare, attingere (geradezu in einer Antiklimax). Diese üblen Vorgehensweisen werden durch das jeweils vorgesetzte *non* (*non plane, nullum*) gewissermaßen aufgehoben. Positiv gewendet, war Marcellus' Verhalten ein *parcere, quasi defendere* (Kernbegriffe der römischen Herrschaftsideologie). Cicero baut ein positives, emotional erregendes Bild auf, um auch mit dessen Wirkung hier eine bestimmte psychische Reaktion des Publikums zu erzeugen. Mittel dazu ist wieder der Vergleich. Asyndetisch, also ohne jede Verbindung wird dieser Vergleich massiv in Szene gesetzt:

> *Conferte Verrem! Non ut hominem cum homine comparetis, ne qua tali viro mortuo fiat iniuria!*
>
> Vergleicht damit Verres! Nicht um einen Menschen mit einem Menschen zu vergleichen, damit einem solchen Mann nicht nach seinem Tod noch ein Unrecht widerfährt! (2, 4, 121)

Dadurch ist erreicht, dass Verres' Statthalterschaft von Marcellus her kontrapunktiert wird. Wer aufmerksam zuhört, muss in sich sozusagen ein überdimensionales Fragezeichen setzen. Marcellus, ja das war einer, der sich Roms würdig erwies. Aber Verres ...? Die zuhörenden Senatoren müssen, ob sie wollen oder nicht, dem Verres, indem sie einfach jeweils das *non, nullum* weglassen, all jene Verhaltensweisen zusprechen, von denen Cicero den Marcellus freispricht. Indem dazu an Marcellus alle Aspekte der Zivilverwaltung einer senatorischen Provinz positiv herausgestellt werden (*pax, leges, forum et iurisdictio, adventus et comitatus*), hingegen an Verres alle Aspekte des Eroberungskrieges gegen einen *hostis* (*bellum, vis, ferrum et arma, exercitus et victoria*), wird dem Hörer suggeriert: Marcellus hat sich „zivil" verhalten, obgleich er militärischer Sieger war, Verres wirkte als schlimmster Militär, obwohl er nur ziviler Beamter war.

Das, was hier rhetorisch vollzogen ist, nennt man moralische Disqualifikation durch Kontrast. Ihre Wirkung ist voll nur zu begreifen, wenn man in diesem rhetorischen Schachzug das Ziel der von Anfang an verfolgten Taktik erkennt, gewissermaßen den letzten rhetorischen Vernichtungsschlag.

Zwei extrem verschiedene Verwalter Siziliens:

CONFERTE VERREM

Marcellus			**Verrem**
non	*delere et exstinguere*		
	parcere		
quasi	*defendere*		?
non plane	*exspoliare*		
nihil in aedibus			
nihil in hortis		*ponere*	
nihil in suburbano			
deum nullum violavit			
deum nullum attigit			
rationem habuit			*barbarus praedo*
humanitatis			***immanitas***
Moralische Disqualifikation durch Kontrast			

Welches Bild vom Angeklagten hat Cicero am Ende den richtenden Senatoren vor Augen gestellt? Dieser Kerl da (*iste*) ist ein Mann, dem die *humanitas* fehlt, die Menschlichkeit, er ist kein zivilisierter Mensch, er ist ein Barbar, er ist einer von den „barbarischen Räubern“ (*barbaris praedonibus,* 2, 4, 122), er ist Roms nicht würdig, eine Schande für das Imperium. Ja, Verres ist überhaupt kein Mensch (sonst hätte der Vergleich mit ihm Marcellus Unrecht getan). Der Mann, ein Vertreter der Hocharistokratie Roms, wird von Cicero nicht nur aus der zivilisierten Menschheit ausgegrenzt, sondern bedenkenlos aus dem Menschengeschlecht überhaupt verstoßen – eine Attacke, die in ihrer zerstörerischen Wucht durch nichts zu überbieten ist. Verres ist moralisch vernichtet. Der letzte Schritt seiner Disqualifikation ist eine „verbale Hinrichtung des Gegners“[4], das bedeutet nicht weniger als die „Entmenschung“ eines Menschen.

[4] Helmuth Vretska. op. cit. 243-248.

Welcher psychische Steuerungsmechanismus liegt Ciceros Taktik zugrunde? Die Rede zielt von Anfang an auf die Isolierung des Inkriminierten. Dieser wird so charakterisiert, so mit Argumenten und Vorwürfen angegriffen, dass sich Stück für Stück automatisch zwischen ihm und dem Rest der Beteiligten eine Kluft auftut. Mit allen Mitteln wird die Solidarität der Gruppe gegen den Einen, den Schurken, den Barbaren, den Verbrecher, den Gottlosen, den Feind geradezu erzwungen.

Dieser Zwang stellt sich unausweichlich in der Psyche der Hörer ein; indem der Angegriffene vom ersten Satz an mit forcierter Steigerung und mit zunehmender Emotionalisierung als Negativgestalt den anderen vor Augen geführt wird – mit Beweisen, mit Charakterangaben, mit entlarvenden Vergleichen –, werden diese auf Distanz zu ihm gedrängt. Diskreditierung, Dämonisierung erzeugen in der Psyche der Beteiligten eine zwangsläufige Reaktion: Um nicht mit dem Verbrecher gleichgestellt, ja nicht einmal als dessen Sympathisant angesehen zu werden, schließt man sich zu einer Gesinnungsgemeinschaft um den Redner zusammen, sodass jener allein da steht oder sitzt, letztlich völlig isoliert ist.

Die moderne Rhetorik nennt diese Taktik den Aufbau einer Bipolarität[5], d. h. der Redner stellt bewusst und zielstrebig – als durchgängiges Prinzip – ein Spannungsverhältnis, zwischen zwei Positionen her; hier im Falle des Verres sieht diese Bipolarität so aus:

Wir	Verres
Bildung und Menschenfreundlichkeit	Unmensch
humanissimi	*inhumanus*
humanitate praediti	*immanitate impulsus*

Der Redner manövriert die Zuhörer (vor allem die Senatoren) in eine Rolle, von der sie nicht mehr ohne Imageverlust oder Existenzschaden loskommen. Wer will schon als ein Unmensch, Ungebildeter, ein des römischen Reiches Unwürdiger gelten! Alle stehen deshalb fest auf der Seite des Anklägers. Die einmal erreichte Einstellung ist irreversibel. Man nennt die dafür angewandte Taktik heute „psychologische Rol-

5 vgl. dazu Helmuth Vretska. op. cit. 247.

lenfixierung“[6]. Die Kunst, die sich hier manifestiert, hieß in der Antike Psychagogie. Ein moderner Begriff dafür ist persuasive Strategie.

Cicero hat die gleiche Taktik auch in seinen Angriffsreden gegen Catilina und Antonius eingesetzt. Den einen hat er als Staatsfeind dämonisiert, den anderen als Hochverräter am Vaterland. Der Schauplatz war bei Catilina Rom, innerhalb und außerhalb der Kurie, bei Antonius das Imperium Romanum. In beiden Fälle herrschte Kriegszustand. Die Rede wurde jeweils für ein politisches Ziel eingesetzt, diese war darauf angelegt, den Gegner von der Gruppe der Angesprochenen zu isolieren, diese Gruppe in Solidarität auf ihre Rolle irreversibel zu fixieren, und zwar so, dass sie im Angegriffenen den Feind ihrer eigenen Interessen sah. Der Redner schuf sich dafür ein „Feindbild“, das zwangläufig zur Solidarisierung führt. Dass solche Psychagogie zur Grundlage jeder Propaganda wurde, dafür zeichnet bereits Demosthenes mit seinen *Philippischen Rede*n verantwortlich. Die volle systematische Ausprägung erhielt sie erst durch Cicero.

Psychagogie: Bipolarisierung

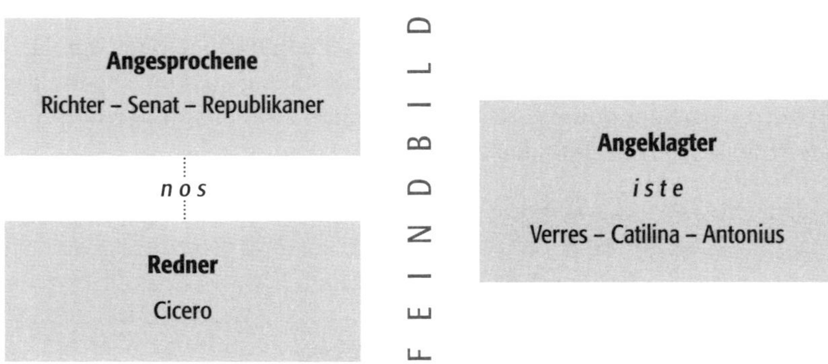

Cicero zählt diese Meisterschaft des Redens zu den Vorzügen des mit Verstand und Sprache (*lógos*) ausgestatteten Menschen. Geradezu hymnisch artikuliert er seine Bewunderung für diese Gabe der Seelenführung:

> *Quidnam ... praestabilius videtur quam posse dicendo tenere*
> *hominum mentes, allicere voluntates, impellere, quo velit,*
> *unde autem velit, deducere!* (De orat. 1, 30)

[6] Helmut Geissner: Rhetorische Kommunikation. In: Praxis Deutsch. 1997 / 33. 13 f.

In seiner ersten Staatsrede hat Cicero sogleich diese Menschengabe in Höchstform zur Geltung gebracht, und mit Erfolg. Die bis dahin größten Stars auf der Rednerbühne hatten offensichtlich nichts Gleichwertiges dagegenzusetzen. Die Aristokraten konnten ihrem Standesgenossen Verres nicht helfen. Dieser floh aus Rom, noch vor dem Ende des Prozesses, Cicero, Sieger und erfolgreicher Vertreter der Provinz Sizilien, hatte über Nacht einen Namen in der Hauptstadt der Welt, er war für solche Gerichtsfälle von diesem Zeitpunkt an die erste Adresse in Rom. Diese Verres-Rede (II 4) war Ciceros Meisterstück. Sie hat den *homo novus* zum Staranwalt gemacht.

HUMANITÄT UND MENSCHENWÜRDE

Eine politische Vision und ihre Folgen

Manfred Fuhrmann hat Cicero das Verdienst zugeschrieben, er sei durch „eine Humanität zu den Vätern Europas aufgerückt, die philosophische Bildung mit der Befähigung zum öffentlich wirkenden Wort zu vereinigen sucht."[1] Ciceros Leistung gründet, so betrachtet, auf zwei Säulen, auf seinem Bemühen um die Philosophie und seinem politischen Engagement. Wie lässt sich jungen Menschen im Lektüreunterricht der Mittelstufe davon ein Eindruck vermitteln? Es bedarf einer überlegten Auswahl. Halten wir uns dabei an einen Ratschlag Johann Wolfgang Goethes, der am 6. Dezember 1765 seiner Schwester Cornelia – anlässlich ihres 15. Geburtstages – schrieb:

> „Du bist über die Kinderjahre, du must also nicht nur zum Vergnügen, sondern zur Verbesserung deines Verstandes und deines Willens lesen. Bitte dir vom Papa Zeit dazu aus, er wird dir sie geben ... Wenn du ... gelesen hast, so mach das Buch zu und stelle Betrachtungen darüber an. Im Anfange wird es dir schweer fallen, aber bald wird es leichter gehen, wie mit dem Schreiben ... Ferner Epistole di Cicerone, der Papa hat sie ... Nur das mercke bey Ciceros Briefen, du must sie aussuchen."[2]

Es gilt also auszusuchen! Am ehesten eignet sich ein Brief Ciceros, in dem er in einer konkreten historischen Situation als Politiker seine philosophische Bildung zur Geltung zu bringen versucht, und zwar so, dass sich am aktuellen Fall eine allgemeine Erfahrung, eine Maxime, ein Verhaltenskodex mit wirkungsgeschichtlichen Folgen manifestiert. Einem solchen Lektürevorhaben kann zweifellos ein Abschnitt aus dem Brief 1, 1 an seinen Bruder Quintus dienen.

---

[1] Manfred Fuhrmann: Cicero und die römische Republik, München / Zürich 1989. 309.

[2] Goethes Werke. Herausgegeben im Auftrag der Großherzogin Sopie von Sachsen. Weimarer Ausgabe IV. Abt. Bd. 1. 1887-1912. 27 f.

GESCHICHTLICHER HINTERGRUND

Während Quintus als Statthalter in der Provinz *Asia* tätig war, richtete Cicero einen sehr ausführlichen Brief an ihn, abgefasst Ende 60 / Anfang 59 v. Chr. In diesem Schreiben, das wohl schon von vornherein zur Publikation vorgesehen war, lobt Cicero seinen Bruder wegen dessen maßvoller und kluger Amtsführung, gibt ihm aber auch, da seine Amtszeit um ein weiteres Jahr verlängert worden war, wichtige Ratschläge in Bezug auf angemessenes Verhalten in einem fremden Land; in diesem Fall eben in der Provinz *Asia*, wo ein hoher Bevölkerungsanteil Griechen waren, zu denen die Römer aufgrund der überragenden griechischen Kulturleistungen in einem ganz besonderen Verhältnis standen.

TEXTAUSWAHL: AD QUINTUM FRATREM 1, 1, 27-30

Quapropter incumbe toto animo et studio omni in eam rationem,
qua adhuc usus es,
ut eos,
quos tuae fidei potestatique senatus populusque Romanus
commisit et credidit,
diligas et omni ratione tueare et esse quam beatissimos velis.
Quodsi te sors Afris aut Hispanis aut Gallis praefecisset,
immanibus ac barbaris nationibus,
tamen esset humanitatis tuae consulere eorum commodis
et utilitati salutique servire.
Cum vero ei generi hominum praesimus,
non modo in quo ipsa sit,
sed etiam a quo ad alios pervenisse putetur humanitas,
certe iis eam potissimum tribuere debemus,
a quibus accepimus.
Non enim me hoc iam dicere pudebit,
praesertim in ea vita atque iis rebus gestis,
in quibus non potest residere inertiae aut levitatis
ulla suspicio,
nos ea,
quae consecuti sumus,
iis studiis et artibus esse adeptos,
quae sint nobis Graeciae monumentis disciplinisque tradita.
Quare praeter communem fidem,
quae omnibus debetur,
praeterea nos isti hominum generi praecipue debere videmur,
ut,

quorum praeceptis sumus eruditi,
apud eos ipsos,
quod ab iis didicerimus,
velimus expromere.
Atque ille quidem princeps ingenii et doctrinae, Plato,
tum denique fore beatas res publicas putavit,
si aut docti ac sapientes homines eas regere coepissent
aut ii,
qui regerent,
omne suum studium in doctrina et sapientia collocassent.
Hanc coniunctionem videlicet potestatis et sapientiae
saluti censuit civitatibus esse posse.
Quod fortasse aliquando universae rei publicae nostrae,
nunc quidem profecto isti provinciae contigit,
ut is in ea summam potestatem haberet,
cui in doctrina,
cui in virtute atque humanitate percipienda
plurimum a pueritia studii fuisset et temporis.
Quare cura,
ut hic annus,
qui ad laborem tuum accessit,
idem ad salutem Asiae prorogatus esse videatur.

INTERPRETATION DES BRIEFABSCHNITTES

Der vorliegende Briefausschnitt lässt sich in acht Abschnitte gliedern, wozu die Konnektoren griffige Anhaltspunkte geben. Dem literarischen Genus des Briefes entsprechend herrscht die Ich-Du-Relation vor, wobei die Imperativformen oder die einem Imperativ analogen Wendungen den appellativen Charakter des Briefes betonen. Auf die Person des Adressaten unmittelbar bezogene Teile rahmen einen mehr allgemein gehaltenen Teil mit der zentralen Aussage ein, sodass man von einer Art zyklischem Aufbau sprechen kann; formal ist dieser an den zwei Imperativen des Textes *incumbe* (Z. 1) und *cura* (Z. 46) abzulesen. Der Brief hat im zweiten Drittel seinen Aussagehöhepunkt, aus dem sich als zwingende Folgerung die Adhortatio an den Adressaten ergibt:

KONNEKTOREN	ADRESSATENBEZUG	AUSSAGEINTENTION
1 *quapropter*	***incumbe***	Aufforderung für die konkrete Situation
2 *quodsi*	*esset humanitatis tuae*	moralischer Appell
3 *cum vero*	*debemus*	generelle Verpflichtung
4 *non enim*	*me pudebit*	begründendes Bekenntnis
5 *quare*	*debere videmur*	generelle Verpflichtung
6 *atque*	*Plato putavit … censuit*	Zitat über politischen Idealzustand
7 *(quod)*	*nunc profecto isti provinciae <tuae> contigit*	verstärkter moralischer Appell
8 *quare*	***cura***	Aufforderung für die konkrete Situation

Teil 1: Ein Römer „Herrscher" über die Griechen

Der erste Rat an Quintus ist auf seine Situation als Provinzstatthalter bezogen, er solle sich gegenüber seinen Untergebenen, die der römische Staat (Volk und Senat) ihm als Beamten anvertraut hat, so wie bisher verhalten. Im Hendiadyoin *commisit et credidit* (Z. 5) drückt sich die Nachhaltigkeit dieses Vertrauensvorschusses aus. *Fides potestasque*, Zentralbegriffe römischer Herrschaftspraxis, erfassen neben der Amtsbefugnis die in einem Sozietätsvertrag gültige Verpflichtung zu einem zuverlässigen Schutz der Untertanen. Ziel ist die gebührende Achtung (*diligas*), die Sicherheit (*tueare*) und das Wohlergehen (*esse quam beatissimos*, Z. 6) der fremden Menschen.

Substanz eines Sozietätsvertrages

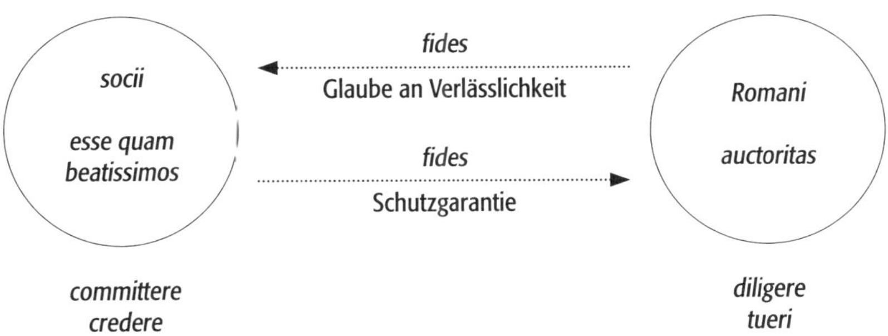

Der anschließende Appell ist noch spezieller ausgerichtet; er baut die Struktur eines vergleichenden Gegensatzes auf. Angenommen, Quintus hätte die Verwaltung inne über die Afrer, Spanier oder Gallier, wilde und barbarische Völker, so wäre es doch eine Verpflichtung seiner ihm zugewachsenen Bildung und seiner kulturellen Reife (*humanitas*, Z. 9), für deren Vorteil und Nutzen zu sorgen und ihrem Wohl zu dienen. Damit ist der der römischen Herrschaftsideologie zugrundeliegende Kulturauftrag ausgesprochen, *immanes ac barbarae nationes* auf einen höheren Zivilisationsstand zu bringen. Cicero hat diesen Auftrag in seinem staatsphilosophischen Werk *De re publica* (3, 24 ff.) ausführlich begründet. Der Provinzverwalter sollte also dem ihm anvertrauten Volk an der eigenen *humanitas* Anteil geben, es humanisieren, „entbarbarisieren". Der politische Appell hat einen merklich moralischen Unterton.

Nun hat aber Quintus (Z. 11-15) die Verwaltung zwar auch über Provinziale, aber nicht über irgendwelche, sondern über solche, bei denen diese *humanitas* als „Bildung", „Kulturkompetenz", „Zivilisationsstandard" zu Hause ist und von denen sie, wie man allgemein annimmt, auf andere übergegangen ist. Das gemeinsame Dritte in diesem Vergleich, der das ganze Imperium Romanum erfasst, ist die Verwaltung von Provinzialen. Im scharfen Gegensatz werden von den wilden und barbarischen *Afri, Hispani, Galli* die *Graeci* als nicht *immanes ac barbari* abgehoben, sie sind vielmehr ein kulturgebendes Volk, woraus sich die moralische Verpflichtung ergibt, ihnen das entgegenzubringen, was man von ihnen erhalten hat: *humanitas*.

Teil 2: Die Griechen – Roms Lehrmeister

Der nächste Abschnitt (Z. 16-31) bringt ein Bekenntnis Ciceros, nämlich dass die Römer – und allen voran er selber (er spricht von *nos*) – in Lebensbereichen und bei Leistungen, die keinen Verdacht auf leichtfertiges und träges Verhalten aufkommen ließen (gemeint sind wohl die philosophisch fundierte Politik und Rhetorik), das, was sie sich da angeeignet hätten, aufgrund der Wissenschaften und Künste besäßen, die ihnen durch Griechen vermittelt worden seien. Rom habe also von Griechenland gelernt, sei von dort her in seiner Kultur gefördert und perfektioniert worden. Man müsse deshalb diesen Menschen, über die sie nun herrschen, diese Leistung gebührend zurückzahlen, und zwar über die allgemein gültige Verpflichtung einer zuverlässigen Schutzgarantie hinaus (*praeter communem fidem*, Z. 24). Zwischen Rom und den Provinzen, wo Griechen lebten, in *Achaia* und *Asia*, besteht, was indirekt zu spüren ist, mehr als ein Sozietätsverhältnis. Das zweimalige *debere* (Z. 25 f.), das „eine Forderung für Schuldigkeit und moralische Verpflichtung" ausdrückt, macht bewusst, dass die Römer den Griechen gegenüber sozusagen eine Bringschuld haben. Sie müssten sich dadurch dankbar erweisen, dass sie gerade deren Gemeinwesen in einen Zustand des Glücks brächten. Cicero hat damit den Sonderstatus der griechischen Untertanen (das Wort *servi* ist wohlweislich nicht verwendet) betont.

„Sozietät" zwischen Griechen und Römern:

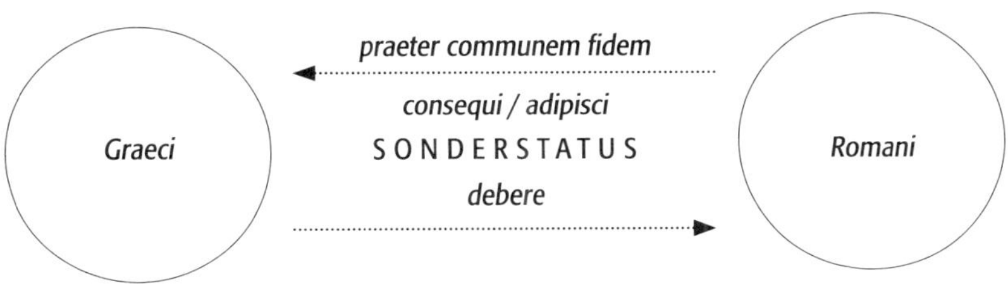

„über das allgemeine Vertrauens- und Schutzverhältnis hinaus"

Teil 3: Platons Staatsideal

Wenn ein hochgebildeter – d. h. in der Philosophie bewanderter – Römer wie Quintus diese Verwaltung ausübt, ergibt sich bei der Erfüllung der generellen Verpflichtung die beste Chance, den zu verwaltenden Staat glücklich zu machen. Dafür ist der Geistesfürst der Griechen höchstpersönlich überzeugender Gewährsmann: Platon. Es entbehrt nicht einer gewissen Ironie, wenn Cicero gerade im Kontext der römischen Verwaltung einer griechischen Provinz den Philosophen-König-Satz des Griechen Platon (Polit. 473 d) ins Spiel bringt (und nicht etwa innerhalb seines in *De re publica* entwickelten Staatskonzepts). Die Verbindung von Macht und Philosophie könne eine Garantie für das Glück des Staates, also auch für das Wohlergehen der Untergebenen sein. Gattungsspezifisch fällt auf, dass auf diesem Höhepunkt der Briefäußerung die dritte Person vorherrscht.

Der Ich-Du-Bezug ist hier reflektorisch überhöht, indem Platons Maxime in lateinischer Sprache zitiert wird, eine Eigenart, die Ciceros Brief in die Nähe der literarisch-fiktiven Briefe Senecas rückt, die sich ja an ein allgemeines Leserpublikum wenden[3]. Doch Cicero bleibt nicht auf Distanz zu dieser philosophischen Maxime. Er wäre nicht Cicero, wenn er sich auf dieser Geistesebene nicht selbst mit in Szene setzte. Er vergleicht den Teil mit dem Ganzen, d. h. er setzt die Provinz *Asia* in Bezug zum Ganzen des römischen Staates, der vielleicht einmal (wohl unter ihm als Konsul) dieses Glück hatte, einen Philosophen als seinen „Leiter" zu haben. Diese pointierte Nebenbemerkung (im *quod*-Satz Z. 40) ermöglicht dem Schreiber einen psychagogischen Trick: „Was vielleicht einmal unserem Gesamtstaat zuteil geworden ist, das ist auf jeden Fall jetzt der Provinz *Asia* beschieden."

Durch diese Antizipation des Optimalfalles (Quintus muss sich ja erst in dieser Richtung bewähren) wird der auf den *humanitas*-Erweis abzielende moralische Appell aus Z. 1-10 noch einmal potenziert. Derjenige, der nun über Griechen herrscht, hat sich von Jugend an intensiv um die Aneignung von Wissenschaft, Tüchtigkeit, Bildung (*doctrina, virtus, humanitas,* Z. 43 f.) bemüht, sich also griechische Philosophie zugeeignet, sodass sich Platons Ideal zugunsten seiner Nachfahren verwirklichen kann, ja muss. Da Quintus dieser Herrscher über *Asia* ist, muss er sich zwangsläufig mit der ihm zufallenden Sonderrolle identifizieren. Er wird deshalb die neue, wieder auf „Du" umspringende Adhortatio *cura, ut* ... (Z. 46 ff.) bereitwillig annehmen. Dass er seine um ein Jahr verlängerte Amtszeit zum Wohl Asiens (*ad salutem Asiae,* Z. 49) einsetzt, wird ihm zu einer persönlichen Verpflichtung. Die Griechen werden ihm aufgrund seiner Geistesverwandtschaft mit ihrem Urahnen Platon keine „Fremden" sein.

Die persuasive Strategie des Briefes (die vorherrschende Leserlenkung oder Psychagogie) lässt sich im Schema folgendermaßen verdeutlichen:

1 →	2 →	3
Auftrag des Senats	Forderung Platons	Appell Ciceros
Provinzverwalter — Provinz	Philosoph — Staat	Quintus — Provinz Asia
größtmögliches Glück	idealer Glückszustand	Verwirklichung des platonischen Ideals

[3] So stellt denn auch Ursula Blank-Sangmeister fest, es sei „kein gewöhnlicher Brief, sondern eine Art Traktat über die Provinzverwaltung". (Marcus Tullius Cicero. Epistulae ad Quintum fratrem. Übersetzt und herausgegeben von Ursula Blank-Sangmeister. Stuttgart 1993. 197.)

DIE BEURTEILUNG DER BRIEFBOTSCHAFT: CICEROS DILEMMA

Die Psychagogie oder Leserlenkung des Briefes ist von einer hohen Achtung gegenüber der Kulturleistung der Griechen bestimmt. Die Römer, allen voran Cicero und sein Bruder Quintus, fühlen sich diesem unterworfenen Volk gegenüber verpflichtet. Sie müssen den Wert ihrer Kultur als Bildungsvorgabe und -ergebnis (*humanitas*) respektieren und sie in ihrer Würde achten. Das ist die Quintessenz des Briefes.

Warum aber steht Cicero den Griechen im „realen" Leben eher distanziert gegenüber? Im gleichen Brief warnt Cicero seinen Bruder auch vor zu enger Freundschaft mit Griechen: viele von ihnen seien *fallaces ... et leves et diuturna servitute ad nimiam adsentationem eruditi* (1, 1, 16)[4]. Schätzt er wirklich nur die „ganz wenigen" (*perpaucorum*) Griechen, die des „alten Hellas" würdig seien, nicht aber die „ganz vielen" (*permulti*) degenerierten Zeitgenossen, wie von einigen Interpreten angenommen wird? Dann wäre der Rat an Quintus zu einer besonderen Aufmerksamkeit den jetzigen Griechen gegenüber nicht verstehbar, ja sinnlos. Klafft hier etwa zwischen Idee und Wirklichkeit eine Lücke, sodass ein „Rest an Widersprüchlichkeit in jedem Falle bleibt"?[5] Ist der Brief an den leicht hitzigen und aufbrausenden Bruder nur eine ad-hoc-Mahnung ohne programmatische Absicht? Johannes Christes deutet den Brief in dieser Richtung.

Gibt es eine plausiblere Lösung dieser Interpretationsschwierigkeit? Fest steht: Cicero hat hier, wiewohl auf einen konkreten Fall bezogen, ein Verhalten in Idealform propagiert. Die Achtung griechischer Kultur und ihrer Vertreter ist – auf der Verstandesebene – eine in jedem Fall erstrebenswerte Einstellung. Die römische Gesellschaft ist jedoch zu Ciceros Zeit noch nicht so weit, dieses Ideal zu verwirklichen. Seit Catos des Älteren Ausspruch, dass, sobald jenes Volk uns seine Wissenschaft gebe, es alles verderben werde[6], sind bei den Römern Ressentiment und Minderwertigkeitskomplex nicht verschwunden. Das Gefühl sperrt sich gegen die Anerkennung der Griechen.

Aus dem römischen Nationalstolz erwachsen den Herrschern Ängste vor einer Überfremdung ihrer Kultur durch die von überall her auf Rom

[4] Kaum freundlichere Beurteilungen finden sich in: De rep. 1, 5 f., De fin. 2, 80, De orat. 1, 47. 102. 221; 2, 17-19, Pro Flacco 57, Pro Scauro 4. Red. sen. 14. Pis. 29.

[5] Johannes Christes: Rom und die Fremden. 109. In: Jugend und Bildung im antiken Rom. Zu den Grundlagen römischen Lebens. Auxilia 43. Bamberg 1997. 97-124.

[6] *Dicam de istis Graecis suo loco, mi fili, quid Athenis exquisitum habeam et quod bonum sit illorum litteras inspicere, non perdiscere. Vincam nequissimum et indocile genus illorum, et hoc puta vatem dixisse: quandoque ista gens suas litteras dabit, omnia conrumpet, tum etiam magis, si medicos suos hoc mittet.* (Plin. Hist. nat. 29, 14).

eindringenden Einflüsse. Das, was das römische Volk groß gemacht hat und was es instandsetzt, die Herrschaft über die ganze bewohnte Erde auszuüben, droht verloren zu gehen. Auch Cicero sieht – kaum anders als Sallust – im Verlust des Römischen eine ernste Gefahr; so sitzt er gleichsam zwischen den Stühlen. Das ist sein Dilemma. Obwohl sich seit dem 3. Jh. v. Chr. in den oberen Schichten, in der Aristokratie die Akkulturation zwischen Rom und Griechenland immer mehr durchgesetzt hat, ist Cicero, der sich für den ganzen Staat Rom, wie einst Cato, verantwortlich fühlt, wie wir aus *De re publica* (bes. 5. Buch) wissen, noch voller Skepsis und auf Betonung des römischen Eigenwertes bedacht; sonst hätte er nicht jenes überzeichnete, geradezu hyperbolische Urteil an den Anfang der Tusculanen gestellt, dass „unsere Leute" alles weiser als die Griechen erfunden oder das von ihnen Übernommene, soweit sie es eines Einsatzes für würdig hielten, besser gemacht hätten:

> *... meum semper iudicium fuit omnia nostros aut invenisse per se sapientius quam Graecos aut accepta ab illis fecisse meliora, quae quidem digna statuissent, in quibus elaborarent.* (Tusc. 1, 1)

„So reagierte er auf den kulturellen Anspruch der Griechen mit nationalstolzer Irritation", meint Johannes Christes[7]. Ist es aber nicht mehr als Irritation? Steckt dahinter nicht eine Grundüberzeugung, die gerade in ihm, der sich wie kein anderer um die Aneignung einer fremden Kultur bemühte, wach geworden ist, nämlich dass nur dann eine Übernahme des Fremden erträglich ist, wenn dieses Fremde so an das Eigene amalgamiert wird, dass eine Identifikation damit noch möglich bleibt? Einfacher gesagt: Nur dann, wenn das Bewusstsein der kulturellen Identität nicht zerstört wird, ist für Cicero die Begegnung mit fremder Kultur und deren Aneignung sinnvoll und vertretbar. Der Amalgamierungsprozess war in Ciceros Zeit – auch durch ihn selbst – noch nicht in der Weise vollzogen, dass diese Bedingung erfüllt gewesen wäre. Deshalb propagiert Cicero im Idealfall die Achtung vor der Würde der griechischen Kultur und ihrer Vertreter, in der aktuellen Politik bleibt er zu ihr und ihnen auf kritischer, teilweise ironischer Distanz.

Projizieren wir nun die erarbeiteten Ergebnisse in den Rahmen von Ciceros politischem und philosophischem Denken! Welche Folgerungen ergeben sich daraus? Was ist der pädagogische Ertrag? Cicero war sein Leben lang bemüht, der römischen Lebensart und Herrschafts-

[7] Johannes Christes. op. cit. 110.

form durch die produktive Auseinandersetzung mit den griechischen Vorgaben ein tragfähiges geistiges Fundament zu geben (etwa bei der Begründung der „gerechten Herrschaft" und des „gerechten Krieges"). Dass er dabei über Rom hinausweisende, für die Zukunft relevante Gedanken formulierte, liegt auf der Hand. Die Aussage des Briefes an Quintus liegt auf der Ebene seiner programmatischen Äußerung in *De officiis* über das Verhältnis zu den „Ausländern", die Cicero und die Römer, als deren Repräsentant er agiert, als Vertreter oder gar Begründer der Gleichheitsidee aller Menschen erscheinen lässt.

> *Qui autem civium rationem dicunt habendam, externorum negant, ii dirimunt communem humani generis societatem.* (De off. 3, 28)

In diesem allgemeinen, d. h. auf alle Nichtrömer bezogenen Fall, bleibt das Ideal noch sehr viel weiter und für längere Zeit hinter der Realität zurück als etwa im Falle der Griechen. Dieses Ideal zielt auf die Gleichheit aller Menschen in sozialer und kultureller Hinsicht.

Die Gleichheitsidee war in der Antike gewiss bereits angedacht, in der Stoa, auch in der griechischen Sophistik, deren Denken wiederum schon im Hippokratischen Eid seinen Niederschlag gefunden hat. Dort heißt es, dass die Integrität des Arztes allen Patienten gegenüber gewahrt sein muss, ob ihm nun die Körper von Frauen oder Männern, von Freien oder Sklaven zur Behandlung anvertraut sind. „Von Natur sind wir alle in jeder Hinsicht gleich", so formuliert es der Sophist Antiphon im 5. Jh. v. Chr.[8] „Gott hat alle Menschen freigelassen, keinen hat die Natur zum Sklaven gemacht." So lautet die revolutionäre Idee des Alkidamas im 4. Jh. v. Chr.[9] Er ist damit seiner Zeit weit voraus. Als Idee mit möglicher Breitenwirkung bestimmt der Gleichheitsgedanke den Geist der Bibel, dem Grundbuch der neuen, rasch ungeheure Menschenmassen anziehenden Religion:

> *Non est Iudaeus neque Graecus, non est servus neque liber, non est masculus et femina; omnes enim vos unus estis in Christo Iesu.*

So schreibt der Apostel Paulus im Brief an die Galater (3, 28). Freilich innerhalb des römischen Imperiums hat dieses philosophische bzw. religiöse Programm keinerlei realpolitische, soziale Folgen. Auch die Waffe der Bibel blieb hier stumpf. Ja, als der christliche Glaube (*fides*)

[8] Hermann Diels: Die Fragmente der Vorsokratiker, Berlin [5]1957. Frg. B 44.

[9] Scholion zu Arist. Rhet. 1373 b 18 (Frg. 1 p. 154 Sauppe).

durch die heidnische Vernunft (*ratio*) der Philosophie eine theoretische Grundlegung erfuhr, aktualisierte sich die aristotelisch-römische Herrschaftsdoktrin, die von der Ungleichheit der Menschen ausging, im christlichen Gewande. So kommt etwa Isidor von Sevilla, Bischof und Theologe im 6./7. Jh. n. Chr., zu dem Urteil:

> „Gleichwohl die Ursünde aller Gläubigen durch die Gnade der Taufe vergeben wird, schafft der gerechte Gott doch einen Unterschied im Dasein der Menschen, indem er die einen zu Sklaven, die anderen zu Herren macht, auf dass die Freiheit, Böses zu tun, begrenzt werde durch die Macht der Herrschenden." (Sent. III c. 47; 6, 295)

Hier hat die griechische Bildung (*humanitas*), die den Bund mit dem römischen Herrschaftsanspruch (*imperium*) eingegangen ist, auch die Bibel überformt und ihre Wahrheit verdeckt. Denn nur unter solcher Bedingung ist jene oben gehörte theologische Rechtfertigung zu erklären, die der christliche Theologe und Humanist Juan Ginés de Sepúlveda (1490-1573) für die Eroberung Amerikas gegeben hat, in deren Verlauf weder die Würde der dortigen Kultur noch die ihrer Vertreter geachtet wurde[10].

In der historisch bedeutsamen *Disputation von Valladolid* (1550) hat Sepúlvedas Gegner, der christliche Mönch und Bischof Bartolomé de Las Casas (1484-1566), die antik-christliche Programmatik und die in ihr wurzelnde spanische Conquista scharf attackiert und der Wahrheit der Bibel Geltung zu verschaffen versucht:

> *Indi fratres nostri sunt, pro quibus Christus impendit animam suam ... Non enim stupidi seu barbari sunt.* (Adversus persecutores et calumniatores gentium novi ad Oceanum reperti mundi Apologia[11])

Der Gedanke der christlichen Brüderlichkeit geht Hand in Hand mit der Idee der Gleichheit aller, auch verschiedener Kulturen. Die Indianer seien, so Las Casas, keine Barbaren. Eine „Entbarbarisierung" gehe

---

[10] J. Genesii Supulvedae Cordubensis Democrates alter, sive de justis belli causis apud Indos (1550). Prólogo, traducción y edición de Marcelino Menéndez y Pelyao. Boletín de la Real Academia de la Historia. Vol. 21. 1892. 257-369.

[11] Isacio Pérez Fernández: Dos apologías de Las Casas contra Sepúlveda: la „Apología en romance" y la „Apología en latín". In: Studium 17. 1977. 137-160.

nicht mit der Bibel konform[12]. Hier begannen die Menschenrechte aus dem Meer der Geschichte aufzutauchen. Freilich sind sie erst – nach der Vorleistung vieler anderer – im Zuge der Französischen Revolution kodifiziert worden.

Doch so viel ist klar: Die Entdeckung der Menschenrechte begann in der Tiefe der Geschichte Europas. Der Weg für die zunächst nur schwach glimmenden Ideen musste durch heftigsten Widerstand gegen vorherrschende Traditionen freigekämpft werden. Die größte aller politisch-sozialen Neuerungen, die von Europa aus weltweit Wirkung erzielen sollte, ist, wie wir sahen, durch Opposition und Tradition zustande gekommen. Cicero nimmt innerhalb dieser Entwicklung gewissermaßen eine Zwitterrolle ein. Er begründete auf der einen Seite die römisch-europäische Herrschaftsdoktrin mit, zu der sich die Neuerer in heftigsten Widerspruch stellten, auf der anderen Seite brachte er Ideen mit in die Welt, die als tradierte Werte dieser Opposition die geistige Dynamik gaben.

Diese Leistung Ciceros hat man in der Moderne zu würdigen begonnen. Franz Josef Wetz schreibt: „Allerdings war der Allererste, der nachweislich von allgemeiner Menschenwürde sprach, Cicero, demzufolge Würde bereits unserer Natur innewohnt und folglich mehr ist als eine geistige Grundhaltung, äußere Erscheinungsweise oder öffentliche Stellung und Anerkennung."[13] Ohne die bedeutenden griechischen Vorleistungen dazu schmälern zu wollen, ist diese Feststellung zutreffend. Ciceros ist seiner Zeit weit voraus. Was er als dem Menschen gemäß erkannt, als *humanitas* im Sinne von Bildung und Menschlichkeit, Mitmenschlichkeit[14], propagiert hat, ist eine Vision, die weit in die Zukunft reichte. Cicero erweist sich als Wegbereiter der Ideen, die unsere Zeit, „die Werte der westlichen Welt" elementar bestimmen. Insofern ist die Lektüre dieses Briefausschnittes hochaktuell und von nicht geringem pädagogischen Wert[15].

---

[12] Didaktisch aufbereitete Texte von Sepúlveda und Las Casas finden sich in: Friedrich Maier: Grundtexte Europas. Epochale Ereignisse und Existenzprobleme der Menschheit. Textband. Reihe Antike und Gegenwart. Bamberg 1995. 77-91. – Ders.: Pegasus. Das lateinische Lesebuch der Mittelstufe. Textband. Reihe Antike und Gegenwart. Bamberg 2002. 201-204.

[13] Franz Josef Wetz: Die Würde des Menschen ist antastbar. Eine Provokation, Stuttgart 1998. 20 ff.

[14] Wilfried Stroh: Latein ist tot, es lebe Latein! Kleine Geschichte einer großen Sprache, Berlin 2007. 156.

[15] Didaktisch aufbereitet findet sich das hier skizzierte Lektüreprojekt bei: Katharina Thaddey: Cicero. Die Würde einer fremden Kultur. In: Friedrich Maier: Irritamenta animi. Ein lateinisches Europa-Lesebuch. Textband. Reihe Antike und Gegenwart. Bamberg 2001. 76-85.

PHILOSOPHANDUM EST

Der Anfang der Philosophie

„Es war eine Zeit, in welcher [die Philosophie] die Königin aller Wissenschaften genannt wurde, und wenn man den Willen für die That nimmt, so verdiente sie, wegen der vorzüglichen Wichtigkeit ihres Gegenstandes, allerdings diesen Namen."[1] Geboren wurde die hehre Dame Philosophie bereits in der Antike, an der Westküste Kleinasiens und in Griechenland. Soll man junge Menschen diesen Akt ihrer Geburt nacherleben lassen? Vielleicht schon im Lateinunterricht der Mittelstufe? Der Göttinger Fachdidaktiker Peter Kuhlmann hält es für „schwierig, philosophische Texte vor der Oberstufe zu lesen."[2] Der 2004 in Kraft gesetzte bayerische Lehrplan beispielsweise macht dies zur verpflichtenden Aufgabe, und zwar für L1 und L2 in Jahrgangsstufe 10. Der Lehrauftrag ist also klar: *Philosophandum est.*

Die Unterrichtenden aber, die bisher gewohnt waren, das Thema Philosophie überwiegend erst in der Oberstufe zu vermitteln, finden sich unversehens in einer prekären Situation wieder: Bietet die lateinische Literatur überhaupt geeignete Texte für einen Mittelstufenunterricht? Wollen und können sich Schüler dieses Alters auf philosophische Gedankengänge einlassen? Wenn ja, wie soll man sie damit am wirkungsvollsten konfrontieren?

Am Beispiel des Anfangs der europäischen Philosophie, also der Vorsokratiker, soll ein Versuch gewagt werden, das „Wunder des Ursprungs"[3] nacherleben zu lassen. Die Vorsokratiker sind heute drauf und dran, den Leuchttürmen der antiken Philosophie, Platon und Aristoteles, den Rang abzulaufen. Warum? Das zu erfahren kann ein abenteuerliches Erlebnis werden.

Versetzen wir uns zurück in das 6. Jh. v. Chr. Eines Abends wandert ein älterer Herr an der Meeresküste in der Nähe seiner Heimatstadt. Es herrscht Dämmerlicht. Der Mann hält seine Augen unverwandt hinauf zum Himmel gerichtet und beobachtet die Sterne: Plötzlich stolpert er und stürzt in einen Steinbrunnen. Eine Magd aus Thrakien, die den Vorfall beobachtet hat, verspottet ihn: „Mein Herr was guckst du ständig zum Himmel und möchtest die Dinge da droben wissen. Was

[1] Immanuel Kant: Kritik der reinen Vernunft. Vorrede. A VIII.

[2] Peter Kuhlmann: Fachdidaktik Latein kompakt. Göttingen 2009. 134.

[3] Albert von Schirnding: Das Wunder des Ursprungs. Griechische Anfänge. Vortrags- und Schriftenreihe der Elisabeth-J.-Saal-Stiftung. München 1998.

aber unmittelbar vor dir ist und zu deinen Füßen liegt, das merkst du nicht."[4]

IM ERDBEBENGEBIET DES GEISTES

Wer war dieser antike „Hans Guck-in-die-Luft"? Es war Thales, und der Ort war Milet, am Westrand Kleinasiens gelegen, einer Gegend, die man später „das große Erdbebengebiet des Geistes"[5] nennen sollte. Warum interessierte sich Thales so sehr für das, was oben im Weltraum zu sehen war? Er staunte über die Sterne und über die wohlgefügte Ordnung, die ihren Lauf bestimmte. Er wusste, dass dieser „Kosmos" aus einem einmal chaotischen Zustand der Welt, am Himmel und auf Erden, hervorgegangen ist. Und sein Staunen brachte ihn auf den Gedanken, dass dieser sich stets erneuernden Ordnung ein einziger unveränderlicher Urstoff zugrunde liegen müsse; er nannte diesen *arché*, auch *stoicheíon*, vom Verbum *steíchein* („schreiten, festen Fuß fassen") abgeleitet, also etwas Festes, auf das man im Strudel der Veränderung sicheren Fußes treten kann.

Die Römer haben *stoicheíon* mit (dem etymologisch unklaren) *elementum* übersetzt, *arché* mit *principium* oder *initium*. Hinter den sinnlich wahrnehmbaren Erscheinungen hat man also etwas Allgemeines angenommen, das freilich doch noch sinnlich vorstellbar ist. Thales, der als Erster darüber nachdachte, erkannte diesen „Urbaustein" der Welt im Wasser:

> *Thales enim Milesius, qui primus de talibus rebus quaesivit, aquam dixit esse initium rerum, deum autem eam mentem, quae ex aqua cuncta fingeret.* (Cic. De nat. deor. 1, 25)

Er war wohl dazu veranlasst vom Anblick des Meeres, von den vom Himmel rauschenden Regenmassen oder von der Erkenntnis, dass kein Lebewesen, auch der Mensch nicht, ohne das Feuchte, das Wasser existieren kann. Damit hat Thales einen Akt vollzogen, der in seiner Tragweite gar nicht hoch genug eingeschätzt werden kann.

Die Suche nach dem, was die Welt im Innersten zusammenhält, ist die erste wissenschaftliche Tat, die sich im westlichen Kulturkreis vollzogen hat. Diese Schau hinter die Dinge setzt auf eine Hypothese, eine

---

[4] Platon, Theaet. 174a.

[5] Harro Heuser: Als die Götter lachen lernten. Griechische Denker verändern die Welt. München ²1997. 11.

geistige, von den Sinnen gelöste Annahme, sie ist nicht bloß Spekulation, sondern führt nach Clemens Zintzen zu „einer Erkenntnis mittels der dem Menschen gegebenen Vernunft“[6]. Mit schlagender Deutlichkeit drückt dies der US-amerikanische Nobelpreisträger für Physik Leon M. Lederman aus:

> „Plötzlich wird einem klar – und es überläuft einen heiß und kalt dabei –, dass man genau sagen kann, wann das alles anfing … Dort wurde damals, soweit wir wissen, die erste wissenschaftliche Frage gestellt. Und sie lautete: Wie funktioniert die Welt? Wir lassen Mythologie, Aberglauben, Zauberei aus dem Spiel und fragen: Können wir, falls es eine rationale Grundlage für die Funktionsweise der Welt gibt, sie auch verstehen? Das griechische Wort *cosmos* ist ein Ausdruck für Ordnung. Gibt es eine Ordnung der Dinge? Das war ein gewaltiger Erkenntnissprung.“[7]

Ein Fleckchen auf dieser Erde wurde gewissermaßen zu einer Zelle der geistigen Revolution: die Stadt Milet. Es folgten auf Thales weitere „Neuerer“, die es wagten, „einen grundsätzlichen Einschnitt in der Geschichte des menschlichen Denkens vorzunehmen“[8]. Anaximenes, gleichfalls in Milet zu Hause, nahm die „unendliche Luft“ als Grundbaustein der Welt an, Heraklit, unweit davon in Ephesos wohnend, das Feuer. Dass jemand die Erde als Urgrundstoff alles Seienden in Ansatz brachte, ist nirgends überliefert, erstaunlich deshalb, weil diese das einzige Element wäre, auf dem man spürbar „festen Schrittes“ (*stoicheion!*) gehen könnte. Auf jeden Fall hat Empedokles, der am Ende der Reihe dieser Welterklärer steht, eine Vierzahl von Grundbausteinen angenommen: Wasser, Luft, Feuer und Erde:

> *„Empedokles nimmt vier Elemente der Natur an, wobei er den genannten drei die Erde hinzufügt. Und diese würden, so sagte er, immer erhalten bleiben und nicht entstehen, sondern aufgrund größerer oder kleinerer Zahl hätten sie sich vereinigt und geschieden zu einem Naturphänomen bzw. aus einem Naturphänomen.“* (Aristoteles Latinus 984 a 5-10)

---

[6] Clemens Zintzen: Griechenland und Europa. 26. In: Ludger Kühnhardt / Michael Rutz (Hrsgg.): Die Wiederentdeckung Europas. Ein Gang durch Geschichte und Gegenwart. Stuttgart 1999. 23-37.

[7] Zitiert nach: Oliver Taplin: Feuer vom Olymp. Die Moderne Welt und die Kultur der Griechen. Hamburg 1991. 173 f.

[8] Constantin J. Vamvacas: Die Geburt der Philosophie. Von Thales bis Demokrit. Düsseldorf 2006. 60.

Dieser Empedokles, auf der anderen Seite der griechischen Welt, in Sizilien, tätig, als Priester und Philosoph verehrt wie ein Heiliger, hat die Vielfalt der sichtbaren Erscheinungen nicht als aus einer einzigen materiellen Grundsubstanz entstanden erklärt, sie war für ihn nur verständlich als ein je und je sich quantitativ veränderndes Gemenge der vier genannten Elemente.

Ganz absichtlich sind aus der chronologischen Reihenfolge dieser „Entdecker" zwei Gestalten herausgenommen worden. Warum? Weil sich erst an ihnen die eigentliche Sensation in der griechischen Philosophie ereignete, eine Sensation, die einem nur im Kontrast zum bisher Vorgestellten in ihrer ganzen Dynamik und Eigenart bewusst wird. Sogleich auf Thales folgte in Milet sein Landsmann und Schüler Anaximander; der glaubte nicht an die Hypothese des Lehrers.

> *Princeps Thales, unus e septem, ... ex aqua dixit constare omnia. At hoc Anaximandro, populari et sodali suo, non persuasit. Is enim infinitatem naturae dixit esse, e qua omnia gignerentur.*
> (Cic. Acad. pr. 2, 118)

Für ihn konnte das Prinzip des Seienden, der Grundbaustein der Welt, nicht etwas Sichtbares, kein irgendwie und irgendwo vorhandener Stoff (wie etwa Wasser) sein. Etwas konkret Fassbares ist für ihn nicht zugleich das Allgemeine, das allem Sichtbaren zugrunde liegt. Was irgendwie bestimmt ist, ist nicht allgemein. Es konnte nur etwas sein, das den Sinnen nicht zugänglich, nur gedanklich erschließbar ist. Er nannte es *tò ápeiron*, „das Unbegrenzte", „das Grenzenlose", „das Unbestimmte" (durch keine sinnlich fassbare Qualität bestimmt). Anaximander nannte es auch „das Göttliche".

Cicero tat sich schwer, diesen Begriff *tò ápeiron* ins Lateinische zu übersetzen. Warum? Der neutrale Artikel *tó* ermöglicht es dem Griechen, eine Eigenschaft, eine Beschaffenheit aus der unmittelbaren Realität zu lösen, sie ins Allgemeine zu heben: *tò agathón*: „das Gute schlechthin"; *tò ápeiron* ist als „das Unbegrenzte", „das Unbestimmte schlechthin" etwas, was nicht mehr konkret fassbar, der sinnlichen Wahrnehmung völlig entzogen, nur im Geiste vorstellbar ist. Im *Aristoteles Latinus* behalf man sich mit der Verbindung *infinitum ipsum* („das Unbestimmte an sich"). Cicero hat den Akt, der sich hier vollzogen hat, auf andere Weise nachzugestalten versucht: so wie *tò agathón* zu *boni-tas* („die Gutheit") wurde, so hat er *tò ápeiron* zu *infini-tas* („die Unbegrenztheit, Unbestimmtheit") gemacht, ein wenig schwerfällig gewiss, aber zugleich genial, weil dem Wesen des hier vollzogenen Aktes entsprechend.

Welchen Aktes? Es ist der Akt der Abstraktion. Das, was mit Thales begonnen hat, vollendete sich hier. Der Erkenntnissprung erreichte seine Höchstleistung. Es verwirklichte sich der Mensch in der nur ihm gegebenen Möglichkeit: „Der Mensch ist das einzige Wesen, das sich mit Dingen beschäftigen kann, die es nicht gibt."[9] Das „Unbegrenzte", „Unbestimmte" gibt es, da es den Sinnen unzugänglich ist, nicht, es ist nur abstrakt da, nur im gedanklichen Zugriff existent, „mithin ein Objekt des reinen Denkens"[10], als solches ist es jedoch in seiner geistigen Qualität real, tatsächlich. „Das Apeiron ist ... etwas, das es gibt. Der moderne Physiker behauptet ja ebenfalls, ein von ihm theoretisch erschlossenes Elementarteilchen müsse es auch tatsächlich geben."[11]

In diesem Akt der Abstraktion vollzog sich endgültig „die Entdeckung des Geistes" oder „die Geburt der Philosophie"; hier leuchtete die „Morgenröte der Vernunft"[12]. Etwas, was im Menschen von Anfang an angelegt war, kam hier zur Welt: eben die Vernunft, die nur dem *homo sapiens* eigene Rationalität. In der Tat: der Vorgang war sensationell, für die Geschichte der Menschheit von so wirkungsmächtiger Tragweite wie kein zweiter. Albert von Schirnding äußert sich hierüber geradezu emphatisch: „Die ganze Fülle der Erscheinungen wird mit einem Schlag weggezaubert zugunsten eines einzigen abstrakten Begriffs. Der Gedanke muss Anaximander wie der Blitz getroffen haben. Alle spätere Theologie, Metaphysik, Wissenschaft hat hier ihren Ursprung."[13] Und der Gedanke, das im Kopf Erfasste trat als Begriff, als ein Element von Sprache in die Welt, also in dem einzigen Medium, in dem das Rationale üblicherweise kommunizierbar wurde – worin wohl der tiefste Grund für die Koexistenz von Vernunft und Sprache in dem *einen* griechischen (unübersetzbaren) Wort Logos zu sehen ist. Das ist der Punkt an dem „die westliche Rationalität" ihren „historischen Anfang" genommen hat.[14]

---

[9] Jean-Paul Sartre: Das Sein und das Nichtsein. Berlin 1993. 289.

[10] Herbert Meyerhöfer: Das Erwachen des kritischen Bewusstseins bei den Griechen. Donauwörth 1976. 230.

[11] Jaap Mansfeld: Die Vorsokratiker I und II. Griechisch - Deutsch. Stuttgart 1983. 57 ff.

[12] Martin Schulz. SPIEGEL-Spezial Nr. 48. 2006. 190 ff.

[13] Albert von Schirnding. op. cit. 10.

[14] Burkhard Reis (Hrsg.): Zwischen PISA und Athen. Antike Philosophie im Schulunterricht. Göttingen 2006. 15.

DIE ENTSCHLÜSSELUNG DES WELT-CODES

Schon Pythagoras bestätigt – kaum 50 Jahre später – die Wirkungsmacht dieses Ursprungsaktes. Er hat „statt in Feuer, Luft, Erde und Wasser in den Zahlen viele Übereinstimmungen in den seienden und werdenden Dingen" erkannt (Aristot. Met. 1, 987a 15). Er hat das „Unbegrenzte", „Unbestimmte" als Prinzip des Seienden auf die Zahl oder Zahlenformel hin festgelegt. Die Zahl, zwar scheinbar sinnlich fassbarer, aber letztlich doch ganz ein Produkt des Denkens, in sprachliche Form gefasst.

> *Pythagorei ex numeris et mathematicorum initiis proficisci volunt omnia.* (Cic. Acad. pr. 2, 118)

Dies ist einer der Fundamentalsätze der abendländischen Kulturgeschichte, gleichwichtig dem *Terra movetur* des Kopernikus, mit dem ein Jahrtausende altes Weltbild auf den Kopf gestellt wurde. Alles ergebe sich aus den Zahlen und den Prinzipien der Mathematik. Das, was die Welt im Innersten zusammenhält, ist die Zahl. Das gilt für die Harmonie draußen in der unendlichen Weite des Universums (Sphärenklänge) wie auch in dem, was sich geheimnisvoll in den Tiefen der Natur, in der Materie, vollzieht.

Der Kosmos, die wohlgefügte Ordnung unserer Welt, ist das Ergebnis eines unendlich komplizierten, aber vollendeten Zusammenspiels von Zahlen. Und der Mensch ist drauf und dran, dieses Zusammenspiel zu ergründen. Einundzwanzig Jahrhunderte später wird Galileo Galilei im *Saggiatore* (1623) verkünden, dass das Universum, „jenes Buch ... das uns ständig offen vor Augen liegt", in der Sprache der Mathematik geschrieben (*scritto in lingua matematica*) sei. „Es ist, als stünde von Anfang an über der ‚Physik' die pythagoreische Erkenntnis: ‚Alles ist Mathematik'".[15] Was Pythagoras spekulativ erschlossen hat, ist heute unumstößliche Gewissheit. Bertrand Russell meint deshalb: „Ich kenne keinen Menschen, der in der Sphäre des Denkens so viel Einfluss hatte."[16]

„Die pythagoreische Entwicklung gehört", so Werner Heisenberg, „zu den stärksten Impulsen menschlicher Wissenschaft."[17] Doch diese Entdeckung der Zahl zur Entschlüsselung des Geheimcodes der Welt – der sog. Weltformel – hat auch eine kulturgeschichtliche Dimension:

[15] Harro Heuser. op. cit. 282.

[16] Bertrand Russell: Denker des Abendlandes. Eine Geschichte der Philosophie. Stuttgart 2005. 27.

[17] Werner Heisenberg: Gedanken der antiken Naturphilosophie in der modernen Physik. 121. In: Die Antike. Zeitschrift für Kunst und Kultur des klassischen Altertums 3, 118-124.

„Pythagoras führte den entscheidenden und irreversiblen trennenden Einschnitt zwischen abendländischem und östlichem Denken herbei, indem er zum ersten Mal die Messung, das ‚Maß' als Mittel der Erforschung der Welt einführt."[18]

Um diese Aussagen zu belegen, nehmen wir nur einen Bereich der Wissenschaft, der unwiderlegbar seine Existenz dem Forschungsgeist der Antike verdankt und an dem uns dessen weltpolitische Folgen am drastischsten vor Augen treten: die Atomphysik. „Aus dem Leben und den Schriften von Gassendi und Descartes, welche die Atomistik in die moderne Naturwissenschaft einführten, wissen wir als historische Tatsache, dass sie dabei mit vollem Bewusstsein auf die Theorie der antiken Philosophen zurückgriffen, deren Schriften sie eingehend studiert hatten." So Erwin Schrödinger, 1933 Nobelpreisträger für Physik[19]. Was war die Theorie dieser ersten „Atomlehrer", deren wichtigster Vertreter Demokrit (um 460-370 v. Chr.) war? Dieser Mann war wohl der radikalste Forscher nach der Geheimformel der Natur: „Ich will lieber eine einzige Ursachenerklärung finden, als König von Persien werden."[20] Eindrucksstärker hätte er das Bekenntnis seiner wissenschaftlichen Leidenschaft nicht ausdrücken können.

Sein Modell der Welterklärung beruht auf der Annahme von zwei Phänomenen, man könnte auch sagen: von zwei „Prinzipien", von denen nur eines existiert, vom „Leeren" und „Vollen" (*inane et plenum,* Cic. Acad. 2, 118), vom leeren Raum und den Atomen, die in diesem herumwirbeln, von einer immanenten, nicht weiter erklärbaren Kraft angetrieben, und die sich per Zufall (*concursu quodam fortuito,* Cic. De nat. deor. 1, 66) ineinander verhaken, sodass sich in ihren Zusammenballungen die sichtbaren Dinge der Welt ergäben. Das „Unteilbare" (*tò átomon*) ist an die Stelle des „Unbegrenzten", „Unbestimmten" (*tò ápeiron*) getreten. Das Atom ist der Urbaustein der Welt. Das *átomon* ist allerdings nicht göttlich wie das *ápeiron* des Anaximander; ihm fehlt jegliche metaphysische Qualität.

Ist „das Unbegrenzte" ein rein denkerischer, aber als solcher durchaus realer Begriff, so ist „dem Unteilbaren" materielle Substanz zugewiesen, allerdings in solcher Winzigkeit, dass „keine Schneide eines Schwertes dünn genug ist, um es zu zerschneiden und zu teilen"[21]. Es

---

[18] Constantin J. Vamvacas. op. cit. 125.

[19] Erwin Schrödinger: Die Natur und die Griechen. Zürich 1989. 142.

[20] Diels / Kranz 68 B 118.

[21] *... ut nulla sit acies ferri tam subtilis, qua secari ac dividi possint.* (Laktanz, De ira Dei 10, 3)

ist jedem Zugriff der Sinne verschlossen, also auch nur durch Denken fassbar. Und dieses denkende Zufassen auf die Atome, ihre Erklärung und die Entschlüsselung der in ihnen geheimnisvoll angelegten Struktur bis hin zur Entfesselung ihrer Energie erfolgt – allerdings erst zwei Jahrtausende später – durch die „Sprache" der Mathematik. Pythagoras und Demokrit sind also gewissermaßen die Urväter der modernen Atomphysik (wie übrigens auch der heutigen Astrophysik). Werner Heisenberg hat 1964 in Athen auf der Pnyx unter freiem Himmel eine berühmte Rede gehalten. Darin heißt es:

> „Wir begeben uns in eine Welt weit entfernter Phänomene. Entweder gehen wir zu den entfernten Sternen oder zu den sehr kleinen Atomteilchen. In diesen neuen Bereichen vermag uns die Sprache keine vernünftigen Dienste mehr zu leisten. Wir müssen uns der Mathematik als der einzigen Sprache bedienen, die uns bleibt."[22]

Da also bedient man sich einer anderen, zweiten Form der „sprachlichen" Kommunikation – wozu der Anstoß bereits in der Antike erfolgte. Ohne sie wären Naturwissenschaften heute und in Zukunft nicht möglich.

Beide, Pythagoras und Demokrit, sind Theoretiker. Zwischen Theorie und Praxis bestand in der Antike eine unüberbrückbare Kluft. Ja, es lag den griechischen Naturphilosophen völlig fern, die Entdeckungen ihres Erkenntnisstrebens irgendwie verwertbar zu machen. Überhaupt: Nach dem Höhenflug der griechischen Philosophie kam der Prozess der geistigen Durchdringung der Welt, der Entschlüsselung der Rätsel der Natur nahezu zum Stillstand. Den Römern war nicht daran gelegen, erst recht nicht daran, die von den Griechen gewonnenen Erkenntnisse sich praktisch zunutze zu machen. Sie waren Praktiker der Politik und des Krieges, aber nicht der Naturbeherrschung.

DIE „GROSSE ERNEUERUNG" DER WISSENSCHAFT

Gegen das von Aristoteles festgelegte Dogma, Wissenschaft habe nach Wahrheit um ihrer selbst willen zu streben, hat erst nach etwa 2000 Jahren ein radikaler Neuerer entschieden und erfolgreich protestiert, in einem gewaltigen Werk, das er *Instauratio Magna*, „Die große Erneuerung", nannte. Das war der englische Philosoph und Staatsmann Fran-

[22] Werner Heisenberg: Das Naturgesetz und die Struktur der Materie. Rede, gehalten auf dem Pnyx-Hügel in Athen, am 3. Juni 1964. Stuttgart 1967.

cis Bacon im Jahr 1620. Er machte dem zum Stehen gekommenen Fluss der antiken Theorien wieder den Weg frei, so sehr, dass wie bei einem geborstenen Stausee die Wassermassen hervorschossen und mit ungebrochener Dynamik durch die folgenden Jahrhunderte flossen, ja bis heute fließen – wieder mit einer sensationellen Wendung.

In scharfer Polemik stellte er der – wie er sie nennt – „fruchtlosen" griechischen Theorie sein Modell von Wissenschaft entgegen. Die Vernunft muss sich durch Erprobung bewähren. Das eigentliche und letzte Ziel der Naturwissenschaft (*vera ... philosophiae naturalis finis proprius et ultimus*) ist die Herrschaft über alles, was Natur ist (*res naturales*), über die Körper, die Heilmittel, die Maschinen usw. Das „Wissen an sich" (*ipsum scire*) gilt nichts, wenn es nicht „in die Praxis" (*ad practicam*) überführt wird. Das ist vielleicht ein ebenso sensationeller Akt wie jener der Geburt der Philosophie: die Begründung der experimentellen Wissenschaft; damit beginnt zugleich die technologische Revolution, deren fragwürdigste und nach wie vor prominenteste Errungenschaft eben die Atomphysik ist. Sie demonstriert, wie von Bacon prognostiziert, das vollkommene *imperium in naturam et imperium in homines*. (De sapientia veterum 28: Sphinx, sive scientia).

Wer immer in der Lage ist, das Geheimnis der Atomstruktur, um es laienhaft auszudrücken, mit Hilfe von Zahlenformeln auf die Spur zu kommen, um das Unteilbare, das Atom als Grundbaustein der Welt doch teilbar, spaltbar zu machen, der ist in der Lage, sich mit unendlich starker und reicher Energie zu versorgen, jedoch auch diese Energie in eine so gewaltige Sprengkraft umzusetzen, dass dadurch nicht nur ganze Städte und Landstriche im Nu zugrunde gehen – apokalyptische Mahnmale für alle Zeit: Hiroshima und Nagasaki –, dass letztendlich sich der ganze Globus wieder in seine Urstoffe, in Feuer, Wasser, Luft und Erde, auflösen könnte.

Ja, selbst die nur friedliche Nutzung der genial den Atomen entlockten Kraft hat die Menschheit in eine prekäre Lage gebracht. In einer dunklen, unheilschwangeren Ecke hockt stets lauernd das Ungeheuer, der „friedliche" Super-GAU, der in „Tschernobyl" sein weltweit bekanntes Schreckenswort erhalten hat. Doch auch schon die Abfallprodukte dieser Höchsttechnologie, der Atommüll, bedingen ein Dilemma. „Und es bleibt eben dabei: es gibt weltweit kein in Betrieb befindliches Endlager für hochradioaktiven Atommüll. Nirgendwo – nicht eines. Wir nützen seit Jahrzehnten die Kernenergie, ohne zu wissen, wie wir mit den Hinterlassenschaften umgehen können" (so ein Rundfunkkommentar von Rudolf Bollmann am 6.9.2008).

Das hört sich nach Ratlosigkeit an. Ein Debakel der Vernunft? Gar nur ein Pyrrhussieg? Ist das, was den Menschen zum Menschen macht, jener bereits in der Antike, besonders aber seit der europäischen Aufklärung als „Kraftwerk des uneingeschränkten Fortschritts"[23] gepriesene, ja geradezu vergöttlichte Logos in eine Sackgasse geraten? Um es bildhaft zu formulieren: War jene „Morgenröte der Vernunft"[24] an der kleinasiatischen Küste zugleich ein Verweis auf die Abendröte, die allem Untergang vorausgeht? Bertolt Brecht hat dem in dieser Problematik fassbaren Verhältnis zwischen den Menschen und der Wissenschaft die drastische Formulierung gegeben:

> „Die Kluft zwischen euch und ihr kann eines Tages so groß werden, dass euer Jubelschrei über irgendeine neue Errungenschaft von einem universalen Entsetzensschrei beantwortet werden könnte."
> (*Leben des Galilei,* Bild 14)[25]

DIE SOKRATISCHE WENDE

Dem muss nicht so sein. Damals, im 5. Jh. v. Chr., betrat zugleich mit Demokrit ein anderer Mann die Bühne dieser Erde: Sokrates, jener „mächtige Querkopf"[26], „der Urtyp des Philosophen"[27], und unbezweifelt die zentrale Gestalt der antiken Philosophie. Sokrates hat, wie der Römer Cicero nach rund 350 Jahren festgestellt hat,

> „als Erster die Philosophie vom Himmel herabgeholt, in den Städten angesiedelt und in die Häuser der Menschen eingeführt und sie gezwungen, über das Gute und Böse nachzudenken."
>
> *... primus philosophiam devocavit e caelo et in urbibus collocavit et in domus etiam introduxit et coegit de vita et moribus rebusque bonis et malis quaerere.* (Cic. Tusc. 5, 10)

[23] Oliver Taplin. op. cit. 191.

[24] Martin Schulz. op. cit. 190 ff.

[25] Brecht schuf 1945 eine englischsprachige Fassung des bereits 1938 entstandenen *Leben des Galilei*. Das 14. Bild änderte er unter dem Eindruck der Atombombenabwürfe über Hiroshima und Nagasaki, indem er die Verantwortung der Wissenschaft als zentrale Aussage des Werkes herausarbeitete.

[26] Friedrich Nietzsche: Wissenschaft und Weisheit im Kampfe [Nachlass 1875]. In: Werke in drei Bänden. Hrsg. von Karl Schlechta. Bd. 3. München 1954. 339.

[27] Martin Hielscher: Woher wir kommen, wohin wir gehen. 23. In: Wolf Schön (Hrsg.): Die schöne Mutter der Kultur. Unsere Grundlagen in der antiken Welt. Stuttgart 1996. 9-31.

Er hat, wie es Seneca kaum 100 weitere Jahre später formulierte, „die ganze Philosophie zurück zu Sitte und Moral gerufen“ (*totam philosophiam revocavit ad mores,* Epist. mor. 71, 7). Sokrates hat die Wissenschaft an die Ethik gebunden.

In den Kolonien Griechenlands leuchtete „die Morgenröte der Vernunft“, zur prallen Sonne aufgestiegen ist sie über dem Marktplatz von Athen, auf dem Sokrates lehrte. In ihm vollendete sich „die Geburt der Vernunft“. Wohl deshalb hat man seine Lehre zum „Urknall aller späteren Philosophie“ erklärt[28]. Schon in der Antike hat man in Sokrates den „Hauptwendepunkt des Geistes in sich selbst“[29] erkannt. Diese Sokratische Wende hat denjenigen Teil der Vernunft wachgerufen, der essentiell zu ihr gehört: das moralische Bewusstsein.

Sokrates nannte dieses die „göttliche Stimme“ in sich (*tò daimónion*), also „das persönliche Gewissen“[30], das ihn davor warnt, etwas Böses, d. h. etwas für einen selbst und die Gemeinschaft Schädliches zu tun. Aus „diesem sittlichen Kosmos in der Seele selbst“[31] gewinne der Mensch, so seine Lehre, Orientierung, ihr schulde er aber auch Rechenschaft. Durch Sokrates hat also in der Philosophie der Logos, das Denken als absolut notwendiges Korrelat das Ethos, die Moral, erhalten – und damit die Menschheit die Chance zu ihrer Selbsterhaltung. Dem wissenschaftlichen Erkenntnisdrang ist seither die persönliche Verantwortung an die Seite gestellt. Freiheit der Forschung und Gewissensentscheidung stehen seit den Anfängen der Rationalität in einer polaren Spannung gegeneinander.

DAS ERBE DER ANTIKE

„Das Jahr 1730. Vor den Toren Königsbergs, einer weltoffenen Kleinstadt an der Ostsee, spazieren zu später Stunde eine Mutter und ihr 6-jähriger Sohn ... Die Straßen der Stadt sind nur schwach beleuchtet, es ist dunkel. Da zeigt die Mutter ihrem aufmerksamen Sohn den großen fernen Sternenhimmel. Andächtig schauen sie nach oben in die unendliche Ferne. Der Junge ist fasziniert. ‚Zwei Dinge‘, wird der später

---

[28] Michael Stahl: Sokrates. 239. In: Kai Brodersen (Hrsg.): Große Gestalten der griechischen Antike. 58 historische Portraits von Homer bis Kleopatra. München 1999. 237-244.

[29] Georg Wilhelm Friedrich Hegel: Vorlesungen über die Geschichte der Philosophie 1. Werke Band 18. Frankfurt am Main 1986. 441.

[30] Hans Meyer: Geschichte der abendländischen Weltanschauung. Bd. 1: Die Weltanschauung des Altertums. Würzburg 1947. 98.

[31] Werner Jaeger: Paideia. Die Formung des griechischen Menschen. Berlin 1971. 591.

schreiben, ‚erfüllen das Gemüt mit immer neuer und zunehmender Bewunderung und Ehrfurcht, je öfter und anhaltender das Nachdenken sich damit beschäftigt: der bestirnte Himmel über mir und das moralische Gesetz in mir. ... Ich sehe sie vor mir und verknüpfe sie unmittelbar mit dem Bewusstsein meiner Existenz.'"[32].

Der junge Mann war kein Geringerer als Immanuel Kant, der zu einem der bedeutendsten Philosophen überhaupt werden sollte. Sein Leben lang hat er über das Verhältnis der beiden Erkenntnisbereiche „den bestirnten Himmel", also die Natur, und „das moralische Gesetz in mir", also den menschlichen Geist, nachgedacht – im Hinblick auf die Fragen, auf die sich „alles Interesse meiner Vernunft (das speculative sowohl, als das praktische) vereinigt: ... Was kann ich wissen? Was soll ich tun? Was darf ich hoffen?"[33] Als Krönung und Quintessenz steht über seiner Moralphilosophie der Kategorische Imperativ: „Handle so, dass die Maxime deines Willens jederzeit zugleich als Prinzip einer allgemeinen Gesetzgebung gelten könne"[34] – eine „Aufforderung zum grundsätzlichen Gutsein"[35].

Worin aber besteht das Gemeinsame zwischen jener anekdotischen Erzählung am Anfang und dieser am Ende? Vor allem darin: Was sich von Thales bis Sokrates in den Gehirnen jener revolutionären Denker, „Heroen der *denkenden Vernunft*"[36], über Generationen hin schrittweise und mit einer dramatischen Wende ereignet hat, vollzog sich offensichtlich in der Neuzeit im Kopf eines einzigen Mannes, man könnte sagen, simultan: der für den Menschen zur Sicherung seiner Existenz absolut nötige Ausgleich zwischen Verstand und Seele, zwischen Geist und Gewissen.

Immanuel Kant hat, was er sich allein durch die Schärfe seines Verstandes erarbeitet hat, kurz und bündig im Kategorischen Imperativ zusammengefasst, wonach alles Handeln in moralischer Rücksicht auf seine Wirkung für die Allgemeinheit erfolgen soll. Sokrates hat – im Einklang mit der in seiner Seele spürbaren „göttlichen Stimme" – die Philosophie vom Himmel herabgeholt und ihr in den Städten und Häusern der Menschen den angemessenen Wirkungsraum zugewiesen,

---

32 Richard David Precht: Wer bin ich – und wenn ja wie viele? Eine philosophische Reise. München 2007. 138. [mit Bezug auf: Kritik der praktischen Vernunft. A289.]

33 Immanuel Kant: Kritik der reinen Vernunft. B832 f.

34 Immanuel Kant: Kritik der praktischen Vernunft. A54. §7.

35 Richard David Precht. op. cit. 142.

36 Georg Wilhelm Friedrich Hegel: Vorlesungen über die Geschichte der Philosophie. Band 1. In: Werke in 20 Bänden. Hrsg. von Eva Moldenhauer und Karl Markus Michel. Frankfurt am Main 1970. Band 18. 441.

also das Denken moralisch an das Wohl der Gemeinschaft gebunden. Dabei darf man Allgemeinheit (Kant) und Gemeinschaft (Sokrates) heute gewiss in ihrem umfassendsten Sinne, in ihrer globalen Dimension verstehen – sodass wirkungsgeschichtlich die geistige Nähe der beiden Philosophen hier auf der Hand liegt.

Dieses sokratische Erbe wird heute erneut und verstärkt abgerufen. Im Vorwort eines 1986 erschienenen Buches mit dem Titel „Das Erbe des Sokrates", in dem Wissenschaftler über die aktuellen Probleme unserer Zeit diskutieren, heißt es: „Damit das Erbe der Menschheit nicht verspielt wird, ist radikales, das heißt an die Wurzeln gehendes Denken gefragt, dessen abendländische Tradition rund zweieinhalb Jahrtausende zurückreicht und mit Sokrates ihren Anfang nahm, als dieser den bis dahin gültigen Bewusstseinsrahmen sprengte."[37]

Es duldet keinen Zweifel: Gerade in unserer „Weltrisikogesellschaft"[38] manifestiert sich Sokrates' bleibende Aktualität und die seiner Vorgänger, der Vorsokratiker. Diese philosophische Hinterlassenschaft der Antike hat man außerhalb unserer Fächer längst reaktiviert. Umso mehr scheint es geboten, die Menschen heute, die alten und mit besonderer Intensität die jungen Menschen, damit vertraut zu machen, wo und wie immer das möglich ist. Warum? In diesem Erbe präsentiert sich das, was Karl Jaspers die „Achsenzeit" in der Weltgeschichte genannt hat:

> „Die Achse der Weltgeschichte scheint rund um 500 vor Christus zu liegen, in dem zwischen 800 und 200 stattfindenden geistigen Prozess. Dort liegt der tiefste Einschnitt der Geschichte. Es entstand der Mensch, mit dem wir bis heute leben."[39]

Und was ist das für ein Mensch? Die antike Antwort darauf findet sich in Sophokles' *Antigone* (v. 332 f.): „Allgewaltig ist vieles. Nichts aber gewaltiger als der Mensch." So beginnt der Zeitgenosse des Sokrates seine Hymne auf die Geistbegabung des Menschen. Das griechische Wort *deinós* ist für unterschiedliche Interpretationen offen.

[37] Rudolf Steinmetz (Hrsg.): Das Erbe des Sokrates. Wissenschaftler im Dialog über die Befriedung der Welt. München 1986. 7.

[38] Ulrich Beck: Weltrisikogesellschaft. Auf der Suche nach der verlorenen Sicherheit. Frankfurt am Main 2007.

[39] Karl Jaspers: Vom Ursprung und Ziel der Geschichte. München 1949. 19.

Im ängstlichen Mittelalter deutete man diese Diagnose als „Nichts ist furchtbarer als der Mensch", moderner Optimismus machte daraus die Parole: „Nichts ist wunderbarer als der Mensch." Für den Tragiker Sophokles lagen bereits vor 2500 Jahren die beiden Möglichkeiten, das „Furchtbare" und das „Wunderbare", eng beieinander. Kraft seines Logos, seines Geistes, seiner Vernunft könne der Mensch, so der Dichter, „bald den guten, bald den bösen Weg gehen", könne er „ein Freund oder ein Feind der Gemeinschaft" sein.

Auf wen es dabei ankäme? Auf den Menschen selbst, auf seinen Willen, auf sein Entscheidungsverhalten, auf seine Verantwortung. Nicht von ungefähr beginnt Hans Jonas, einer der bedeutendsten Philosophen des 20. Jh.s sein Buch „Das Prinzip Verantwortung" mit dem Chorlied aus Sophokles' *Antigone*; dort sei „selbst schon in einem archetypischen Sinne" die Problematik unserer Zeit vorgeprägt. Jonas übersetzt die Eingangsverse so: „Ungeheuer ist viel, und nichts ungeheurer als der Mensch" – wobei seine Deutung ambivalent bleibt[40]. Ob Monster oder Meister, das Zünglein an der Waage ist allein der Mensch, als Einzelner und als Gesellschaft. Es ist wahr: Nicht nur die Vernunft erlebte ihre Geburt in der frühen Antike, auch das Bewusstsein der Verantwortung. Beide gehören wie ein Zwillingspaar zusammen, damals wie heute.

Ein mächtiges Thema, das sich zu Beginn des 3. Jahrtausends immer drängender stellt. Es erfasst von Grund auf, gewissermaßen von seinen Wurzeln her, das Dilemma unserer Zeit. Und dieses wird sich künftig mit Sicherheit noch verschärfen. Sollen unsere jungen Leute, die eine solche Zukunft vor sich haben, von diesen Wurzeln nicht Kenntnis erlangen? Auf dass sie sich später in Beruf und Leben – womöglich in hohen gesellschaftlichen und beruflichen Positionen – an mehr als nur an hektisch erzielten Forschungserfolgen oder nackten Wirtschaftsindikatoren und Finanzstatistiken orientieren, nämlich an den Prinzipien der Moral, der Verantwortung, eines eigenen tiefer gründenden Lebensentwurfes, an Prinzipien also, die – vereinfacht ausgedrückt – nicht im Hirn, sondern in der Seele, im Bewusstsein des Menschen ihren Sitz haben, in jenem Kern des Menschen, der selbst für die Koryphäen der Evolutionsbiologie auch heute noch „das größte Rätsel"[41] darstellt.

[40] Hans Jonas: Das Prinzip Verantwortung. New York 1979. 17.

[41] So der Soziobiologe Edward O. Wilson in einem Interview mit der Süddeutschen Zeitung vom 29.09.2009.

Die lateinischen Texte, die diesem Lektüreprojekt zugrunde liegen, sind, was die Vorsokratiker angeht, kurz und meist leicht übersetzbar, die Texte zu Sokrates etwas länger und mittelschwer. Die daraus erarbeiteten Gedanken und geistesgeschichtlichen Positionen sind jungen Menschen am Ende der 10. Jgst. durchaus zumutbar. Wie Erfahrungsberichte zeigen, stellen sie sich den von solchen Texten ausgehenden Herausforderungen mit Engagement und Interesse. Sie treffen ihren Nerv. Philosophie ist, zumal von ihren Anfängen her vermittelt, ein machbarer Lektüregegenstand der Mittelstufe. Sie ist vielleicht sogar das pädagogisch wirkungsmächtigste Thema der lateinischen Literatur. Man sollte es den Schülerinnen und Schüler nicht vorenthalten. *Philosophandum est.*

JEDER IST SEINES GLÜCKES SCHMIED

Antike Glücksmodelle auf dem Prüfstand

Für Jürgen Habermas sind Religion und Philosophie heute wie ehedem „wichtige Ressourcen der Sinnstiftung"[1]. Die Suche nach Sinn entspricht einem Urbedürfnis des Menschen, zu allen Zeiten. Schon die Grabbeigaben der ältesten Völker sind Dokumente dieses Befundes: Sinnerfüllung und Glück bedingen sich gegenseitig. Das Leben kann nur gelingen, „glücken" im Kontext eines tragenden Sinnbezugs. „Hat das Leben einen Sinn?" ist deshalb wohl die fundamentalste Frage, die sich dem Menschen stellt.

Die 17-jährige Silke Siegel hatte 1962 – zusammen mit ihrem Freund dem 24-jährigen Psychologiestudenten Dietmar Gottschall – genau diese Frage brieflich an rund 20 prominente Schriftsteller gerichtet: Max Frisch, Luise Rinser, Walter Jens, Martin Walser, Carl Zuckmayer, Uwe Johnson u. a. m. Wörtlich schreibt sie: „Ich bin jung und meine Frage lebt in jeder meiner Handlungen. Glauben Sie, dass das Leben einen Sinn hat? Und wenn ja, welchen?" Die Antworten der Befragten fielen signifikant verschieden aus[2]. Warum auch nicht! „Glück" ist niemals eindeutig definierbar. Sonst gäbe es nicht so extrem unterschiedliche Auffassungen. „Seit es Menschen gibt," so Carl Zuckmayer, „haben sich die größten Geister der Welt den Kopf darüber zerbrochen."

Von der Pragmatik der naturwissenschaftlichen Forschung ist wohl keine tröstliche Antwort darauf zu erhalten. In seinem Büchlein „Die ersten drei Minuten" hat der Atomphysiker und Nobelpreisträger Stephen Weinberg die desillusionierende Feststellung getroffen: „Je begreiflicher uns das Universum wird, umso sinnloser erscheint es auch." Die Resultate der Physik könnten keinen „Trost" spenden, allein die Forschung als solche, „das Bestreben, das Universum zu verstehen, hebt das menschliche Leben ein wenig über die Farce hinaus und verleiht ihm einen Hauch von tragischer Würde."[3] Eine deprimierende Kapitulation der Wissenschaft angesichts der Nöte der nach Sinn suchenden Seele.

1 Jürgen Habermas: Glauben und Wissen. Dankesrede anlässlich der Verleihung des Friedenspreises des Deutschen Buchhandels. 14.10.2001.

2 Nachdem das Konvolut mit den Antwortschreiben der Schriftsteller(innen) unbeachtet auf dem Speicher der Familie Gottschall geschlummert hatte, wurde es 40 Jahre später wieder entdeckt und im Feuilleton der Wochenzeitung „Die Zeit" (Nr. 16 / 2004) erstmals abgedruckt.

3 Stephen Weinberg: Die ersten drei Minuten. Der Ursprung des Universums. München 1980. 162.

ERSTE VERSUCHE DER GLÜCKSBESTIMMUNG IN DER ANTIKE

Als in Griechenland der Forschergeist erwachte und religiöse Gewissheiten zu bröckeln begannen, hat dies im Bewusstsein der Menschen ähnliche Reaktionen ausgelöst. Das Welt- und Menschenbild des 7. / 6. Jh.s v. Chr. trägt düstere Züge, geprägt vom Glauben an einen unhintergehbaren Determinismus und vom Wissen um die Vergänglichkeit und Kleinheit des Menschen. Welche Resignation, welcher Pessimismus steckt doch in den elegischen Versen des Theognis:

> „Nicht geboren zu sein ist das Allerbeste für Erdenbewohner, niemals erblicken helle Sonnenstrahlen; danach, gleich nach der Geburt die Tore des Hades zu durchschreiten und schlafen zu wollen bedeckt von vieler Erde." (Theognis 1, 425-428)[4]

Nicht anders die Stimmung in den Iamben des Ioniers Semonides:

> „Sinn aber bei den Menschen fehlt; nein, in den Tag wie Vieh so leben wir und wissen nicht, wie Gott ein jeglich Ding zu Ende führen wird. Jedoch die Hoffnung nähret und die Zuversicht sie alle. Wie mühn sie sich vergeblich! ... Andre raffen hin unselige Leiden. Andre, die der Krieg bezwang, sie schickt der Todesgott in schwarzer Erde Tiefe ... Und manche knüpfen sich die Schlinge um den Hals ... So ist nichts ohne Übel."[5]

Den gleichen Geist atmen das Homergleichnis von den Menschengeschlechtern, die wie Blätter im Wind sind (Il. 6, 146-149), und die nicht minder berühmten Verse aus der 8. Pythischen Ode Pindars:

> „Eintagswesen! Was ist einer, was ist einer nicht?
> Eines Schattens Traum ist der Mensch." (Pyth. 8, 95 f.).

Allenfalls, so lesen wir in lyrischen Texten jener Zeit, sei es sinnvoll und beglückend, in einer Aristie im Dienste der Gottheit oder des Vaterlandes in jungen Jahren zu sterben – man denke an Tyrtaios und Kallinos.

Völliger Un-Sinn offenbarte sich, so wird berichtet, im mörderischen Goldrausch des nach Glück strebenden Midas. Und auch den Lyderkönig Kroisos machte sein legendärer Reichtum nicht glücklich, wie er

[4] vgl. auch Sophokles, Oidipous auf Kolonos 1225-1227.

[5] frgm. 1 Snell = 1 Bergk / West. Übersetzung nach: Walther Kranz: Geschichte der griechischen Literatur. Birsfelden / Basel. o. J. 73 f.

am Scheiterhaufen erkennen musste – eingedenk der weisen Worte Solons, dass man einen Menschen nicht vor seinem Tod glücklich preisen könne (Herodot, Hist. 1, 86). In Herodots Kroisos-Logos gegen Ende des 5. Jh.s v. Chr. erscheint erstmals die Glücksfrage auf die Ebene der Reflexion gehoben: Weil Solon Kroios' Glück, auf dessen Frage hin, ob denn jemand glücklicher sei als er, ganz anderen, einfachen Glücksfällen hintansetzt, ist der Lyderkönig entrüstet – worauf jener den Neid der Götter gegen alles an Macht und Reichtum Herausragende ins Spiel bringt (Hist. 1, 30-33). Solches Glück erweise sich als überaus zerbrechlich. So die mitgeteilte Erfahrung. Das Verständnis von Glück (bezeichnet mit dem Begriff *eudaimonía*) begann sich hier allmählich von äußerlichen Bedingtheiten zu lösen.

SOKRATES' „TUGENDGLÜCK"

Die bei Herodot fassbare Verinnerlichung des Glücksbegriffes vollzog sich zur gleichen Zeit, wie es scheint, auch in Athen: im philosophischen Denken des Sokrates. Sokrates hat bewusst und konsequent – dem Kontext seiner Lehre gemäß – von den vielen im Griechischen möglichen Wörtern für „Glück" den Begriff *eudaimonía* gewählt. Im Zentrum der von ihm entwickelten Ethik steht ja die Annahme eines *daimónion*, einer göttlichen Stimme in ihm, auf die er sich als eine moralische Instanz beruft, die ihn vor bösem Tun warnt, also von einer Art „Gewissen" (*... esse divinum quiddam, quod daimonion appellat, cui semper ipse paruerit numquam impellenti, saepe revocanti,* Cic. De div. 1, 122).

Wer dieser Stimme in sich folgt, der ist „aufrichtig gut" (*bona fide vir bonus,* Sen. Ep. mor. 71, 7) und glücklich (*beatus*). Auf die Frage, ob er den steinreichen, mächtigen Makedonenkönig Archelaos für glücklich halte, antwortete Sokrates, er könne das nur beurteilen, wenn man ihm sage, wie „wissend und gut" (*quam sit doctus, quam vir bonus,* Cic. Tusc. 5, 35) jener sei. Denn darin, im Gutsein, sei das glückliche Leben (*vita beata*) begründet. „Ich bin vollkommen überzeugt, dass die Guten glücklich und die Bösen unglücklich sind." (*... prorsus existimo bonos beatos, improbos miseros,* ibd.).

An den verwendeten Begriffen manifestiert sich die von Sokrates vollzogene völlige Verinnerlichung des Glücksbegriffs, wie es auffälliger und augenfälliger nicht geht: *Eudaimonía* besitzt, wer im Einklang mit seinem *daimónion* lebt – eine unmittelbar an der Sprache vollzogene Definition, die selbst der Sprachkünstler Cicero im Lateinischen nicht nachgestalten kann, da es zwischen *divinum* und *beatus* keine etymologische Brücke gibt (was man Schülern verdeutlichen sollte). In den deutschen, meist religiös konnotierten Begriffen „selig“ und „Seligkeit“ ließe sich dies vielleicht eher nachempfinden. Cicero verwendet die konkrete Verbindung *vita beata* (seine Versuche mit *beatitas* und *beatitudo* sind gescheitert).

Eu-daimonía ließe sich definieren als „gutes Einvernehmen mit dem Göttlichen in sich“, die innere, auf moralische Integrität gegründete Zufriedenheit und Gelassenheit, die von äußeren Gegebenheiten unabhängig ist; ihr haftet das Moment der inneren Freiheit an, die der Mensch auch besitzen kann, „wenn er in Ketten liegt“[6]. „Tugend und Glück [gibt es] nur im Inneren des Menschen.“[7] Diese Erkenntnis ist ein Kernstück der sog. Sokratischen Wende, jener „radikale[n] Zentrierung auf den Menschen“[8].

Sokrates hat *eudaimonía*, die man auch als „Tugendglück“ bezeichnet hat, gelehrt und gelebt. Die Gelassenheit, die er bei seinem ihm zu Unrecht aufgezwungenen Sterben zeigte, war keine gespielte Heiterkeit zur Beruhigung seiner Freunde, sondern Ausdruck seiner zutiefst philosophisch-religiösen Lebensdeutung, die über den Tod hinausgreift: Nur so werden seine letzten Worte begreifbar: „Kriton, wir schulden dem Asklepios noch einen Hahn. Entrichtet ihm den und versäumt es ja nicht.“ (Platon, Phaidon 118, 5)[9]

An der Eudaimonielehre – gewiss nicht allein, aber doch vornehmlich an ihr – schieden sich die Geister der Sokratesschüler. Ein jeder von ihnen stellte sich den Hörern „als der einzige wahre Deuter der sokratischen Lehre“[10] vor. Von den Philosophenschulen, die aus dieser unterschiedlichen Interpretation hervorgegangen sind, haben sich drei als wirkungsgeschichtlich bedeutsam erwiesen, die des „großen Sokratikers“ Platon und die der „kleinen Sokratiker“ Antisthenes und Aristipp.

---

[6] Hans Georg Gadamer: Der Anfang der Philosophie. Stuttgart 1996. 34.

[7] Michael Stahl: Gesellschaft und Staat bei den Griechen. Bd. 2: Klassische Zeit. Paderborn 2003. 120.

[8] Albin Lesky: Geschichte der griechischen Literatur. München 1993. 565.

[9] Die Pointe dieser Anweisung besteht darin, dass man damals dem Heilgott Asklepios ein Opfer brachte, wenn man von einer schweren Krankheit genesen war.

[10] Luciano De Crescenzo: Geschichte der griechischen Philosophie. Von Sokrates bis Plotin. München 1988. 54.

PLATONS UND ARISTOTELES' GLÜCK ALS VERNUNFTGELEITETE DASEINSERFÜLLUNG

Platon, der Gründer der Akademie, hat keine eigene Glückslehre entworfen; weil „Glück" kein Wert wie „Tapferkeit" oder „Mäßigung" ist, gibt es darüber auch keinen Dialog. Glück ist für Platon eine Grundbefindlichkeit der inneren und äußeren Ordnung, gewissermaßen der Harmonie von Seele und Staat. *Eudaimonía* ist ein integraler Bestandteil der platonischen Staatslehre, wie sein Philosophen-König-Satz belegt (Polit. 473 d); in Ciceros lateinischer Übertragung lautet er:

> *Tum denique fore beatas res publicas putavit, si aut docti ac sapientes homines eas regere coepissent aut ii, qui regerent, omne studium in doctrina et sapientia collocassent.* (Ad Qu. fr. 1, 1, 29)

In der Privatsphäre stellt sich für Platon das sog. Glück (*vita illa beata,* Cic. Tusc. 5, 100) bei Gelagen und den dabei sich ergebenden geistreichen Gesprächen ein, aber nur dann, wenn am nächsten Tag eine angenehme Erinnerung bleibt. Geselligkeit und maßvoller Genuss machen glücklich. Der volle Tisch italisch-sizilischer Partylust, etwa am Hofe von Syrakus' Tyrannen, ist dafür keine Garantie. Wahres und dauerhaftes Glück liegt für ihn in der Hingabe an die Vernunft, an die „Denkseele" (Platon, Tim. 90 a-d). Gut und glücklich gehören für Platon zusammen. Ein „Tugendglück" also ist es, das er wie sein Lehrer Sokrates vertritt. Nur eine von Vernunft gesteuerte Lebensfreude ist auf Langfristigkeit angelegt.

Für Platons Schüler Aristoteles, dem Philosophen der Goldenen Mitte, ist *eudaimonía* (*vita beata*) gleichfalls als „Tugendglück" zu begreifen, das im Privaten und noch mehr im Öffentlichen seinen Erfüllungsraum findet. Der Glücksbegriff erscheint beim Begründer des Peripatos, der den Menschen als *zóon politikón* (Aristot. Pol. 1253 a)[11] begreift, noch stärker politisiert als bei Platon. Lust ist für Aristoteles zwar ein Bestandteil des Glücks, reines Genussleben führe aber nicht zur Glückseligkeit. Die Glücksvorstellung wird deshalb von ihm sublimiert, Glück wird an das Wirken der gottverwandten Vernunft (*ratio*) gebunden. Höchstes Glück stelle sich in der Betrachtung und Erkenntnis der Welt ein (*in contemplatione et cognitione ... rerum,* Cic. De fin. 5, 11):

[11] *Nam cum sic hominis natura generata sit, ut habeat quiddam ingenitum quasi civile atque populare, quod Graeci politikón vocant, ...* (Cic. De fin. 5, 65)

„Das Wirken dieser Kraft [sc. der Vernunft] gemäß der ihr eigentümlichen Trefflichkeit ist das vollendete Glück. Dass dieses Wirken aber ein geistiges Schauen ist, haben wir bereits festgestellt."
(Aristot. Nic. Eth. 1176 b)

Diese kontemplative Dimension hat Aristoteles dem Glücksbegriff als neu hinzugefügt. Weder Platons noch Aristoteles' Glückslehre spielten – trotz der engen Verwandtschaft mit der des Sokrates – in der Folgezeit der Antike eine vorherrschende Rolle. Diese übernahmen zwei Schulen, die sich von den sog. „kleinen Sokratikern" Aristippos und Antisthenes herleiteten und die nur in ihrem wechselseitigen Bezug einigermaßen verständlich werden.

EPIKURS GLÜCK DES LEBENS IM VERBORGENEN

Aristipp von Kyrene vertrat einen ausgesprochenen Hedonismus, eine Lustlehre, in der sich die *eudaimonía* (*vita beata*) von aller Vernunft und Moral gelöst hat. Glück ist Wohlfühlen, ist Genießen von Lust und Freisein von Schmerz, also nichts spekulativ Begründbares, sondern nur sinnenhaft Erlebbares. „Nur das Erlebbare ist uns einsichtig."[12] Der Glücksbegriff ist animalistisch, sensualistisch gedeutet. Epikur, der seine Schule 306 v. Chr. in Athen eröffnete, schloss sich diesem Glücksmodell des Sokratesschülers Aristippos an, modifizierte es gleichzeitig aber auch entscheidend.

Das höchste Gut ist für Epikur die Lust, das höchste Übel der Schmerz. Das eine zu haben, vom anderen frei zu sein bedeute Glück: Wohlgefühl, Freude. Glück nimmt man gefühlsmäßig wahr (*sentiri,* Cic. De fin. 1, 30), dazu bedarf es, wie er verkündet, weder einer vernunftgeleiteten Begründung noch einer wissenschaftlichen Erörterung (*itaque negat opus esse ratione neque disputatione*, Cic. De fin. 1, 30). Allein die Natur, also die natürliche „Empfindlichkeit" ist dafür die beurteilende Instanz, gleichgültig, ob etwas gut oder schlecht ist. Die *eudaimonía* hat sich also ganz von ihrer von Sokrates geforderten Bindung an Logos und Ethos gelöst; sie hat auch ihre „Gottbezogenheit" (d. h. die Übereinstimmung mit dem *daimónion*) völlig aufgegeben.

Allerdings: Epikur setzt den Menschen zwar gleich mit jedem Lebewesen (*omne animal,* Cic. De fin. 1, 30); insofern er aber im Glück einen wohl berechneten Zustand des Ausgleichs zwischen Lust und

[12] Johannes Hirschberger: Geschichte der Philosophie. Band 1: Altertum und Mittelalter. Freiburg im Breisgau 1958. 71.

Schmerz sieht, setzt er auf die nur dem Menschen gegebene Denkkraft, den *lógos*; der Mensch ist für ihn in der Glückserfahrung letztlich doch ein *animal rationale*, ein vom Verstand geleiteter Entscheidungsträger, freilich nicht expressis verbis so benannt. Er kommt auch nicht völlig ohne Moral aus, da die von ihm durch das Ausbalancieren von Lust und Schmerz erstrebte „Seelenruhe" (*ataraxía*[13], *tranquillitas animi*) Selbstbeherrschung und Mäßigung voraussetzt. Dieses Glücksmodell huldigt also keinem naiven Hedonismus.

Epikurs Glück erfüllt sich im Kreis der Freunde, die sich im Garten zusammenfinden. Über dem Eingang in diesen „Kepos" – so auch der Name der Schule – soll nach Senecas Bericht gestanden haben:

Hospes hic bene manebis, hic summum bonum voluptas est.

„Fremder, hier wirst du gut verweilen, hier ist Lust das höchste Gut."

Im bescheidenen Garten des Epikur werde ein freundlicher *custos* dem Gast Brot und Wasser im Überfluss anbieten und ihm verkünden:

Non irritant ... hi hortuli famem, sed exstinguunt, nec maiorem ipsis potionibus sitim faciunt, sed naturali et gratuito remedio sedant.

„Nicht reizt dieser Garten den Hunger, sondern stillt ihn, und nicht macht er größer mit diesem Trunk den Durst, sondern besänftigt ihn mit natürlichem und kostenlosem Mittel." (Sen. Ep. mor. 21, 9 f.)

Wer immer in diesen Garten der Freunde eingetreten ist – auch Frauen und Sklaven durften es – kam in den Genuss dieser Geselligkeit, in der der Lehre gemäß auch gegenseitige Rücksicht angesagt war. Epikur lehrte eine Philosophie der Freundschaft. War es auch eine Philosophie der Menschenliebe? Etwa gar in einem universellen, kosmopolitischen Sinne? Dies ganz gewiss nicht. Die Liebe zum anderen hörte da auf, wo das eigene Empfinden der Lust beeinträchtigt wurde. Liebe mit einem altruistischen Impetus, etwa im Sinne von *caritas*, die den Einsatz für den anderen auch unter eigenem schmerzvollen Opfer einschließt, hatte in Epikurs Konzept eines glücklichen Lebens keinen Raum. Soziales Engagement über den engen Raum des Gartens hinaus konnte und durfte es nicht geben. Deshalb eben war seine Philosophie

[13] Diog. Laert. 10, 128.

apolitisch; am prägnantesten kommt dies in jenem programmtischen Leitsatz zum Ausdruck, den man bis heute mit dem „Kepos“ verbindet: „Lebe im Verborgenen!“ (*Láthe biósas. Vive latenter!*)[14]

Epikurs Glückslehre war, überspitzt formuliert, Ausfluss einer Philosophie des berechnenden Egoismus. Dieser Philosoph, so Niklas Holzberg, „sieht die Menschheit als eine Masse von Individuen, die jedes für sich nach Glückseligkeit streben.“[15] Epikurs Glücksmodell ist ausgesprochen individualistisch und steht damit in diametralem Gegensatz zu dem eines Sokrates, Platon und Aristoteles.

ZENONS GLÜCK DER STOISCHEN RUHE EINES KOSMOPOLITEN

Wilhelm Weischedel hat Epikur zu „den meistgeschmähten Philosophen der Antike“ gezählt[16]. Diogenes Laertios berichtet ausführlich von den Gerüchten, die sich um ihn, diesen letzten, „schamlosesten“ (*kýntatos*) und „ungebildetsten“ (*anagogótatos*) aller Naturphilosophen (Diog. Laert. 10, 3 ff.) rankten. Auch Horaz' selbstironisches Geständnis, er sei „ein Schweinchen aus der Herde Epikurs“ (*Epicuri de grege porcum,* epist. 1, 4, 16) nimmt man als Beleg für das Negativbild Epikurs zu seiner Zeit. Dass hier Meinungsmache, geradezu Dämonisierung von römischer Seite am Werk war, gilt heute als sicher. Gerichtet war diese gegen den am Ende der Republik immer stärker grassierenden Epikureismus, dessen Anhänger den Ring mit dem Siegel ihres Meisters am Finger trugen. Epikurs Lehre untergrabe, so die damals vorherrschende Meinung, die römische Staatsmoral.

Allerdings war die Literatur, aus der dies hervorgeht, von einer anderen Philosophie geprägt, die sich bewusst als Gegenentwurf zu Epikurs „Heilslehre“ verstand, nämlich von der der Stoa. Zenon hat sie als Reaktion auf den Kepos begründet. Die Stoiker waren gewissermaßen die „Antipoden“ der Epikureer, weil „ihre Füße auf entgegengesetztem Boden standen und darum auch ihre Köpfe das Entgegengesetzte dachten“[17]. Zenon war über seinen Lehrer Krates mit Antisthenes, dem

[14] In den uns bekannten Epikurtexten und -fragmenten ist die Maxime des *Láthe biósas* nicht nachweisbar. Sie ist in Plutarchs antiepikureischer Schrift *De latenter vivendo* (Moralia 1128A ff.) überliefert.

[15] Niklas Holzberg: Der „Barbar“ – auch ein Mitmensch? Horaz und die Randvölker des Imperium Romanum. In: Brückenschlag zwischen Schule und Universität. Auxilia 61. 2009. 96.

[16] Wilhelm Weischedel: Die philosophische Hintertreppe. 34 Philosophen in Alltag und Denken. München [17]1988. 30.

[17] Wilhelm Weischedel. op. cit. 30.

Sokratesschüler, verbunden, insofern ein Erbe sokratischen Denkens. Dieser Antisthenes hatte Sokrates' „Glückslehre" in eine ganz andere, besondere Richtung ausgelegt. Lebenssinn und Glück finde der Mensch nur in völliger Bedürfnislosigkeit. Lust war für ihn das größte Übel, sodass „er lieber verrückt sein wolle, als der Lust erliegen" (Diog. Laert. 6, 3).

Am radikalsten ausgelebt hat dieses Ideal bekanntlich Diogenes, der Mann in der Tonne, dessen Grabmal mit dem Marmorbild eines Hundes geschmückt war – als Hinweis auf seine „hündische" (kynische) Lebensweise. Die praktische Lebensphilosophie der Kyniker war freilich, da es ihr nur auf die ethische Seite ankam, ein Abfall von Sokrates' umfassender Philosophie. Revidiert hat diese Einseitigkeit die Stoa, die nach Bertrand Russell „die einflussreichste philosophische Richtung im hellenistischen Zeitalter"[18] werden sollte. Die Ethik wurde wieder in den Kontext mit der Logik, Theologie und Weltdeutung gebracht, in diesem weiten Zusammenhang wird die stoische Glückslehre erst angemessen verständlich.

Diese zielt auf die „Ausgeglichenheit der Seele" (*aequitas* bzw. *tranquillitas animi*) gegenüber aller Beeinträchtigung durch Mensch und Schicksal. Die Brutalität seines Vaters – so in der von Erasmus von Rotterdam geschriebenen Anekdote – erträgt der stoisch gebildete Sohn *aequissimo animo*, mit Gelassenheit und Ruhe[19]. Am Beispiel des Damokles zeigt Cicero (Tusc. 5, 61-62), dass sich der Stoiker von den die Seelenruhe störenden Situationen, mögen sie auch noch so überwältigend durch Schönheit, Pracht und Reichtum sein, fern hält. Das über Damokles hängende Schwert signalisiert – als Symbol der Bedrohung –, dass ein *fortunatus*, ein vom Glück Begünstigter, also Reicher und Mächtiger nicht unbedingt wahrhaft glücklich (*beatus*) ist.

Glück (*eudaimonía*) ist unabhängig von äußeren Bedingungen. Es gründet nicht auf materiellem, sondern innerem, moralischen Wert. Die Eudaimonia wird als Lebensideal stark verinnerlicht. „Es ist das Ideal der Freiheit, der Unabhängigkeit von allem Äußeren."[20] Glück erscheint gebunden an die Vernunft, die sich manifestiert als „Einklang des in der Brust des Einzelnen wirkenden Dämons mit dem Willen dessen, der das All durchwaltet."[21] Glück ist religiös dimensioniert. Al-

[18] Bertrand Russell: Denker des Abendlandes. Eine Geschichte der Philosophie. Stuttgart 2005. 146.

[19] Apophthegmata 8. Zenon 6.

[20] Hans Meyer: Geschichte der abendländischen Weltanschauung. Band 1: Die Weltanschauung des Altertums. Würzburg 1947. 329.

[21] Wilhelm Weischedel. op. cit. 34.

les, was diese Befindlichkeit stört, also die Affekte, wozu auch die Lust gehört, meidet der glückliche Weise.

Glück ergibt sich demnach nicht aus der wohl bemessenen Ausgewogenheit zwischen Lust und Schmerz, sondern aus der positiven Auflösung der Spannung zwischen Gut und Böse, die sich zwar in der Seele des Einzelnen aufbaut, aber in der Regel nur in der Beziehung zum Anderen, also in der Gemeinschaft entlädt. Gut und glücklich ist der, der sich in der Gemeinschaft, also im Staat bewährt. „Der Stoiker darf, wenn er tugendhaft sein will, nicht in der Einsamkeit bleiben, sondern muss sich für die *vita activa* entscheiden ... Er weiß, dass der Mensch ein geselliges Wesen ist."[22]

Seine Aktivität, die ihn glücklich macht, entfaltet er nicht nur im Einzelstaat – sei es die kleine Polis oder das große Imperium Romanum –, sondern auch in jenem großen Weltstaat, von dem Menschen und Götter umfasst werden. Aus dieser kosmopolitischen Ausrichtung „erwächst dann auch eine allgemeine Menschenliebe, ‚eine naturhafte Zuneigung, die alle Menschen als Menschen miteinander verbindet'"[23]. „Das Lebensglück, die Daseinserfüllung des Einzelnen ist vom Einsatz für das Vaterland und für die gesamte Menschheit abhängig."[24]

Das führt folgerichtig zu sozialem Engagement, zu einer altruistischen Grundeinstellung, letztlich zur Anerkennung der Menschenwürde, ja noch mehr: „Mit dem Gedanken der natürlichen Gleichheit und Freiheit der Menschen und ihrer Brüderlichkeit waren in der Stoa bereits die ideellen Grundlagen für die modernen Menschenrechte gelegt."[25] Aus dem Dienst für den Nächsten, für den Staat erwächst letztendlich das volle Glück, die wahre *eudaimonía*. Sie hat eine politische, kosmopolitische Aura um sich. Das Glücksmodell der Stoa ist – das lässt sich unschwer erkennen – dem der Epikureer diametral entgegengesetzt.

Da dieses Konzept dem Staatsverständnis der Römer entgegenkam, demzufolge sich das römische Reich als ein von den Göttern gewolltes Weltreich darstellt, für das einzusetzen sich lohnt, wird das gegenteilige Konzept entschieden abgelehnt. Das stoische Glückskonzept liegt der römischen Staatsideologie zugrunde. Die Römer rechtfertigten damit ihr Machtstreben und ihre Unterwerfungsstrategie. „Die Philosophen standen bei dieser Rechtfertigungslehre Pate. Die Natur, die

[22] Johannes Hirschberger. op. cit. 268.

[23] Wilhelm Weischedel. op. cit. 34.

[24] Manfred Fuhrmann: Cicero und die römische Republik. Eine Biographie. München / Zürich 1989. 40.

[25] Hasso Hofmann: Das antike Erbe im europäischen Rechtsdenken. Römische Jurisprudenz und griechische Rechtsphilosophie. 9. In: Gymnasium 108 / 1. 2001. 1-14.

den Stoikern ... gemäß den legitimen Anspruch des Besseren mit dem Nutzen des Schwächeren verbunden hatte, habe auch Rom auf den Weg der Expansion geführt. Dort verknüpfte sich die römische Machtentfaltung ethisch mit dem Auftrag, die barbarische Welt zu zivilisieren."[26] Zivilisation verstand man als Voraussetzung für ein sinnvolleres Dasein, für eine höhere Stufe von Glück. Vor allem Cicero, der die römische Herrschaftsideologie weitgehend mit stoischen Argumenten untermauert, ist deshalb der größte Gegner der Epikureer. Von daher erklärt sich auch seine verzerrte Darstellung von Epikurs Lehre und die Verteufelung ihrer Anhänger.

SCHÜLER AUF DER SUCHE NACH GLÜCK UND LEBENSSINN?

Die vorgetragenen Ergebnisse lassen sich größtenteils aus lateinischen Texten erarbeiten[27], einiges muss durch beigefügte deutsche Übersetzung griechischer Texte ergänzt oder mündlich hinzugefügt werden. Natürlich auf einer etwas einfacheren Sprach- und Denkebene. Ob junge Menschen einer 10. Jahrgangsstufe dafür offen sind? Die Frage der 17-jährigen Silke „Hat das Leben einen Sinn?" dringt in das Zentrum ihres Interesses. Eine repräsentative Schülerbefragung über zehn vorgegebene Themen im lateinischen Lektüreunterricht hat das Thema „Suche nach Sinn und Glück des Lebens" an die Spitze gestellt[28]. Eigene Gespräche mit Schülerinnen und Schülern aktivierten geradezu deren kritische Energie, mit der sie sich leidenschaftlich, kontrovers und im Widerspruch zu manchen Denkansätzen der Antike setzten. Zumal wenn man sie – vor dem Hintergrund von Stephen Weinbergs deprimierender Behauptung, dass Leben sei kaum mehr als eine sinnlose Farce – mit modernen Glücksvorstellungen konfrontiert und sie im Rahmen des erarbeiteten Wissens über die antiken Glücksmodelle zur vergleichenden Beurteilung herausgefordert werden.

Mit Fragen wie den folgenden ließe sich – bezogen auf die oben abgedruckten Dokumente – das Thema abschließen, am Ende eines Schuljahres, das für die meisten wohl auch das Ende ihres Lateinunterrichts darstellt:

[26] Werner Dahlheim: Die Antike. Griechenland und Rom. Paderborn / München / Wien / Zürich 1994. 464 f.

[27] Entsprechend didaktisiertes Material findet sich in: Friedrich Maier: Philosophie im Aufbruch. Die Geburt der Vernunft. Textband. Reihe Antike und Gegenwart. Bamberg 2009.

[28] Die Befragungsergebnisse im Einzelnen finden sich bei: Friedrich Maier: Weltkulturerbe Antike. Klassische Texte in der Wissensgesellschaft. Auxilia 54. Bamberg 2005. 20-54.

1. Welchen Bezug können Sie zwischen den antiken Glücksmodellen und aktuellen Glücksvorstellungen herstellen?
2. Wo begegnen uns heutzutage epikureische Lebenseinstellungen? Wie stehen Sie selbst zu diesem?
3. Kann auch ein Verbrecher glücklich sein?
4. Was würden die antiken Glückslehren zu den Prinzipien der Finanzwirtschaft des 21. Jh.s sagen?
5. Mit welchem antiken Glücksmodell lässt sich die Lebensform von christlichen / buddhistischen Mönchen in Verbindung bringen? Worin aber liegen die Unterschiede?
6. Welche Chance hat heute das stoische Glücksmodell? Wie stehen Sie selbst zu diesem?
7. Worin sehen Sie selbst den Sinn des Lebens? Worin glauben / hoffen Sie, Ihr Lebensglück zu finden?

Dieses philosophische Thema, in dem es um die fundamentalste aller Existenzfragen geht, ist ein Diskussionsthema, das keine eindeutige, einheitliche und konsensfähige Antwort zulässt. Letztlich gilt das uralte Wort *Suae quisque fortunae faber est* – „Jeder ist seines Glückes Schmied“ – das dem blinden Censor Appius Claudius zugeschrieben wird.[29] Alle Lösungsversuche zur Frage von Sinn und Glück des Lebens werden immer unterschiedlich oder kontrovers bleiben. In diesem Sinn ist Walter Jens‘ Antwort auf Silkes Frage keine Aporie, sondern ein Aufruf zu eigener Suche:

> „O ja, ich glaube sehr wohl, das das Leben einen Sinn hat. Allerdings glaube ich auch, dass dieser Sinn für jeden Menschen anders aussieht, dass jeder Mensch den Sinn, den sein eigenes, ganz speziell nur von ihm und keinem anderen zu lebendes Leben in sich birgt, nur selbst suchen und finden kann.“

[29] Sallust, Ep. ad Caes. 2, 1.

SALLUST

Modellhafte Geschichtsschreibung

Von den Werken Sallusts bietet sich als nachhaltigste und pädagogisch gewiss wertvollste Lektüre die *Catilinarische Verschwörung* an, und zwar aus einer Vielzahl von Gründen.

In dem kurzen Text ist an einem zeitlich eng begrenzten Ereignis das Phänomen „Revolution" so drastisch und auch so dramatisch zur Anschauung gebracht, dass man darüber nicht nur mit Interesse lesen will, sondern daran auch Ursache, Anlass, Vorgang und Folgen eines politischen Umsturzes „wie in einer historischen Versuchsanordnung"[1] studieren und diskutieren kann. Dies umso mehr, als der Autor selbst in dem Geschehen wie in einem Brennpunkt sein historisches Urteil über das Schicksal seiner Nation bündelt.

Die Episode der Catilina-Revolte ist für Sallust einerseits das Symbol für die Korruption der nachsullanischen Zeit, also für den inneren Verfall Roms, andererseits eröffnet sich ihm daran auch zugleich eine weltgeschichtliche Perspektive: Am Fall dieser nahe am Herzen des Staates aufgebrochenen Wunde wird ihm bewusst, dass jene moralischen Kräfte, die Rom großgemacht und nach dem Sturz Karthagos zu erlahmen begonnen haben, nicht mehr stark genug sind, auf die bedrohliche Krankheit heilend einzuwirken. Die Staatskrise ist nicht mehr aufzuhalten.[2]

[1] Dietrich Schwanitz: Bildung. Alles, was man wissen muss. Frankfurt am Main 1999. 60.

[2] Vgl. dazu Ronald Syme: Die römische Revolution. Machtkämpfe im antiken Rom. Stuttgart 2003. 29 ff.

Äußere Bedrohungen, wie etwa die Attacken des nach Hannibal größten Gegners Roms, des Königs Mithridates von Pontus in Kleinasien, in den Jahren 88-66 v Chr., binden nicht mehr wie früher alle moralischen und physischen Kräfte im Inneren zu einem gemeinsamen Verteidigungswillen. Nur einige wenige herausragende Politiker und Militärs, wie etwa Cicero und Cato sowie Pompeius und Cäsar, zeigen sich noch solchen Herausforderungen gewachsen. Gerade dieses Faktum ist für Sallust das Zeichen für den inneren Verfall, für das baldige Ende der Republik.

Darauf möchte der Historiker mit aller Eindringlichkeit und in ernsthafter Sorge um den Staat, in dem er lebt, aufmerksam machen. Insofern ist ihm die Monografie über die *Catilinarische Verschwörung*, eigentlich ein kurzer Akt der Geschichte, noch dazu ohne Folgen, das geeignete „Instrument" für seine geschichtsphilosophischen Betrachtungen. Gleich zu Beginn seines Werkes teilt er diese Überzeugung seinen Lesern ausdrücklich mit.

Er halte, so betont er, die Verschwörung Catilinas für ein *facinus in primis ... memorabile* (Cat. 4, 4), für eine Untat, die vorrangig denkwürdig, also des Nachdenkens würdig ist, weil sich daran allgemein für Politik und Geschichte Bedenkenswertes aufzeigen lässt. Die bewusst gesetzte Wortwahl macht deutlich, dass die Behandlung dieses Stoffes völlig seiner historiografischen Programmatik entspricht, insofern er, wie er kurz zuvor sagt, aus der Gesamtgeschichte solches auszugsweise darzustellen beabsichtigt, das ihm „der Erinnerung, des Nachdenkens wert" (*memoria digna,* Cat. 4, 2) erscheint.

Schon allein nach den Kriterien der Akzentuierung und Transparenz ist damit vom Autor den von ihm ausgewählten Geschichtsstoffen der Charakter von Denkmodellen zugewiesen. An der *Catilinarischen Verschwörung* treten demnach modellartig die Wesensmerkmale der politischen Revolte, ihre Voraussetzungen, Wirkmechanismen und Herausforderungen zutage.

Dazu kommt: Im Laufe der Wirkungsgeschichte des sallustianischen Werkes hat sich an der Gestalt Catilinas der Modellcharakter ausdrücklich festgemacht. Der aufrührerische Römer ist zum Typ des Revolutionärs avanciert, in der Literatur nicht weniger als in der politischen Diskussion und Diktion. Henrik Ibsen hat 1849 ein eigenes Drama *Catilina* geschrieben – seine Debutarbeit als Dramatiker. Für Bertolt Brecht offenbart sich in seinem Romanfragment *Die Geschäfte des Herrn Julius Caesar* (1938/39) an Catilina ein Stück des sozialen Elends der Großstadt Rom. Otto von Bismarck sprach am 30. September 1862 vor der Budgetkommission des Preußischen Abgeordnetenhauses in seiner berühmten „Blut und Eisen"-Rede von einer „Menge catilinarischer Existenzen, die ein großes Interesse an Umwälzungen haben"[3]. Der Italiener Cesare Maccari wiederum hat 1889 den von Cicero rhetorisch vernichteten Putschisten in einem eindrucksvollen Fresko, das den Sitzungssaal des Palazzo Madama in Rom schmückt, ausdrucksstark visualisiert.

All dies belegt, dass Catilina eine historisch und wirkungsgeschichtlich bedeutsame Gestalt geworden ist, an der existenzielle Befindlichkeiten des Menschen und der menschlichen Gemeinschaft exemplarisch zur Anschauung gelangen.

Der Kieler Altphilologe Thorsten Burkard setzt sich neuerdings für eine „Etablierung des *Bellum Iugurthinum* im Kanon der Schullektüre" ein[4]; dieses Werk hält er für geeigneter als die *Catilinarische Verschwörung*. Allerdings ist seine Argumentation dafür zu stark von fachimmanenten Kriterien bestimmt (Erzählkunst, Buntheit der Ereignisse, höherer Unterhaltungswert, Zeichnung der wichtigsten römischen Feldherrn, verbrecherische Kriegsführung, der außenpolitische Aspekt des Imperium Romanum). Warum sollten Schüler des 21. Jahrhunderts davon wissen? Trotz der zweifellos auch in diesem Werk tiefgründigen Geschichtsreflexion ist das Ereignis doch zu peripher, als dass sich eine längere Auseinandersetzung damit lohnt. Zudem hat das *Bellum Iugurthinum* keinerlei nennenswerten Niederschlag in der Rezeptionsgeschichte gefunden.

Zu Recht weist Stephan Schmal darauf hin, dass heute „die jugendliche Lebensrealität" und „die Alltagsrelevanz" bei der Präsentation eines Autors eine erhebliche Rolle spielen[5]. Eine solche Rolle erfüllt die Lektüre des *Bellum Catilinae*, nicht aber die des *Bellum Iugurthinum*. Die Verschwörung der Catilinarier trifft Rom in Herz und Mark. Sallust macht dieses Ereignis „zum Symptom der Krise des Staates"[6], weist ihm also selbst exemplarische Züge zu. Ereignis und Person werden zu Modellfällen der Geschichte; sie kennzeichnen eine der Katastrophen, die „Nacht über Rom"[7] gebracht haben. Dieses „Weltwissen" drängt, zumal es spannend, ja dramatisch inszeniert ist, aufgrund seiner un-

3 Bismarck. Die großen Reden. Hrsg. von Lothar Gall. Berlin o.J. 61-63.

4 Thorsten Burkard: Sallust. Ein Forschungsbericht. 14. In: Pegasus-Onlinezeitschrift 1/2004. 1-25.

5 Stephan Schmal: Sallust. Hildesheim 2001. 167.

6 Stephan Schmal. op. cit. 38.

7 So der Titel eines Heftes in der Reihe „Geschichte mit Pfiff" 2/1984: „Nacht über Rom. Die Revolutionen 133-50 v. Chr."

aufdringlichen Aktualität, seiner stets greifbaren Lebensnähe dazu, im Unterricht zu „Lebenswissen" transformiert zu werden.

Dieses Unterrichtsvorhaben wird auch durch die Hauptfigur selbst befördert. Sie ist ja nicht der „Teufel in Menschengestalt"; Sallust dämonisiert Catilina keineswegs völlig. Ronald Syme betont zu Recht: „Catilina war durchaus kein Ungeheuer, als rätselvolle und widersprüchliche Persönlichkeit besaß er viele Tugenden, die eine Zeitlang ausgezeichnete und arglose Leute, Cicero eingeschlossen, getäuscht hatten."[8]

Diese Gespaltenheit seines Wesens, die Ambiguität seines Charakters machen Catilina erst so richtig interessant; wohl deshalb hat sich an ihm auch eine Diskussion entzündet, die zu ganz gegensätzlichen Verarbeitungen der Gestalt in der literarischen und künstlerischen Rezeption geführt hat. Catilina fordert zur Auseinandersetzung mit ihm und den Umständen seiner Zeit heraus. Insofern ist er geradezu die ideale Figur für einen politisch, letztlich humanistisch ausgerichteten Lektüreunterricht.

[8] Ronald Syme. op. cit. 157.

SALLUSTS BLICK AUF DIE RÖMISCHE GESCHICHTE

Staatskrise und Ursachenforschung

Die Catilinarische Verschwörung von 64/63 v. Chr. stellt in den etwa 700 Jahren, die die römische Geschichte seit der Gründung der Stadt bis zur Lebenszeit Sallusts durchlaufen hatte, eine kleine und letzlich folgenlose Episode dar. Dass sie der Autor ausführlich in einer Monografie darstellte, hat dennoch seinen Grund. Für ihn war die Verschwörung Symptom eines Prozesses, der sich im Inneren seines Staates unaufhaltsam vollzog und sich nun drastisch und offen in einem punktuellen Ereignis zu erkennen gab.

Dieses Ereignis, eine Revolte, ein Putsch, ein Attentatsversuch, ein rebellischer Aufstand, war für Sallust gleichsam wie eine Wunde, die am kranken Körper der *civitas Romana* aufbrach. Weil hier der kleine Vorgang den Blick auf das Ganze freigab, hielt Sallust das Faktum für „in besonderem Maße erwähnens- und nachdenkenswert" (Cat. 4, 2). So brachte es den ehemaligen Politiker, der sich jetzt als Historiker betätigen wollte, „zum Nachdenken" über die gesamte Geschichte Roms, die zwar mehr oder weniger weit hinter ihm lag, deshalb aber seinem Blick zugänglich und seinem Urteil freigegeben war. Dabei sollte man sich freilich immer bewusst sein, dass Sallust aus einer ganz bestimmten Perspektive seine Geschichtsbetrachtung ansetzte; es sind die Jahre 43 bis 34 v. Chr., also die Zeit nach Cäsars Ermordung, in der der Bürgerkrieg seinen Höhepunkt erreichte und die „römische Revolution"[1] kurz vor ihrem entscheidenden Wende- und Endpunkt stand. Diese Sichtweise des Autors war von tiefer Enttäuschung geprägt. Cicero stellte in *De re publica* mit Bedauern fest, dass der Kernsatz des Dichters Ennius „Der römische Staat gründet auf seinen altehrwürdigen Sitten und Männern." (*moribus antiquis res stat Romana virisque*, De rep. 5, 1) für seine Zeit nicht mehr zutreffe. In dieser resignativen Grundstimmung stand Sallust dem Staatsphilosophen nahe.

Der aufrechte, leidenschaftlich auf die Rettung der Republik bedachte Cato hatte aus Verzweiflung Selbstmord begangen; die Hoffnungen auf einen heilsamen Wandel der Verhältnisse, die Sallust auf Cäsar gesetzt hatte, waren in nichts zerstoben. Antonius und Octavian, die Cäsar-Rächer, überboten sich, da sie sich am Ende selbst der Macht

[1] Ronald Syme: Die römische Revolution. Machtkämpfe im antiken Rom. Stuttgart 2003. 156 ff.

wegen als Todfeinde bekämpften, gegenseitig an Grausamkeiten. Das brutale Ende Ciceros war schnell in der ganzen Stadt bekannt geworden. Die Schergen des Antonius hatten ihm Kopf und Hände abgeschlagen und auf der Rednerbühne des Forum Romanum zur Schau gestellt. Dies schockte Sallust gewiss nicht weniger als alle um die Freiheit besorgten Bürger Roms.

Der Staat war in einer Krise, wie sie größer nicht mehr werden konnte. „Der gottlose Wahn des Krieges" (*impius furor <belli>*), wie Vergil in seiner *Aeneis* (1, 293-296) schreibt, hielt „mit seinem bluttriefenden Mund" alle in seinem Bann. Die Staatsform des Prinzipats mit der Erneuerung des Staates und seiner Fundamente lagen für den Autor im Dunkel der Zukunft, die er nicht mehr erlebte. Augustus war ihm zwar als politischer Akteur Octavian bekannt, seine spätere Funktion als „Heilbringer und Retter" (*sotér*) konnte er jedoch nicht erahnen.

Sallusts Rückblick auf die Geschichte seines Volkes konnte deshalb nicht unbefangen, nicht frei von den Eindrücken seiner erlebten Zeit sein. Er projizierte seine intellektuelle und psychische Betroffenheit in die Vergangenheit, in das Ereignis der Catilinarischen Verschwörung, und in die ganze Entwicklung des Imperium Romanum nach außen und besonders im Inneren. Er erkannte darin das Walten einer irrationalen Macht, des Schicksals (*fortuna,* Cat. 8, 1), dem nach spätgriechischer Auffassung eine geradezu göttliche Funktion zugewiesen war.

Diese höhere Macht bestimmte Aufstieg und Niedergang von Menschen und Völkern, auch des römischen Imperiums. Nach dem Ende Karthagos, also nach dem Wegfall der äußeren Bedrohung, habe – so Sallusts Urteil – „das Schicksal zu wüten und alles durcheinanderzubringen begonnen" (Cat. 10, 1). Damals habe der innere Verfall des Reiches eingesetzt; das sei der Anfang der sich permanent steigernden Krise des Staates gewesen, die durch einen Wandel, ja einen Verlust aller Werte gekennzeichnet sei. An Catilinas Revolte konnte der Historiker dieses Phänomen modellartig verdeutlichen, auch unter Einsatz seiner ganzen sprachlichen Kunst.

Er ließ den jungen Aufrührer als einen „tragischen Helden"[2] erscheinen, als eine Gestalt, von der „eine dämonische Faszination"[3] auf alle ausging. Das Bild, das sich für Ronald Syme in Sallusts Augen ergab: „Catilina is the perfect monster – murder and debauchery of every de-

[2] Anton Daniel Leeman: Sallust. In: Neues Handbuch der Literaturwissenschaft. Herausgegeben von Manfred Fuhrmann. Frankfurt am Main 1974. 121 ff.

[3] Karl Büchner: Sallustinterpretationen. AU 10 (Beiheft 2). 1967. 37.

gree."[4] Diese dunkle Zeichnung gab der Historiker auch Catilinas Anhängern, ja der ganzen Epoche, die durch Habgier, Luxus, Korruption, Machtmissbrauch in eine immer stärkere Schieflage kam. Der Staat näherte sich in seinen Augen unabwendbar dem Abgrund.

Die politischen Missstände, die Sallust zur Zeit der Abfassung seines Werkes erlebte, trieben ihn nahezu zwangsläufig zu einer solchermaßen perspektivisch überzeichneten Darstellung der Verhältnisse, die ein Ereignis wie die Catilinarische Verschwörung überhaupt erst möglich machten. Die totale Katastrophe seiner Zeit veranlasste den Autor vielleicht sogar dazu, den früheren Phasen der römischen Geschichte anachronistisch allzu negative Züge zu geben.

Das Verfallsschema jedoch, das er in Roms Geschichte entdecken zu können glaubte, und die Gründe dafür, die sich für ihn unter dem obwaltenden Schicksal aus der menschlichen Natur ergaben, hielt er für eine historische Wahrheit, über die intensiv nachzudenken er seinen Lesern Anlass geben wollte. Diese gültige Wahrheit (*quam verissume*, Cat. 4, 3) möglichst überzeugend herauszuarbeiten, bemühte er sich, so gut er nur konnte, dabei frei von Erwartung, Furcht und Parteilichkeit. Von solcher Haltung war seine schriftstellerische Programmatik von Anfang an kernhaft bestimmt. Sein Streben nach Objektivität, in dem er seinem griechischen Vorbild Thukydides nacheiferte, wurde durch seine politische Nähe zu den Popularen wohl kaum beeinträchtigt.

Über allem Parteienzwist stand für ihn nämlich die berechtigte Sorge um den Staat, in dessen Dienst er sich als Politiker und als Historiker mit ganzem Herzen gestellt hatte. Schrieb Sallust seine *Catilinae coniuratio* etwa in einer Stimmung der Resignation? Vielleicht. Am politischen Himmel zeichnete sich für ihn kein Silberstreif ab. Ob und in welcher Form Rom die Staatskrise überstehen konnte, verhüllte ihm sein recht früher Tod.

Der besondere Blickwinkel auf die römische Geschichte, den Sallust ermöglicht, indem er ihre Entwicklung von der Gründung Roms bis zur Verschwörung Catilinas rückschauend vom Jahr 43 v. Chr. aus darstellt, ist ein gelungener kompositorischer Trick; dieser zeugt von seiner hohen Kunst der literarischen Darstellung. Erst die dadurch erreichte Weite des Gesichtsfeldes machte die tiefgreifende geschichtsphilosophische Betrachtung möglich, deretwegen gerade seinem *Catilina* Modellcharakter zukommt. Von einem solchen Standort aus nämlich überblickte und durchschaute er die Mechanismen und Gesetzmäßigkeiten, die in geschichtlichen Abläufen wirksam sind, sodass er die

[4] Ronald Syme: The Roman Revolution. Oxford 1939. 149.

rationalen und irrationalen Kräfte im Menschen, das, was den *animus humanus* zu politischem Handeln im Guten und Bösen treibt, aufspürte und offenlegte.

Erst die allumfassende Perspektive machte ihm das in der Geschichte tatsächlich „der Erinnerung Würdige“ (*memoria digna,* Cat. 4, 2) nachhaltig bewusst und befähigte ihn, seine Erkenntnisse eindrucksstark an die Nachwelt weiterzugeben. So ist Sallust zu einem Historiker geworden, gewiss nicht zurückstehend hinter seinen römischen Kollegen Livius und Tacitus. In der Fähigkeit zur scharfsinnigen Analyse geschichtlicher Prozesse kam er Thukydides nahe; der Grieche diagnostizierte diese nüchtern und distanziert, der Römer dagegen bewertete sie moralisch und nicht ohne innere Anteilnahme. Für den heutigen Leser macht ihn gerade das womöglich noch attraktiver.

FRAUEN IM KAMPF UM ROM

Die Republik am Abgrund der Catilinarevolte

Die römische Republik stand, wie uns die antiken Geschichtsschreiber berichten, in ihrer langen Geschichte oft am Abgrund. 387 v. Chr. wurde sie – nach der verlorenen Schlacht an der Allia – vor den in die Stadt einbrechenden Galliern durch die „Kapitolinischen Gänse" gerettet[1]. 215 v. Chr. standen die Karthager vor den Toren der Stadt; ein Zufall, die Mut- oder Entschlusslosigkeit Hannibals verhinderte damals die Katastrophe[2]. Die Kimbern und Teutonen, die 113 v. Chr. wie eine Flutwelle über die Alpen nach Süden hereingebrochen waren, wüteten im Norden Italiens. Hätte sie nicht Marius vernichtend geschlagen, was wäre aus Roms Herrschaft geworden?[3] Als Cäsar 49 v. Chr. den Rubikon überschritt, bahnte sich schließlich das Ende der Republik an[4]. Vier Ereignisse der römischen Geschichte – so bedeutsam, dass aus ihnen gültige Stichwörter der europäischen Kultur hervorgingen: „der Schwarze Tag" (*dies ater*), „Hannibal vor den Toren" (*Hannibal ad portas*), „die teutonische Raserei" (*furor teutonicus*), „Der Würfel ist gefallen" (*Alea iacta est.*).

Zu den Staatskrisen, die man unter dem Titel „Nacht über Rom" subsumiert hat[5], gehört auch die Catilinarische Verschwörung; auch hier ist die von Cicero an den Verschwörer gerichtete Attacke zum geflügelten Wort geworden: „Wie lange eigentlich, Catilina, willst du noch unsere Geduld missbrauchen?" (*Quo usque tandem abutere, Catilina, patientia nostra?* Cic. Cat. 1, 1). Durch den Redner und Politiker Cicero sowie den Historiker Sallust sind uns zwei authentische „Berichte" über dieses Ereignis erhalten; der eine war als Konsul unmittelbar von der Verschwörung betroffen, der andere hat sie als Augenzeuge miterlebt und später in einer Monografie beschrieben. Durch diese Autoren werden wir unmittelbar in die Dramaturgie des Staatsnotstandes eingeführt, ja dieser wird uns als fesselndes Abenteuer – oder wie man heute sagt: Politkrimi – nahe gebracht. Die drastische Rhetorik Ciceros und die hohe Erzählkunst Sallusts haben dazu geführt, dass die Catilina-Episode europageschichtliche Bedeutung erhielt.

1 Liv. 5, 37-47.

2 Liv. 21, 24 ff.; Vell. Pat. 2, 8. 12.

3 Florus. Epit. 1, 38; Eutrop. Brev. 5, 1 f., Oros. Hist. 5, 16

4 Suet. Div. Iul. 31-33; Vell. Pat. 2, 49.

5 So der Titel eines Heftes in der Reihe „Geschichte mit Pfiff" 2/1984: „Nacht über Rom. Die Revolutionen 133-50 v. Chr."

Sallusts literarische Intention war es, an Catilina ein sich geschichtlich wiederholendes Phänomen menschlichen Verhaltens als „nachdenkenswert“ (*memoria digna* bzw. *memorabile,* Cat. 4, 2. 4), eben als Denkmodell darzustellen, an dem eine existenzielle Wahrheit deutlich wird. Den Kampf um Rom begannen Völker und machtbesessene Männer, die von außen den bestehenden Staat attackierten, mit der Folge, dass sich von innen her alle Kräfte zum Widerstand vereinigten. Eine der wenigen Ausnahmen machte die Catilinarische Verschwörung; hier kam der Angriff von innen, gewissermaßen aus dem Untergrund. Eine Bündelung der Kräfte zum Widerstand gegen diese Attacke war von vornherein unmöglich. Volk (*plebs*) und Adel (*nobilitas*) standen sich feindlich gegenüber oder richtiger: die Benachteiligten, die von Macht und Reichtum Ausgeschlossenen versus „die wenigen Mächtigen“ (*paucorum potentium,* Cat. 20, 7), diejenigen, die an der Freiheit hingen, versus jene, die die Freiheit zerstörten.

Für Sallust war der römische Staat aufgrund dieses Widerstreits der Parteien und Schichten dem Verfall preisgegeben; nur in einem „solchermaßen verdorbenen Staat“ (*tamque conrupta civitate,* Cat. 14, 1) konnte eine Revolutionsgestalt wie Catilina sich Geltung verschaffen. An seinem Fall lassen sich deshalb modellhaft Ursache, Anlass, Vorgang und Folgen eines politischen Umsturzes studieren.[6] Hier im Gemenge einer korrupten Gesellschaft rückten auch Frauen in das Zentrum der Politik. Sie wurden in das Geschehen der politischen Entwicklung hineingerissen. Zu erfahren, wie Frauen hier agierten und reagierten, welche Motive und Ziele ihr Verhalten bestimmten, ja in welchem Maße Erfolg oder Misserfolg des Staatsumsturzes von ihrem Wirken abhingen, darf als hervorragender Anlass zu exemplarischen Studien genommen werden. Für die Zeit der römischen Republik jedenfalls gibt es kein besseres Beispiel für das politische Engagement von Frauen.

[6] Vgl dazu: Friedrich Maier: Sallusts „Catilinarische Verschwörung“ als Denkmodell. In: Lateinunterricht zwischen Tradition und Fortschritt. Bd. 3. Bamberg 1985. 22 ff.

DIDAKTISCHE HINWEISE

Das folgende Lektüreprojekt – es kann im Rahmen der Sallust-Lektüre schwerpunktmäßig oder im Rahmen einer Unterrichtseinheit „Frauen im antiken Rom" durchgeführt werden – konzentriert sich auf das Wirken zweier Damen der römischen Gesellschaft: Fulvia und Sempronia. Da die Textauswahl auf sie fokussiert ist, sollte vorweg das Drama der Verschwörung in groben Zügen – vom Unterrichtenden oder durch Schülerreferat – vorgestellt werden. Erst im Kontext des Gesamtablaufes gewinnt das Verhalten der beiden Frauen klare Konturen; es wird erkennbar, inwieweit oder wie entscheidend Erfolg und Misserfolg der Catilinarevolte von ihnen beeinflusst wurden – zumindest in den Augen Sallusts.

Bei der Behandlung der einzelnen Textabschnitte soll es immer darum gehen, den Handlungsverlauf auf die Rolle der beiden Frauen zu beziehen und die Entwicklung an den Wendepunkten, soweit möglich, auch als Folge des Verhaltens von Fulvia und Sempronia zu bewerten. Auf solche Weise wird die Voraussetzung dafür geschaffen, am Ende des Projekts – in einer Schlussinterpretation, die auch im Rahmen einer Diskussionsrunde erfolgen kann – zu einem Gesamturteil zu kommen.

Vorschläge für Aufgabenstellungen und Arbeitsaufträge[7]

T1 | *Geheimbund im Untergrund* (Cat. 20, 2-17)

1. Fassen Sie zusammen, mit welchen Argumenten Catilina seine Anhänger für seine Ziele gewinnen will.
2. Diskutieren Sie, an welche „Instinkte" Catilina bei seinen Zuhörern appelliert.
3. Ein Schüler trägt die Rede laut und ausdrucksstark vor. Wo liegen die emotionalen Höhepunkt der Rede, an denen die Hörer innerlich am stärksten angesprochen werden?

T2 | *Der Bluteid* (Cat. 22, 1-2)

1. Recherchieren Sie, was ein Initiationsritus ist. Inwiefern wird ein solcher hier vollzogen?
2. Erarbeiten Sie, was Catilina durch den Bluteid erreichen will. Finden Sie heraus, wo solche „Bräuche" sonst üblich sind.
3. Vergleichen Sie Text und Bild miteinander.

[7] vgl. dazu: Friedrich Maier: Catilinanische Verschwörung. Nacht über Rom. Reihe Antike und Gegenwart. Bamberg 2006.

T3 | *Der Verrat durch Fulvia* (Cat. 23, 1-4)

1. Beschreiben Sie, wie Catull den Charakter der beiden Gestalten Curius und Fulvia darstellt.
2. Welches Motiv für den Verrat unterstellt der Autor Fulvia? Beurteilen Sie die Aussage Sallusts.
3. Analysieren Sie, in welchem Maße Curius und Fulvia den Geschehensablauf beeinflussen.
4. Recherchieren Sie im Internet bildliche Darstellungen der Fulvia. Welche Momente sind in den Bildern erfasst? Überlegen Sie, warum Maler gerade das Verhalten der Fulvia ins Bild gebracht haben.

T4 | *Sempronia als Werkzeug der Revolution* (Cat. 24, 3 – 25)

1. Erarbeiten Sie aus dem Text, warum Catilina Frauen als Werkzeuge der Revolution eingesetzt hat. Welche Rolle spielte Sempronia dabei? Diskutieren Sie, warum Sallust sie so ausführlich charakterisiert.

T5 | *Die Allobroger im Haus der Sempronia* (Cat. 40, 5 et passim)

1. Überlegen Sie, warum Sempronia auf dem Höhepunkt des dramatischen Geschehens nochmals erwähnt wird.
2. Verfassen Sie a) einen „Steckbrief" der Sempronia, wie zum Beispiel der Konsul Cicero ihn verfasst haben könnte, und b) eine Lobrede Catilinas auf seine Helfershelferin.

SACHINFORMATIONEN

1. Der Staatsstreich vor dem Erfolg

An der Verschwörung des Catilina 63 v. Chr. waren zwei Damen der römischen Gesellschaft beteiligt, ihre Funktion hat man bislang kaum angemessen gewürdigt. Sie hießen Fulvia und Sempronia. Catilinas Angriff auf den Staat wurde im Untergrund Roms strategisch genial geplant und bis ins kleinste Detail durchorganisiert. Die etablierte Regierung war zu diesem Zeitpunkt ohne starke Gegenwehr, da Pompeius auf der Basis der *Lex Manilia* zum Kampf gegen Mithridates VI. nach Asien entsandt war (Cat. 39, 1); zudem waren die Verschwörer daran, sich vom Norden her der Unterstützung des gallischen Stammes der Allobroger, die mit der Politik des römischen Senates unzufrieden waren, zu versichern (Cat. 40, 1-3).

In Rom selbst lagen alle Beteiligten nach Plan in Wartestellung; die wichtigsten Plätze waren besetzt, die Brandschatzungen konnten beginnen. Die Schritte zur Ermordung des Konsuls waren minutiös vorbedacht. Draußen vor der Hauptstadt warteten drei Revolutionsheere auf ihren Einsatz. Der Militärputsch, der den Staatsumsturz einleiten sollte, stand kurz vor dem Erfolg – wären eben nicht die beiden Frauen gewesen. Catilina, ein junger Adliger mit zwiespältigem Charakter, hatte vor – da ihm der Weg zum Konsulat verbaut war (Cat. 18, 3) – mit Gewalt an die Macht zu kommen. Dazu bedurfte er starker und entschlossener Mitkämpfer.

2. Der Geheimbund und sein Verrat

In der Nacht vom 5. zum 6. November wurde im Hause eines gewissen Marcus Porcius Laeca – einem der Schlupfwinkel des Untergrunds – eine nicht geringe Zahl gleichgesinnter junger Leute, politischer Hasardeure, verschuldeter Adliger, aber auch engagierter Idealisten auf die Ziele der Revolution eingeschworen. In einer „Feldherrnrede" trieb Catilina die Mitverschwörer zum Aufruhr an (Cat. 20, 2-17 = **T1**). Die psychagogischen Parolen waren „Der Staat taugt nichts mehr" und „Ich will mit euch für einen besseren Staat kämpfen". Zwei Motive hob er heraus: die Befreiung (*libertas,* Cat. 20, 6. 14) von der verhassten Clique der „wenigen Mächtigen" (*paucorum potentium,* Cat. 20, 7) und die Rehabilitierung des eigenen Stolzes und des gesellschaftlichen Status. Der römische Staat sollte auf eine neue moralische Grundlage gestellt werden. Der Geheimbund, der hier geschlossen wurde, sei, so berichtet der Historiker Sallust, gleichsam durch ein Verschwiegenheitsritual besiegelt worden. Alle hätten in einer Schale herumgereichtes Menschenblut getrunken (Cat. 22, 1 f. = **T2**).

Doch dieser Bluteid band nicht alle. Einer der Mitverschwörer, Quintus Curius, prahlte gegenüber seiner Geliebten Fulvia, einer Dame des Adels, mit seinem Geheimnis. Diese wollte „eine solche Gefährdung des Staates" (*tale periculum rei publicae,* Cat. 23, 4) nicht für sich behalten und verriet die Geheimnisse der Verschwörung (Cat. 23, 1-4 = **T3**), später sogar Taktik und Zeitpunkt des Überfalls auf den Konsul (Cat. 26. 28).

Um die Dramatik dieses Ereignisses unmittelbar die jungen Lesern spüren zu lassen, lohnt es sich, den Ausschnitt aus Robert Harris' Roman „Titan" vorzulesen. (= **M1**).

Von Cicero wurden daraufhin alle Gegenkräfte der Republik mobilisiert. Die Ereignisse überschlugen sich. Der Putschplan war publik. Die Öffentlichkeit reagierte geschockt. Die Catilinarier mussten, wenn der schon sicher geglaubte Erfolg nicht noch verloren gehen sollte, zuschlagen.

3. Frauen als Instrumente der Revolution

Catilina griff zu einem neuen Mittel; als Instrumente seines Plans benutzte er Frauen, die durch Prostitution einst reich geworden, nun aber hochverschuldet waren: Mit ihrer Hilfe wollte er die Sklaven der Stadt anstiften, Rom in Brand zu setzen, und deren Freier für seine Zwecke gewinnen – oder töten (Cat. 24, 3 f. = **T4**). Unter diesen Frauen war auch eine gewisse Sempronia, gewiss keine Prostituierte, jedoch eine extraordinäre Dame der römischen *High society*, Frau eines ehemaligen Konsuls, gebildet, voller Reize, gesellig, exzessiv in ihrem Lebenswandel, von sexueller Libertinage, freilich auch nahe am finanziellen Ruin (Cat. 25 = **T4**). Sie war in die Verschwörung eingeweiht und unterstützte deren Ziele. Als sich die Lage in Rom dem Siedepunkt näherte – Cicero hatte, durch Fulvias Vermittlung über Curius ständig von Catilinas Schritten in Kenntnis gesetzt (Cat. 26. 28), im Senat den Staatsnotstand ausrufen lassen (Cat. 29) –, trat diese Sempronia an einer für die Entwicklung des Dramas entscheidenden Stelle nochmals wirkungsvoll in Erscheinung.

Abgesandte der Allobroger waren in Rom und wollten mit den Verschwörern einen Unterstützungsvertrag gegen die Regierung auf Treu und Glauben abschließen (Cat. 40, 1). Sempronia hatte für die Versammlung der beiden Gruppen ihr Haus in der Nähe des Forums, also des geplanten Tatortes, zur Verfügung gestellt (Cat. 40, 5 = **T5**). Die Allobroger versprachen ihr Mitwirken, wurden allerdings – es ist nicht bekannt, durch welchen Einfluss – in ihrem Denken „umgedreht“ (Cat. 41). Cicero, der längst auch – wohl wieder durch Fulvia – von diesem „Geheimtreffen“ erfahren hatte, wurde durch einen Mittelsmann über den Gesinnungswandel der Gallier informiert; er wies die Gesandten an, weiteres Interesse an der Verschwörung vorzutäuschen und ihm konkretes Beweismaterial in die Hände zu spielen (Cat. 41, 5). Bei ihrem Abzug aus Rom ließ Cicero die Allobroger zum Schein auf der Milvischen Brücke verhaften (Cat. 45 = **T5**) und erhielt von ihnen den geschlossenen Vertrag als Beweisstück. Der Putsch war gescheitert, die Republik gerettet.

INTERPRETATIONSANSATZ

Sempronia und Fulvia kommt innerhalb der Verschwörung Catilinas eine unterschiedliche Rolle zu. Sempronia ist nur indirekt an der Aufdeckung des Putsches beteiligt. Ihre Rolle ist eher passiv. Sie stellt ihr Haus für eine Zusammenkunft der Verschwörer mit den Abgesandten der staatsfeindlichen Allobroger zu Verfügung, Sie gehört zu den entschiedenen Anhängern Catilinas, ist also eine von den Frauen, deren sich der Revolutionär bedient, um die Stadt in Angst und Panik zu versetzen. Da ihr Haus in der Nähe des Forums liegt, dieses damit als Schaltstelle des Aufstandes nahe am Ort des Geschehens dienen konnte, war ihre Teilnahme an dem Umsturzversuch von nicht geringer Bedeutung.

Fulvias Rolle hingegen war viel aktiver. Sie verriet die ihrem Geliebten entlockten Geheimpläne Catilinas unmittelbar an den führenden Mann des Staates, sie lieferte dem Konsul permanent Berichte über die jeweils aktuell beabsichtigten Aktionen der Verschwörer, sie rettete so letztlich Ciceros Leben. Fulvia war keine Anhängerin Catilinas, eher eine Gegnerin der Revolution, sie stand auf Seiten des bestehenden Staates, den sie durch eine „so große Gefahr" bedroht sah. Als loyale Bürgerin der Republik stand sie folgerichtig auch auf Seiten ihres Repräsentanten, des Konsuls Cicero. Eine moralische Qualität ist ihr nicht abzusprechen.

Sempronia, so wird angenommen, hat von Sallust in seiner Darstellung die Rolle zugewiesen bekommen, als das frauliche Beispiel den allgemeinen Sittenverfall Roms, insbesondere der Aristokratie, zu repräsentieren[8]. Rechtfertigt aber dies allein die ausführliche Charakteristik, die sie im Werk erhält? Wohl kaum. Damit würde dieses Detail aus dem durchdachten Konzept der Erzähldramaturgie herausfallen. Das Sempronia-Kapitel (Cat. 25) bliebe isoliert und letztlich für den Geschehensablauf funktionslos. Bedenkt man aber, dass die Herausstellung der Rolle der Frauen – insbesondere der Sempronia – unter den Mitverschwörern unmittelbar auf die Erwähnung der durchaus entscheidenden Tat der Fulvia folgt, dann darf man annehmen, dass diese Kontrastierung beabsichtigt ist.

Hätte Fulvia nicht durch die Preisgabe der Vorgänge im Untergrund und später durch die Warnung Ciceros in die Entwicklung eingegriffen, dann hätten die Verschwörer, eben auch die Frauen unter ihnen, Catilinas Plan zum Erfolg geführt. Konsul und Senat hätten sich nicht rechtzeitig zur Wehr setzen können. Das Treffen der Verschwörer mit den Abgesandten der Allobroger, wofür Sempronia ihr Haus in der Nähe des geplanten Tatorts zur Verfügung gestellt hat (Cat. 40, 5), hätte, wäre nicht Cicero vorher informiert gewesen, die Gefahr aufs Schärfste zugespitzt. Sempronia wäre zu einer Hauptschuldigen bei einem gelungenen Staatsstreich geworden.

[8] vgl. dazu: Uwe Walter: Eine ambivalente Frauengestalt. Sallusts Portrait der Sempronia im Unterricht. In: AU 42/2. 1999. 33-40.

Beide Frauen, Fulvia und Sempronia haben also eine bedeutende Funktion in der Geschehensentwicklung, die Sallust beschreibt. Es zeugt von Sallusts virtuoser Erzähltechnik, wie er das Wirken beider Frauen komplementär in seine Darstellung einbaut. Die eine, Fulvia, zeigt – wie nur wenige – ein politisches Gewissen, die andere, Sempronia, lässt sich willenlos und, ob ihrer moralischen Labilität für Verbrechen anfällig, aus egoistischen Gründen für die Ziele der Revolution einspannen.

Auf jeden Fall aber steht Sempronias ausführliche Erwähnung (mit Namen und Charakteristik) innerhalb des *Bellum Catilinae* nicht isoliert da, sondern erscheint in die Darstellung des dramatischen Geschehens vollständig integriert.

Als Ergebnis könnten folgende Aussagen zustande kommen: Ob die Republik ohne den Verrat der Fulvia durch Catilina und seine Komplizin Sempronia in den Abgrund gestoßen worden wäre, lässt sich nicht sicher sagen, vielleicht aber annehmen: allerdings ist darüber weder in der antiken noch modernen Literatur spekuliert worden. Sallust hat auf jeden Fall beide Frauen ins Zentrum des Geschehens gerückt und die Staatskrise eng mit deren Verhalten verknüpft. Damit ist auch das Urteil über sie notwendig ambivalent. Je nachdem, wie man Catilina sieht, ob als verbrecherischen „Staatsfeind" oder als „Sozialrevolutionär" (vgl. dazu **M2**), kann man in Fulvia eine Frau von staatsmännischer Größe oder eine Gesinnungsgenossin der auf Wahrung des Besitzstandes bedachten Machtclique sehen, Sempronia dagegen als eine idealistische Kämpferin für die Freiheit (einer ihrer Söhne gehörte ja zu den späteren Cäsarmördern) oder als eine skrupellose Mitverschwörerin gegen die republikanische Ordnung bewerten.

Gesichert werden sollte jedenfalls, dass – in den Augen des Historikers – die Entscheidung um die Macht in Rom auch und nicht wenig vom Charakter und Handeln zweier Frauen abhing. Beide – Fulvia wie auch Sempronia – spielten im Drama der Verschwörung „keine kleine Nebenrolle"[9]; sie gehörten zu den Hauptakteuren.

Beide Frauen zeigten in starkem Maße ein politisches Engagement. Sie standen mitten im Kampf um Rom. Die römische Geschichte war hier durch Catilinas Ambition an einem Wendepunkt. Was wäre gewesen, wenn Cicero – von Fulvia nicht gewarnt – in jener Nacht ermordet worden wäre? Womöglich wäre diese Nacht zu einem Dauerzustand über Rom geworden. Zumindest hätte die Hauptstadt und das Reich

[9] Bernhard Harms: C. Sallustius Crispus. Catilinae Coniuratio. Lehrerkommentar. Frankfurt am Main 1962. 61.

eine andere politische „Ordnung" erhalten. An jenem Schlüsselmoment der römischen Geschichte waren zwei Frauen nicht unerheblich beteiligt, wie aus Sallusts Werk deutlich hervorgeht – eine ungewöhnliche Perspektive auf das alte Rom und auf den „Titanen" Cicero, den Meister des Spiels der Politik auf der Bühne des Imperium Romanum.

TEXTE UND MATERIALIEN

T1 | *Geheimbund im Untergrund*

Catilina zog sich mit seinen Anhängern in einen abgelegenen Flügel des Hauses [von Laeca] zurück, weist alle Zeugen weit weg und hält etwa folgende Rede:

[Der Staat taugt nichts mehr]

„Hätte sich eure Tapferkeit und Treue noch nicht vor mir bewährt, so wäre uns eine günstige Gelegenheit vergebens zugefallen [...]. Weil ich euch aber schon in vielen schweren Stürmen tapfer und treu fand, deshalb habe ich es gewagt, ein ganz großes und herrliches Unternehmen zu beginnen, und auch deshalb, weil ich erkannt habe, dass euer Wohl und Wehe gleich dem meinen ist. Denn dasselbe wollen und dasselbe nicht wollen, das ist ja erst feste Freundschaft.

Die Pläne, die ich bei mir bedachte, habt ihr alle bereits früher da und dort vernommen. Indes gerate ich von Tag zu Tag mehr ins Feuer bei dem Gedanken, welche Lebensbedingungen uns bevorstehen, wenn wir uns nicht die Freiheit verschaffen. [...] Denn seitdem unser Staat in die völlige Abhängigkeit von ein paar Machthabern geraten ist, [...] sind wir zur Masse geworden, ohne Ansehen, ohne Einfluss, von denen abhängig, die uns fürchten müssten, wenn der Staat noch etwas taugte. So liegt nun alle Geltung, Macht, Ehre, aller Reichtum bei ihnen oder ihren Günstlingen; uns haben sie bloß Gefahren, Zurückweisungen, Aburteilungen, Armut übriggelassen.

[Ich will mit euch für einen besseren Staat kämpfen]

Wie lange wollt ihr denn diese Zustände noch ertragen, tapferste Kameraden? Ist es nicht besser, mannhaft zu sterben als ein elendes, ehrloses Dasein [...] in Schande zu verlieren? Ja wahrhaftig, so gewiss noch Verlass auf Götter und Menschen ist, der Sieg liegt in unserer Hand, wir haben junge Kraft, haben starken Mut; die dagegen sind durch Alter und Reichtum ganz verkalkt. Man braucht nur anzufangen, das Übrige wird sich von selbst erledigen.

Und wer auf der Welt, der wie ein Mann denkt, kann es denn ertragen, dass die da von Reichtum überhäuft sind? [...] Wir dagegen haben zu Hause Not, auswärts Schulden, eine schlimme Gegenwart, eine noch viel härtere Zukunft. Was haben wir schließlich überhaupt noch außer einem erbärmlichen Dasein? Warum wacht ihr denn nicht auf? Seht doch, sie, die Freiheit, die ihr so oft ersehnt habt, dazu Reichtum, Ehre und Ruhm liegen vor euren Augen, all das hat das Schicksal den Siegern als Preis ausgesetzt [...]

Nehmt mich als euren Feldherrn oder als einfachen Soldaten: ich werde mit Leib und Seele bei euch sein." (Cat. 20, 2-17)[10]

T2 | *Der Bluteid*

Es gab damals Leute, die behaupteten, Catilina habe nach seiner Rede den Genossen seines Verbrechens einen Schwur abgenommen und dabei Menschenblut, mit Wein vermischt, in Schalen herumgereicht; und erst, als jeder nach einer Selbstverwünschung (falls er seinen Schwur breche) davon gekostet habe, wie es bei feierlichen Opferhandlungen zu geschehen pflegt, habe er seinen Plan offengelegt. Auch habe er dieses Aufnahmeritual deswegen gemacht, dass sie umso treuer zusammenhielten, da sich einer wie der andere einer solchen Abscheulichkeit bewusst sei. (Cat. 22, 1-2)

T3 | *Der Verrat durch Fulvia*

Bei dieser Verschwörung war auch Quintus Curius, aus einer nicht unbekannten Familie stammend, doch versunken in ein Luder- und Lasterleben, den die Censoren wegen seiner Sittenlosigkeit aus dem Senat ausgestoßen hatten. Dieser Mann war ebenso eingebildet wie verwegen, nichts hatte für ihn Gewicht; weder zu schweigen über das, was er gehört, noch die eigenen Verbrechen zu verbergen. [...]

Der hatte mit Fulvia, einer Frau aus dem Adel, seit langem ein unzüchtiges Verhältnis. Als er ihr nicht mehr recht angenehm war, weil er wegen seiner knappen Mittel weniger spendieren konnte, fing er auf einmal an aufzuschneiden. [...]

[10] T1-5 sind zitiert nach: Sallust. Werke. Lateinisch und deutsch von Werner Eisenhut und Josef Lindauer. München 1985.

Fulvia merkte den Grund für das sonderbare Verhalten ihres Curius. Sie hielt eine so schwere Gefährdung des Staates nicht geheim, sondern erzählte, ohne ihren Gewährsmann anzugeben, mehreren Leuten, was sie über die Verschwörung Catilinas irgendwie gehört hatte. (Cat. 23, 1-4)

T4 | *Sempronia als Werkzeug der Revolution*

Zu dieser Zeit soll Catilina sehr viele Leute aus allen Schichten an sich gezogen haben, auch einige Frauen, die früher ihren ungeheueren Aufwand durch Preisgabe ihres Körpers bestritten hatten, später aber, als das Alter lediglich ihrem Gewerbe, jedoch nicht ihrer Verschwendungssucht eine Grenze setzte, beträchtliche Schulden zusammengebracht hatten. Mit ihrer Hilfe glaubte Catilina, er könne die Sklaven der Stadt aufwiegeln, die Stadt anzünden, ihre Männer für sich einspannen oder auch umbringen.

Übrigens befand sich unter ihnen auch Sempronia, die schon viele Untaten geliefert hatte, welche oft männlichen Wagemut verlangten. Diese Dame war durch ihre Abkunft und Schönheit, ferner durch ihren Mann und ihre Kinder in einer recht glücklichen Lage; sie war wohl unterrichtet in griechischer und lateinischer Literatur, konnte kunstgerechter musizieren und tanzen, als es für eine anständige Frau nötig ist, und kannte vieles andere, was zu den Mitteln des Wohlstandes gehörte.

Doch war ihr immer schon alles lieber als Ehrbarkeit und Keuschheit. Ob sie mit ihrem Geld oder ihrem guten Ruf weniger schonend umging, hätte man nicht leicht entscheiden können; ihre Sinnlichkeit war so entfacht, dass sie häufiger Männer begehrte, als selbst begehrt wurde. Oft schon hatte sie vordem ihr Wort gebrochen, ein Darlehen mit einem Meineid abgeleugnet, um eine Mordtat gewusst; infolge ihrer Genusssucht und Knappheit ihrer Mittel war es mit ihr abwärts gegangen.

Dabei war sie kein ungeschickter Kopf, sie verstand es, Verse zu machen, Scherz zu treiben, ein Gespräch sittsam oder schnippisch oder auch anzüglich zu führen; kurz, sie besaß viel Witz und Charme. (Cat. 24, 3 - 25)

T5 | *Die Allobroger im Haus der Sempronia*

<Publius Umbrenus> [ein Beauftragter des Catilina] führt <die Allobroger> in das Haus des Decimus Brutus, weil es nahe beim Forum lag und sich wegen der Sempronia für eine Beratung recht gut eignete; denn Brutus (ihr Mann) war damals nicht in Rom. Außerdem zieht er

Gabinius bei, damit die Besprechung größeres Gewicht habe. In dessen Gegenwart enthüllt er die Verschwörung, nennt die Gefolgsleute, ferner noch viele Unbeteiligte aus allen Schichten, um den Gesandten mehr Mut zu machen. Sie versprechen daraufhin ihre Mitwirkung, und er entlässt sie in ihre Unterkunft. [...]

Lentulus schickt einen gewissen Titus Volturcius aus Kroton mit den Allobrogern, damit sie noch vor deren Weiterreise in die Heimat das Bündnis mit Catilina (der nicht mehr in Rom weilte) durch eine gegenseitige Treueverpflichtung bekräftigten. Er selbst gibt Volturcius einen Brief an Catilina mit. [...]

Cicero gibt, durch einen Gesandten über alles genau unterrichtet, den Prätoren [...] den Befehl, das Gefolge der Allobroger auf der Milvischen Brücke aus einem Hinterhalt heraus zu verhaften. [...]

Nach Erledigung des Auftrags [...] beruft <Cicero> eine Senatssitzung in den Tempel der Concordia und führt [...] Volturcius mit den Gesandten vor. Er befiehlt dem Prätor Flaccus, die Schachtel mit den Schriftstücken, die er von den Gesandten erhalten hatte, ebenfalls dorthin zu bringen. (Cat. 40, 5 f.; 44, 3 f.; 45, 1; 46, 1 ff.)

M1 | *Robert Harris: Der Verrat durch Fulvia*[11]

Die folgende Unterredung war für Cicero, der einen Hang zur Prüderie hatte, fast genauso peinlich wie für die Dame, die sich unter Terentias Drängen zu dem Geständnis genötigt sah, dass sie über mehrere Jahre die Geliebte von Quintus Curius gewesen sei. Er war Senator, führte ein Lotterleben und war ein Freund Catilinas. Wegen seines unmoralischen Lebenswandels und eines Bankrotts war er schon einmal aus dem Senat ausgeschlossen worden. Er befand sich in großen Schwierigkeiten, da sein erneuter Rauswurf im nächsten Zensus als ziemlich sicher galt.

„Seit ich ihn kenne, hat Curius immer Schulden gehabt", sagte die Frau. „Aber so schlimm wie jetzt war es noch nie. Sein Grundbesitz ist dreifach überschuldet. Einmal droht er, uns beide umzubringen, bevor er die Schande der Pleite erträgt, dann wieder prahlt er damit, welche teuren Sachen er mir kaufen will. Gestern Abend habe ich ihn deswegen ausgelacht. Ich habe zu ihm gesagt: ‚Woher willst du denn das Geld nehmen, um mir was zu kaufen? Ich bin es doch, die dir immer etwas zusteckt!' Das hat ihn geärgert, und wir haben uns gestritten. Schließ-

[11] Robert Harris: Titan. Aus dem Englischen übersetzt von Wolfgang Müller. München 2009. 123 ff.

lich hat er gesagt: ‚Wenn der Sommer vorbei ist, haben wir alles Geld, das wir brauchen. Und dann hat er mir von Catilinas Plänen erzählt."

„Und die wären?" Sie senkte kurz die Augen, richtete sich dann aber auf und schaute Cicero fest in die Augen. „Dich zu ermorden und Rom unter seine Kontrolle zu bringen. Alle Schulden zu annullieren, den Besitz der Reichen zu konfiszieren und die Posten in der Beamten- und Priesterschaft unter seine Anhänger aufzuteilen." „Glaubst du, sie meinen es ernst?" „Ja."

Terentia schaltete sich ein. „Das Schlimmste hat sie noch gar nicht erzählt! Um die anderen enger an sich zu binden, hat Catilina sie einen Bluteid auf die Leiche eines toten Jungen schwören lassen. Sie haben ihn wie ein Lamm geschlachtet." [...] Selten hatte ich Cicero so entgeistert gesehen. Er blies die Backen auf und fiel auf seinen Stuhl zurück, als hätte man ihn geschlagen. [...] „Das ist Hochverrat, schlicht und einfach." Plötzlich wurde er so aufgeregt, dass er nicht mehr stillsitzen konnte. Er sprang auf und fing an, in dem engen Raum hin und her zu gehen. [...]

Schließlich blieb er vor der Frau stehen, die ihm die Informationen überbracht hatte, beugte sich zu ihr hinunter und nahm ihre Hände: „Ich weiß, dass es dir schwer gefallen sein muss, meiner Frau die Geschichte zu erzählen, aber der Vorsehung sei Dank, dass du es getan hast. Nicht nur ich stehe in deiner Schuld, ganz Rom steht auf immer in deiner Schuld."

M2 | *Catilina aus heutiger Sicht*

Der Marburger Althistoriker Karl Christ fasst den Forschungsstand zur Catilinarischen Verschwörung zusammen:

In der modernen Altertums- und Geschichtswissenschaft ist die Catilinarische Verschwörung lange Zeit sehr kontrovers beurteilt worden. Stand für Th. Mommsen ganz die moralische Ächtung der Person Catilinas im Vordergrund, aber auch die Disqualifikation Ciceros, so suchte Arthur Rosenberg nachzuweisen, dass Catilina „eine durchaus ernsthafte Persönlichkeit gewesen ist, die für ein würdiges Ziel, die Entschuldung der italischen Bauernschaft ihr Leben hingegeben hat".

Demgegenüber war Catilina für H. Dellbrück „ein ruchloser Abenteurer, der die anarchistisch revolutionären Elemente der Stadt und Italiens für einen Gewaltstreich auszunutzen gedachte".

Wenn es auch völlig verfehlt wäre, Catalina zum Vorkämpfer einer bestimmten sozialen Gruppe und zum Verfechter eines konkreten sozialen Programms zu stilisieren, so liegt die Bedeutung dieser Erhebung doch darin, dass sie das ganze Ausmaß und die Vielfalt der Verelendung und Unzufriedenheit großer Bevölkerungsgruppen in Rom selbst wie in Italien enthüllt. Bankrotte und politisch gescheiterte Mitglieder der Führungsschicht verbanden sich mit Glücksrittern wie mit den ehemaligen Soldaten Sullas, die ihren Kleinbesitz nicht hatten halten können, mit besitzlosen und verelendeten Existenzen der verschiedensten Schichten. Dieses Potential neuer Bürgerkriege aber war auch durch die Niederschlagung der Catilinarischen Verschwörung nicht beseitigt worden."[12]

[12] Karl Christ: Krise und Untergang der Römischen Republik. Darmstadt 1979, 266 f.

OVID

Menschheitsdiagnosen

Ovid zählt zu den großen Autoren der Weltliteratur. Zwei Werke haben ihm diese Position eingebracht. Durch sie hat sich, wie er selbst prophezeite, sein Name durch die Zeiten erhalten (Met. 15, 871-879). Das „Volk", von dem Ovid spricht, liest ihn nach wie vor, und er lebt weiter im Ruhme durch alle Jahrhunderte. Die beiden Werke sind die *Ars amatoria*, seine „Liebeskunst", und die 15 Bücher *Metamorphosen*.

Make love, not war! Darin hat man Ovids literarische Parole in seiner Liebesdichtung erkannt. Er tritt damit zum traditionellen Rom-Bild in Widerspruch, ja mit der *Ars amatoria* wagt er sogar den bewussten Affront gegen die politische Führung. Gegen Waffen, Krieg, Eroberung als Voraussetzung oder Mittel der politischen Selbstbehauptung setzt er Liebe und Leidenschaft als existenzielle Bedingung des menschlichen Glücks. Auf die knappste Formel gebracht: Gegen den Krieg setzt Ovid die Liebe. Die Erotik gehört zu seinen Zentralthemen; sie will er von Tabus befreien und ihr als einer elementaren Lebensmacht zur Geltung verhelfen. Der Autor sieht sich darin als Erotodidaktiker (*praeceptor Amoris,* Ars 1, 17; 2, 497), der seine Leser in die Kunst der Liebe einzuführen gedenkt – nicht in todernster Ambition, vielmehr in einem meist heiter ironischen Spiel, das die Grenzen zwischen Sein und Schein fließend macht.

Mit seiner *Ars amatoria* ist Ovid in der europäischen Kulturgeschichte präsent geblieben. „Ovids Gedicht über die Liebeskunst hat bei einem breiten Leserpublikum in aller Welt von jeher zu den beliebtesten Werken der antiken Literatur gehört. Es wurde bereits im Mittelalter in allen Ländern des westlichen Abendlandes ... direkt nachgeahmt ... und in der Neuzeit, die diese Tradition bis in die Gegenwart fortführte, überdies in alle Kultursprachen (teilweise sogar mehrfach) übersetzt."[1] Erst ab dem 18. Jahrhundert haben verengte bürgerliche Moralvorstellungen das Büchlein mit der systematischen Liebeslehre ins Abseits gestellt. In unserer heutigen Gesellschaft freilich ist das Thema Liebe und Sexualität längst enttabuisiert, auch in der Schule.

Ovids „Liebesdidaktik" hat deshalb im Lektüreunterricht heute, wie die Lehrpläne zeigen, eine gute Chance; ja die kunstvolle Abhandlung über die Kunst der Liebe, in der er die Tiefen der menschlichen Seele ausleuchtet, macht es möglich, unverkrampft mit den Schülerinnen und Schülern über die natürlichste Sache der Welt zu sprechen – auch vor dem Hintergrund eines gewandelten Rollenverständnisses zwischen Mann und Frau.

Ovids Meisterwerk sind jedoch seine *Metamorphosen*, jene mächtige Weltchronik, die sich als der stärkste Inspirationsquell in der Kultur Europas erwiesen hat und erweist. Die Faszination, die von diesem Werk auf die Menschen ausgeht, ist ungebrochen. Ein Kaleidoskop fantastischer Geschichten versetzt den Leser in eine andere, „letzte Welt", die freilich nicht bunt zusammengewürfelt erscheint, sondern sich, durch ein lockeres Band assoziativer Verknüpfungen zusammengehalten, in steter Entwicklung begriffen präsentiert.

Die *Metamorphosen* sind Einzelgeschichten aus dem antiken Mythos, jede für sich mit einem festen Erzählkern, meist dramatisch gestaltet und aus sich heraus verständlich, aber alle zusammen eingespannt in den großen Bogen der Zeit, die vom Anfang der Welt bis zur Herrschaft des Augustus reicht – eine Zeitspanne, die sich im Kopf des zeitgenössischen Lesers als erfahrbares Kontinuum begreifen ließ. Der Begriff „Weltchronik" ist dafür gewiss der treffende Ausdruck. All diese Geschichten sind ein fanatasievolles Produkt von poetischer Schönheit und nachhaltiger Ausdruckskraft. Sie sind jedoch noch mehr.

Einigen der mythischen Geschichten oder Gestalten aus diesem Großwerk sind seit dem Mittelalter allmählich Zeichenkraft und Symbolgehalt zugewachsen, sodass durch sie existenzielle Grundsituationen schlaglichtartig erhellt werden. In ihnen kommen Gut- und Bösartigkeit des Menschen zur Anschauung, keineswegs jedoch im Stile von moralisch belehrenden Exempeln. Ovid treibt mit dem Mythos sein kunstvolles Spiel, in mehr oder weniger ironischer Distanz zum

[1] Ovid. Liebeskunst. Aus dem Lateinischen übersetzt und mit einer Einführung und Erläuterungen von Niklas Holzberg. München 1998. 7.

erzählten Geschehen. Doch er bleibt selbst nicht unbetroffen von dem, was er in Worte fasst, und er macht auch den Leser betroffen, zuweilen so stark, dass Abscheu, Mitgefühl, oder sogar Freude sich als Reaktionen einstellen. Warum? Der Dichter trifft die Wahrheit. Man hat dies „eine Art Wahrheit oder ein Äquivalent von Wahrheit" genannt, die „nicht mit historischer oder wissenschaftlicher Wahrheit konkurriert, sondern sie ergänzt"[2]. Heute spricht man von existenzieller oder philosophischer Wahrheit, die in jedem Mythos steckt.

Für Ovid enthalten die griechischen Mythen, die er neu bearbeitet, Erfahrungsmuster menschlichen Verhaltens, wie sie ihm in der erlebten Realität analog begegneten, die deshalb auch zeitunabhängig ihre Gültigkeit erweisen und im Laufe der Jahrhunderte zu „Anschauungsmetaphern"[3] eben dafür geworden sind. Man könnte die in den Geschichten erfassten Situationen und Ereignisse mit Karl Bayer auch „Vorerkundungen"[4] der Menschheit nennen, die der Dichter hier in lebendigen Bildern vergegenwärtigt. In ihrem Kern sind sie zeitlos lebendig, „archetypisch in die Psyche Europas versenkte Erinnerungsbilder"[5], die Ovid diagnostisch analysiert. Viele begreifen sich als traumatische Erlebnisse, die sich in der Seele von Menschen abgelagert haben können und krankhafte Symptome am Körper zum Vorschein kommen lassen.

Die moderne Psychoanalyse von Sigmund Freud bis Erich Fromm nutzt deshalb solcherlei drastische Mythen, um mit ihrer Hilfe in die Tiefe der verstörten Seele vorzudringen und an ihnen die Traumata analytisch zu bearbeiten. Mythen verstehen sich hier als „symbolische Sprache". Man „stellt die religiöse und philosophische Bedeutung des Mythos in den Vordergrund, und man sieht in der manifesten Geschichte den symbolischen Ausdruck dieser Bedeutung."[6] Auch dies ist ein wichtiger Beleg für die Aktualität des antiken Mythos und für den hohen Rang, den gerade Ovid als authentische Quelle für den antiken Mythos in der Lateinlektüre beanspruchen darf.

2 René Wellek / Austin Warren: Theorie der Literatur. Weinheim 1995. 203 f.

3 Der Begriff „Anschauungsmethapher", den Elisabeth Bronfen für literarisch vergegenwärtigte Ereignisse der Geschichte geprägt hat, ist gewiss auch für derartige mythische Szenarien zutreffend. In: Die Zeit vom 24.08.2000. 35.

4 Karl Bayer: Das Angebot der Antike. Humanistische Aufsätze zum altsprachlichen Unterricht. München 1990. 28.

5 Wolfram Wuttke: Warburg, Curtius und Latein für Europa. In: Die deutsche Tagespost von 23./24.12.1982. Sonderbeilage. VI.

6 Erich Fromm: Märchen. Mythen. Träume. Stuttgart 1980. 147.

Der zeitlich begrenzte Lektüreunterricht muss sich freilich auch bei Ovid Beschränkung in der Auswahl auferlegen; allenfalls drei Episoden lassen sich im Original lesen. Und diese sollten keineswegs belanglose, wenig bekannte und den heutigen Menschen nichtssagende Geschichten sein, wie etwa Aison, Aktaion, Keyx und Alkyone. Die großen Mythen, deren Funktion als Traditionssymbol evident ist, wie Europa auf dem Stier, Orpheus und Eurydike, Dädalus und Ikarus, oder deren inaugurative Kraft sich in den vielfältigen Formen der Kunst und Literatur erwiesen hat, wie Pygmalion, Philemon und Baukis, Niobe, die Lykischen Bauern, verdienen den Vorrang. Einige sollten im Original gelesen, andere durch Übersetzungslektüre, Bilinguale Lektüre, Punktuelles Lesen oder Schülerreferate vorgestellt werden[7].

Mögen manche von ihnen auch bereits in den Sprachlehrbüchern behandelt sein; sie im dichterischen Original zu lesen scheint trotzdem sinnvoll und geboten. Dort sind sie in Prosatexten für die Grammatikdarbietung „verarbeitet", das mythische Ereignis ist immer oberflächlich, verkürzt, nicht selten entstellt den Lernenden präsentiert. Der Mythoskern, die ihm innewohnende Wahrheit ist begreiflicherweise nirgends so erfasst, dass man sie interpretatorisch daraus erarbeiten könnte. Zudem fehlt ihnen der Charme der Poesie, der sich in Wortwahl, Stil und Metrik des Künstlers manifestiert. Man wende nicht ein, die Schülerinnen und Schüler würden sich gerade deshalb solcher Lektüre gegenüber widerständisch verhalten. Fünf Schulklassen, die drei Jahre hintereinander jeweils mit demselben Lektüreprogramm konfrontiert wurden, stellten im Rahmen einer Bewertung der im Unterricht gelesenen lateinischen Texte ausnahmslos Ovids *Metamorphosen* an die Spitze[8].

[7] Zu sinnvollen Möglichkeiten der Kursorischen Lektüre – auch anhand von Beispielen aus den Metamorphosen – vgl. Hans-Ludwig Oertel: Kursorische Lektüre. Auxilia 57. Bamberg 2006.

[8] Lektüreunterricht im Spiegel der Schülermeinung. Teilweise abgedruckt in: Friedrich Maier: Antike aktuell. Eine humanistische Mitgift für Europa. Bamberg 1995. 179 f.

OVIDS BLICK IN DIE SEELE DES MENSCHEN

Die humane Substanz der Metamorphosen

Im Vorwort seines Werkes *Tales from Ovid* bemerkt der englische Dichter Ted Hughes, dass in Ovids *Metamorphosen* immer Leiden und Leidenschaften im Spiel sind. „Above all, Ovid was interested in passion. Or rather, in what a passion feels like to the one possessed of it. Not just ordinary passion either, but human passion *in extremis* – passion where it combusts“[1]. In allen seinen Geschichten gehe es um den „Strom der Leidenschaften“. Diesem Thema habe er jeden Mythos angepasst. Ovid ist zu allererst der Dichter der Leidenschaften.

Wie kein anderer hat er den Blick in die Seele des Menschen versenkt, wo diese Leidenschaften toben. Diesem Blick des Dichters wollen wir folgen – freilich nur auf eine kurze Strecke! Was Ovid dort – in der Tiefe der Seele – dem staunenden, oft entsetzten Auge des Lesers enthüllt, wird allerdings in seiner Verfasstheit und Wirkung letztlich erst von seinem umfassenden Welt- und Menschenverständnis her begreifbar.

Für Ovid hat sich die Welt aus einem chaotischen Zustand zu einer Art Paradies gewandelt (Met. 1, 5 ff.). Die rohe, ungegliederte Masse der Materie, in der sich alles im Wege stand und der Streit vorherrschte, also alles in einem brodelnden Durcheinander war, ist durch einen geplanten Prozess des Trennens, Gliederns, Entfaltens, Bindens zu einer wohlgefügten Ordnung geworden, durch die Friede und Harmonie zustande kamen. Dieser Eingriff von außen bestand aus rational bestimmten Akten (*dirimere, secernere, evolvere, ligare* u. a.), durch eine Wesenheit, die man als überweltliche Ordnungsinstanz, als ein regulierendes Prinzip verstehen muss.

Ovid nennt diese Wesenheit *deus et melior ... natura*, „Gott und die bessere Natur“ (Met. 1, 21), ein immaterielles Prinzip also, das nicht den vorherrschenden Bedingtheiten der Masse unterworfen ist, demnach souverän darüber steht, als der Gesamtheit der Natur zugehörig, doch durch sein „Bessersein“ davon als andersartig (vielleicht „geistig“?) abgehoben, eben als Gottheit, die naturnah, aber doch übernatürlich ist. Nur so konnte sie als quasi moralische Instanz durch ihr Anderssein verändernd, d. h. bessernd auf den chaotischen Zustand einwirken. Im Begriff *moderari* (Met. 1, 83), den Ovid dafür gebraucht, kommt dies deutlich zum Ausdruck: „Maß gebend, Ordnung gebietend eingreifen“. Ein solcher Eingriff garantierte die Veränderung hin zu

[1] Ted Hughes: Tales from Ovid. London 1997. VIII f.

einer „schönen, geordneten Welt", zu einem Kosmos. In Analogie zur biblischen Schöpfungsgeschichte hat man diesen Zustand „Paradies" genannt.

Für die Menschen, die gleichfalls aus der Chaosmasse hervorgegangen waren und auf der im Gleichmaß geordneten Erde standen, gewann diese Instanz *deus et melior natura* am Anfang Verbindlichkeit für ihr Verhalten; sie haben – mit freiem Willen begabt (*sponte sua,* Met. 1, 90) – das von außen vorgegebene Ordnungsprinzip gewissermaßen als moralisches Gesetz verinnerlicht; sie ehrten die Treue und das Rechte (*fidem rectumque,* Met. 1, 90), lebten ohne Krieg sicher und in Ruhe. Doch die Zeiten änderten sich. Die *aurea aetas* ging zu Ende. Die Dekadenz begann. Im „eisernen Zeitalter" schließlich erwachten im Menschen die bislang gebannten Elemente des Chaos, seine Urtriebe. Das Menschengeschlecht wurde wilder (*saevior*). Aller Frevel wider Gott (*omne nefas,* Met. 1, 129) brach durch, es flohen Scham, Wahrheit und Treue, dafür kamen List, Gewalt, verbrecherische Besitzgier, Krieg gegen Mensch und Natur (durch den Gang in die Eingeweide der Mutter Erde). So tobten die Leidenschaften; der Kosmos in und um den Menschen war zerrüttet. *Victa iacet pietas* (Met. 1, 149). Die respektvolle Bindung an die höhere Instanz der Götter lag geschlagen am Boden. Das Paradies war verloren, auch hier – wie in der Bibel – durch die Schuld des Menschen.

Der Emanzipation des Menschen aus den Zwängen der Moral folgte die Entartung des Menschengeschlechtes, bis Jupiter eingriff und alle durch die Sintflut vernichtete, bis auf zwei, Deukalion und Pyrrha, weil bei ihnen ein Rest an *pietas* noch verblieben war. Diese schufen sich nach göttlichem Rat wieder Mitmenschen, indem sie die Steine der Mutter Erde hinter sich warfen, Steine bezeichnenderweise, also Teile der Erde, die mit dem Übel der Urmaterie, dem Hang zum Chaotischen, gewissermaßen mit der *peior natura* behaftet waren. Diese Menschen, in die Not gedrängt, ständig in Freiheit zwischen Chaos und Kosmos zu entscheiden, erleben daraufhin und seither ein wechselvolles Schicksal. In ihrer Seele tobt permanent jener Konflikt der „Leidenschaften in Extremen", der sich in ganz verschiedenen Formen nach außen entlädt. Alle Episoden im Werk des Dichters sind dafür – mehr oder weniger – drastische Belege.

PROKNE UND PHILOMELA – LIEBESWAHN BIS ZUM VERBRECHEN

Leidenschaft entfacht sich im Verlangen nach Liebe in allen möglichen Facetten ihrer Erfüllung, mit extrem gegensätzlichen Gefühlen und Handlungen in ihrem Gefolge. Die wohl grausigste Geschichte in Ovids *Metamorphosen* mag uns dafür Beleg sein: die Episode von Prokne und Philomela (Met. 6, 424-674.). Der Thrakerkönig Tereus ist seit fünf Jahren mit Prokne, der Tochter des athenischen Königs Pandion, verheiratet – glücklich, wie man glaubt, denn ein lieber Sohn – Itys – ist ihnen geschenkt worden, was man in einem großen Fest gefeiert hat. Doch nach fünf Jahren soll Tereus auf Bitten seiner Frau deren Schwester aus Athen zum thrakischen Hof holen. Noch in Athen wird der Thraker von der Schönheit des Mädchens so überwältigt, dass er in unbändiger Leidenschaft zu ihr entbrennt.

Pandion beschwört beim Abschied Tereus' Treuepflicht (*fides*, Met. 498), die er als Schwiegersohn hat, und die Götter, die diesem den Schutz der geliebten Tochter in seinem Lande gebieten. Doch kaum hat der König das Mädchen nach Thrakien gebracht, da vergewaltigt er in einer waldumdunkelten Stallung den Gast, Philomela, (*virginem ... vi superat,* Met. 6, 524 f.), die vergeblich nach Vater, Schwester und den Göttern ruft. Die Geschändete verflucht den Mann, nennt ihn einen verruchten Barbaren, einen treulosen (*perfide,* Met. 6, 539) Verbrecher; schreiend wendet sie sich zum Himmel:

> Aber, wenn dies die Himmlischen sehen, wenn ein Walten der Gottheit / irgend es gibt, wenn mit mir nicht alles zugrunde gegangen, / wirst du mir büßen einmal. Ich selbst, auf Scham nicht mehr achtend, / werde verkünden, was du getan. Sobald es nur möglich, werde ich treten vors Volk. Und hältst du im Wald mich gefangen, / werd' ich erfüllen den Wald, die Steine bewegen, es mag dies / hören der Äther, ein Gott, wenn irgendeiner dort oben!
> (Met. 6, 542 548)[2]

Der so bedrohte König gerät noch mehr außer sich, voll Zorn und voll Furcht zugleich packt er noch gewalttätiger das Mädchen, zieht ihr die Zunge heraus und schlägt diese mit dem Schwert ab, woraufhin er sich an der grausam Verstümmelten noch mehrmals vergeht. Philomela bleibt darauf im Stall eingesperrt. Am Hofe erzählt Tereus seiner Frau

[2] Ovid, Metamorphosen. Herausgegeben und übersetzt von Erich Rösch. München 1952.

eine große Lüge; er berichtet von Tod und Begräbnis ihrer Schwester, wodurch diese in tiefe Trauer verfällt. Erst nach zwölf Monaten gelingt es Philomela durch eine in ein weißes Tuch gewebte Botschaft Prokne von ihrem Schicksal wissen zu lassen. Die beiden Schwestern treffen sich und schmieden gemeinsam einen Racheplan. Am Königshof bereiten sie Tereus ein Mahl. Itys, der gemeinsame Sohn des Königspaares, wird zum Opfer der Rache. Prokne zerrt das Kind in ein entlegenes Gemach, und

> schlägt mit dem Schwert [...] ihn da, wo Brust und Seite sich treffen, / ihn, der die Hände erhebt, der, schon sein Schicksal ahnend, / „Mutter, ach Mutter!" ruft und ihren Hals zu umschlingen versucht. / Sie aber wendet nicht ihren Blick. Ihn zu töten hätte die eine / Wunde genügt: Philomela durchschneidet mit dem Schwert ihm die Kehle. / Und sie zerreißen die Glieder, die zuckend immer noch etwas / Leben enthalten. Es wallt ein Teil im ehernen Kessel, / zischt der andere am Spieß. Es trieft das Gemach von dem Greuel. (Met. 6, 639-646)

Dieses verruchte Mahl bietet Prokne dem Mann, nachdem sie, sich gleichfalls einer Lüge bedienend, Gefolge und Diener aus dem Saale entfernt hat. Der König füllt sich den Leib mit dem eigenen Fleisch und Blut. Und als er seinen Sohn Itys zu sehen wünscht, erhält er zur Antwort: „In dir hast du, nach dem du verlangst." Nicht genug damit. Philomela springt zugleich hervor und wirft ihm das blutige Haupt des Kindes ins Gesicht. Die Rache ist vollzogen. Der Bestrafte reißt voll Entsetzen den Tisch um, weint, schreit und verfolgt rachsüchtig mit dem Schwert die zwei Frauen, die zu Vögeln sich wandeln, im Wald oder im Hause sich bergend, während er, Tereus, zum Wiedehopf permutiert, dem auf dem Scheitel der Helmbusch emporsteht und der so für immer in allen Betrachtern das Bild eines Kriegers in Waffen hervorruft.

Ein Horrorszenario ist das, mit grässlicher Drastik erzählt. Ovids frostiger Blick in die Abgründe der menschlichen Seele, in der die Leidenschaften toben. Zuerst in die des Königs Tereus, den seine Liebesgier zur Vergewaltigung des ihm anvertrauten Mädchens treibt und den sie nach dessen grausamer Verstümmelung auf abscheuliche Weise zur nochmaligen Schändung des Opfers treibt. Der Dichter nennt diese Passion *cupido* und *libido* und die böse Tat *facinus*. Die moderne Sozialpsychologie, die ganz verschiedene Typen der Liebesäußerung unterscheidet, bezeichnet die hier auftretende Leidenschaft als „Mania" (griech. *manía*, „Rasen, Toben"); sie meint die „selbstbezogene Befriedigung sexueller Begierde ohne Rücksicht auf den Partner“[3], wobei Gewalt bis zur Vernichtung mit im Spiel sein kann. Der lateinische Begriff dafür, den Ovid hier als Substantiv nicht nennt, ist *furor*. In der *Ars amatoria* jedoch, in der es ja um die Kunst der Liebe in all ihren Formen und Deformationen geht, ist das Wort *furor* dafür der stehende Begriff. Mit diesem wohl stärksten Negativbegriff der lateinischen Sprache ist „die rasende Liebesleidenschaft“ bezeichnet, die – nach Ovid – bei der Frau noch mehr als beim Mann vorhanden ist:

> *Omnia feminea sunt ista libidine mota, / acrior est nostra, plusque furoris habet.*
>
> Alles, was Weib ist, ist von dieser Leidenschaft heftig bewegt, / schärfer ist sie als die unsere, mehr an rasendem Wahn sie besitzt. (Ars 1, 341 f.)

furor: der Liebeswahn, die sexuelle Gier im rasenden Taumel, das von-Sinnen-Sein, eine alle Sperren der Vernunft und Beherrschung durchbrechende Tollheit und Besessenheit, der dunkelste Drang in der Tiefe der Seele. Tereus ist davon getrieben, zumal er sich am verstümmelten Leib der Vergewaltigten noch mehrmals vergeht; sein Rasen endet im übelsten Verbrechen.

Dann folgt der Blick in den Abgrund der weiblichen Seele. Tereus' *furor* provoziert den *furor* der Frauen, zwar nicht als sexuelle Lust hier, sondern als maßlose Gier nach Rache für die sexuelle Schändung und die Verstümmelung des Körpers, in einem Akt sich manifestierend, der an Brutalität nicht mehr zu überbieten ist, wobei auch hier – von Ovid gewollt – in höchstem Maße Emotionen und Leidenschaften der Liebe im Spiel sind, in je anderer Nuancierung: als Mutterliebe, Vaterliebe, Gattenliebe.

Prokne zerstückelt – zusammen mit der Schwester – mitleidlos, ja brutalst ihren Sohn, mag dieser auch noch so sehr durch den wiederholten Ruf „Mutter“ und seine versuchte Umarmung ihre mütterliche Zuneigung fordern. Durch den Rachewahn ist die Mutterliebe getötet. Ovid nennt dieses Verbrechen *furialis caedes* (Met. 6, 657), er sieht darin also expressis verbis einen von *furor*, von rasendem Wahn, veranlassten Mord.

[3] Hans-Werner Bierhoff / Eva Neumann: Die Facetten der Liebe (Facets of love). 6 f. In: Bild der Wissenschaft special. Leben, Liebe, Partnerschaft. 2000. 6-9.

Die Mutter tötet ihren Sohn, um aus Rache für die Schwester den Vater in seinen tiefsten Gefühlen vernichtend zu treffen: in der Liebe zu seinem Kind. Die Frau zerstört ihren Mann. Gattenliebe, einst zu Beginn ihrer Ehe sie bindend, wird von ihm zuerst, dann von ihr zuschanden gemacht. Die rechtlichen Bande der Ehe (*coniugalia iura*, Met. 6, 536) sind zerrissen. Liebe ist in Hass umgeschlagen. In der Tiefe der Seele tanzt der *furor* der Leidenschaft auf des Messers Schneide zwischen *amare* und *odisse*, zwischen Lieben und Hassen (man denke an Catulls c. 85). Der Liebestrieb ist, so die heutige Erkenntnis, dem Aggressionstrieb unmittelbar nahe.

Für Tereus und Prokne ist dies schicksalsbedingt. Denn die Unheilsboten der Nacht haben als üble Zeichen schon über dem Tag ihrer Vermählung gestanden. Nicht Juno, nicht Hymen, nein die Erinnyen (Furien) haben dabei die Fackeln getragen, also die Göttinnen, die als Plagegeister die Menschen unruhig und rasend machen, in ihnen den zerstörerischen *furor* der Leidenschaft wecken. Tereus und Prokne sind einer Macht unterlegen, der ausgeliefert sie als Menschen nicht gewachsen waren.

Ein Symptom der menschlichen Existenz, die von Urzeiten her so beschaffen ist, zeigt sich hier in aller Deutlichkeit. Die Unzucht des Tereus, von ihm selbst als *nefas* (Met. 6, 524), als Unrecht wider die Götter bezeichnet, seine Verletzung von Scham, Wahrheit und Treue (*pudor verumque fidesque,* Met. 1, 129), die Nichtachtung der inständig angerufenen Götter im Äther, Proknes in exzessivem Rasen am unschuldigen Sohn vollzogener Mord (*fasque nefasque confusura,* Met. 6, 585 f.), eine Tat wider alles Recht, verbunden mit List und Lüge: All dieses ist Ausdruck dafür, dass hier alles Wertdenken verworren, jede Bindung an eine moralische Instanz in und außerhalb der Seele aufgegeben ist. *Victa iacet pietas.* In der Seele dieser Menschen herrscht Krieg.

Vergils *furor impius belli* (Aen. 1, 294), der im römischen Bürgerkrieg tobt, trifft zu auch auf das, was im Inneren von Ovids Gestalten, zumal bei König Tereus vorherrscht: ein gottloser Wahn kriegerischer Zerstörung. Nicht von ungefähr verfestigt sich gerade dessen Wesen durch Verwandlung in einen Wiedehopf, der das Bild des Kriegers in Waffen zur Schau trägt. Ovids grausige Geschichte ist ein Fallbeispiel. Jener kosmische Vorgang des Rückfalls in das Chaos durch Versagen der Menschen wiederholt sich in der Tiefe der Seele eines jeden, wenn das Schicksal ihm nicht gewogen ist. Das Paradies ist verloren – für immer. Im Menschen, in den Abgründen seiner Seele, lauert stets, wie hier drastisch zur Anschauung gebracht, das Böse, der Drang zur Barbarei.

PHILEMON UND BAUKIS – DER LOHN DER LIEBE

Der rasende Wahn sexueller Begierde, die missratene Liebe macht den Menschen existenzunfähig, weil sie Gemeinschaft zerstört. Ovids profunde Einsicht, vor mehr als 2000 Jahren niedergeschrieben, gilt auch heute. Bei einem der großen Psychologen des letzten Jahrhunderts, Erich Fromm, findet man sie bestätigt; er schreibt:

> „Das Verlangen nach zwischenmenschlicher Vereinigung ist das stärkste Streben im Menschen. Es ist das grundlegendste Verlangen, die Kraft, die die menschliche Rasse zusammenhält, den Clan, die Familie, die Gesellschaft. Sein Versagen bedeutet Wahnsinn oder Vernichtung – Selbstvernichtung oder Vernichtung anderer. Ohne Liebe könnte die Menschheit nicht einen einzigen Tag existieren."[4]

Auch davon scheint Ovid gewusst zu haben. Denn er hat mit gleicher Eindringlichkeit eine Art von Alternative zu Tereus und Prokne als Erzählung gestaltet: die Geschichte von Philemon und Baukis (Met. 8, 626-720). Da lebt in Phrygien, einem Landstrich in Kleinasien, ein altes Paar seit Jugend in Liebe vereint miteinander; beide sind sie zusammen alt geworden (*consenuere*, Met. 8, 633), zufrieden mit einer kleinen Hütte und einfachstem Leben, keiner dem anderen Herr oder Sklave, in Gleichheit also zueinander gestellt. *Pia* wird die alte Frau genannt, *pietas* kennzeichnet demnach ihr Wesen, die auch dem Manne nicht fehlt. *Pietas* ist ja der Ausdruck für den wechselseitigen Respekt, für die Achtung des anderen, oft auch als „Liebe" begreifbar.

Ovid stellt die beiden Gestalten in eine Situation, in der sich diese Eigenheit, die ihr Wesen und Leben von Grund auf trägt, in markanter Weise manifestiert. Als zwei Fremdlinge, von weitem Wege erschöpfte Männer, die auf der Suche nach einem Obdach von tausend anderen Häusern bereits abgewiesen worden sind, bei ihnen um Aufnahme bitten, gewähren sie diese sofort; ihre einfühlsame Achtung gilt auch den anderen. Ja, die beiden Alten überbieten sich gegenseitig darin, den Fremden den Aufenthalt in ihrer Hütte mit dem Geringen, das sie haben, so angenehm wie nur möglich zu machen.

Das Feuer im Herd wird entfacht, aus dem Garten Kohl geholt, ein Stück Speck von dem am schwarzen Balken hängenden Schweinsrücken geschnitten und in einem Kessel zum Kochen gebracht; zugleich bieten sie den Wanderern ein Bad zur Reinigung, schütten ihnen ein weiches Lager auf, die warme Speise wird auf den Tisch gestellt; zu

[4] Erich Fromm: Die Kunst des Liebens, Frankfurt / Berlin / Wien 1979. 36.

den Früchten des Landes kredenzt man Wein mäßigen Alters. Während sie dann bei Tische sitzen, begegnen sie den Gästen mit gutmütigen Blicken (*vultus ... boni,* Met. 8, 677 f.) und ohne träges und ärmliches Gebaren (*iners pauperque voluntas,* ibd.).

Als die Alten dann plötzlich merken, dass der Weinkrug nicht leer wird und sich von selbst immer wieder füllt, deuten sie dies als ein Zeichen, dass sie den vermutlich hohen Gästen nicht genug bieten. Betend erflehen sie von den Göttern Verzeihung. Wie sie bereit sind, sogar ihr Bestes, die einzige Gans, die sie haben, und die ihren Landsitz bewacht, zu schlachten, da gebieten ihnen die Fremden Einhalt. Sie geben ihre Identität preis:

> „Götter", so sprechen sie, „sind wir, und wohl verdient wird die Strafe
> treffen die gottlosen Nachbarn. Doch euch allein ist beschieden, /
> frei von dem Unheil zu sein. Nur verlasst eure Behausung; /
> folgt unseren Tritten und wandert mit uns vereint auf des Berges /
> Höhe hinauf!" (Met. 8, 689-693)

Das befolgen die beiden Alten in schnellem Gehorsam. Auf dem Berggipfel sehen sie hinter sich die ungastlichen Häuser der Stadt (*inhospita tecta,* Met. 8, 696) in den Fluten versinken. Sie fragen, wo denn die frommen Giebel (*pia culmina,* Met. 8, 697) der Häuser seien. Nur der eines einzigen Hauses steht noch da, das sich den großen Göttern gastfreundlich erwiesen hat. Und dieses Haus, ihre Hütte, wandelt sich vor ihren Augen – gleichsam im Zeitraffer – zum Tempel. Gefragt von den beiden Fremden, die sich als Götter, Jupiter und Merkur, offenbart haben, was sie, die Gerechten (*iuste ... iusto,* Met. 8, 704), denn wünschten, entschließen sich Philemon und Baukis zu folgender Antwort:

> „Priester zu sein, euer heiliges Haus als Hüter zu pflegen, /
> ist unser Wunsch, und wie wir durchlebt unsere Jahre in Eintracht, /
> möge dieselbe Stunde uns entraffen, dass nie ich die Urne /
> meiner Gemahlin muss sehn, noch sie mich im Hügel soll bergen."
> (Met. 8, 707-710)

Ihr Wunsch geht in Erfüllung. Solange es lebt, hütet das Paar den Tempel. Als die beiden uralt und entkräftet sind, wandeln sie sich in Bäume, in eine Linde und eine Eiche, deren Kronen sich ineinander verwachsen, nachdem sie sich zuvor noch den Abschiedsgruß zugerufen haben: „So leb' denn wohl, mein Gemahl!" – „So leb' denn wohl, meine Gemahlin!" (Met. 8, 717 f.)

Philemon und Baukis werden von Ovid als Ehepaar vorgestellt, an dem sich die existenztragende Leidenschaft der Liebe in mehreren Spielarten, wie man sie heute differenziert, bekundet. In ihrer Jugend hat sie bestimmt Eros zusammengeführt, „die romantische Liebe, in der das Gefühl der Verliebtheit im Vordergrund steht“[5]. Im Laufe ihres Lebens hat sich diese zur Storge (griech. *storgé*), zur „freundschaftlichen Liebe“ überhöht, die sich schließlich in der Agape (griech. *agápe*) verfestigt, in „der altruistischen Liebe, die bereit ist, den anderen beizustehen“[6]. Dem Römer Ovid steht für die Art ihrer lebenslangen von Gerechtigkeit (*iustitia*) und Eintracht (*concordia*) geprägten Beziehung nur ein Begriff zur Verfügung: *pietas*.

Dieser Wert beherrscht ihre Seele, prägt ihr Wesen, er gibt ihrer Ehe Bestand. Die *coniugalia iura* haben bei ihnen dauerhafte Geltung. Eine solche von wechselseitigem Respekt bestimmte Liebe ist auch offen für den Fremden, den Gast, dessen Würde nicht minder geachtet wird als die des Partners. Um gerade diesen Aspekt mit Nachdruck herauszustellen, zeichnet der Dichter liebevoll ins Detail gehend die überschwängliche Gastlichkeit der beiden Alten. All ihre Gesten sollen als permanenter Ausfluss ihrer demütigen, religiös motivierten Liebe (*pietas*) erscheinen.

Die Seelen, in die uns Ovid hier blicken lässt, tragen das moralische Gesetz in sich; sie zeigen sich dabei mit dem außer oder über ihnen stehenden „moderierenden“ (*moderari*) Prinzip *deus et melior natura* in Einklang. Dieses moralische Prinzip verkörpern Jupiter und Merkur, deren plötzliche Epiphanie die beiden Menschen zwar schockiert, sie aber auch erfahren lässt, dass sie sich richtig, menschenwürdig und gottesfürchtig, verhalten. Sie werden gerettet und rücken als Tempeldiener in ihre unmittelbare Nähe. In der Metamorphose zu der als Einheit zusammenwachsenden Baumkrone erfährt der Kern ihres Wesens, die von *pietas* (Liebe) bestimmte Eintracht, ihre permanent sichtbare äußere Erscheinungsform. Michael von Albrecht nennt den Vorgang „die Perpetuierung einer Hexis, nämlich der Verbundenheit von Philemon und Baucis“[7]. Ihre Verwandlung bedeutet Belohnung.

In der kleinen Hütte von Philemon und Baukis, in ihrem bescheidenen Dasein, abseits vom Zentrum der Welt, herrscht gewissermaßen noch ein Rest des paradiesischen Zustands der *aurea aeta*s. In den

5 Hans-Werner Bierhoff / Eva Neumann. op. cit. 6 f.

6 ibid.

7 Michael von Albrecht / Hans-Joachim Glücklich: Interpretationen und Unterrichtsvorschläge zu Ovids „Metamorphosen“. Göttingen 1990. 91.

Seelen der beiden Alten ist nichts Abgründiges, Böses. Das *victa iacet pietas* gilt hier nicht. Ist dies ovidische Ironie? Eine Ironisierung der religiösen Idylle? Oder eine realistische Erfahrung des Dichters? Eher Letzteres. Für Ovid scheint auch eine solche Existenzform möglich in einer stets vom Chaos bedrohten Welt. Allerdings nur sehr begrenzt. Hinter den guten Alten versinkt ja die Erde in den Fluten zur Strafe der Bösen. Das greise Paar weiß um Maß und Ordnung. Doch nicht allein die Furcht vor den Göttern hält sie in Schranken. Das wäre nach heutigem Verständnis nur ein „autoritäres Gewissen", das ihre Seele beherrscht: Furcht vor der Allmacht der Höheren als handlungsleitendes Motiv.

Warum, so hat man schon immer gefragt, lässt der Mythos Jupiter und Hermes zuerst inkognito auftreten? Gewiss doch wohl, um den mit Freiheit begabten Menschen die Chance zu geben, zunächst nicht „erschüttert" (*attoniti,* Met. 8, 681), also angstfrei aus dem reinen und freien Impuls ihres Herzens zu handeln, den fremden Leuten um ihrer selbst willen mit Achtung (*pietas* hier auch wirksam als „Menschenfreundlichkeit") zu begegnen. Erich Fromm nennt ein Bewusstsein, aus dem solches Handeln kommt, das „humanistische Gewissen, die Stimme in unserem Innern, die uns zu uns selbst zurückruft"[8] – wobei er damit dem sokratischen Daimonion nahekommt.

Ovid hat offensichtlich auch hier die psychische Verfasstheit des Menschen – vor dem Lichte heutiger Erkenntnis – treffend erzählerisch zur Anschauung gebracht. Nach Otto Schönberger hat der Dichter „in der Geschichte von Philemon und Baukis ein exemplum pietatis geschaffen"[9].

DIE LYKISCHEN BAUERN – BÖSARTIGKEIT

Schlagen wir nun eine intratextuelle Brücke zurück in das sechste Buch der *Metamorphosen!* Dort steht ein Epyllion mit einer ähnlichen Erzählstruktur und dem gleichen psychologischen Arrangement, wie sie sich uns in der Philemon-und-Baukis-Episode erschlossen haben, allerdings mit umgekehrtem Vorzeichen: die Geschichte von den Lykischen Bauern (Met. 6, 313-381), die sich nicht weit entfernt in Lykien ereignet hat. Zunächst wird vom Dichter ein erlebnisträchtiges Szenario entworfen.

[8] Erich Fromm: Märchen, Mythen, Träume. Zürich 1957. 191.

[9] Otto Schönberger: Von Catull bis zu den Carmina Burana. Interpretationen poetischer Texte. Auxilia 15. Bamberg 1987. 61 ff.

In der sengenden Sonne des Südens quält sich eine Frau, von Durst unendlich gepeinigt, mit zwei Kindern in den Armen, die ihre Brüste leer gesogen haben, durch die Wüste. In scharfem Kontrast dazu ist das Bild einer fruchtbaren Oase gestellt, die mitten im todbringenden Glutofen des Landstrichs alle Zeichen von Leben bietet. Dort liegt ein Teich mit Wasser, mäßig tief zwar, aber ringsum von grünender Natur umgeben und Schatten spendend. Und darin sind Bauern am Werk, die eben Schilf und Binsen schneiden. Die Frau schöpft Hoffnung. Doch Wasser zu schöpfen wird ihr verboten.

Denn als sie herantritt und mit gebeugtem Knie das kühle Nass aus dem Tümpel zu entnehmen versucht, wird ihr von den Bauern schroff Einhalt geboten: *rustica turba vetat* (Met. 6, 348). Darauf setzt sich die Fremde zur Wehr. Trotz ausgetrockneten Mundes hält sie ein geradezu scharfsinniges Plädoyer für ihr Recht auf Wasser, das gemeinsamer Besitz aller ist; wie die Sonne und die Luft habe die Natur auch das Wasser für alle geschaffen.

> „[...] Zu Gaben, die allen gehören, bin ich gekommen. / Trotzdem bitte ich kniefällig darum, dass ihr sie mir gewährt. Ich wollte / ja nicht im Bad die ermatteten Glieder erquicken, allein den Durst / möchte ich stillen. Ganz trocken ist mir der Mund, wenn ich sprechen / will, ausgedörrt die Kehle; kaum findet in ihr die Stimme den Weg. / Ein Schluck Wasser wird Nektar für mich sein, und ich gebe gern zu, / dass ich damit neues Leben empfange, ja ihr gebt mir mit dem Wasser / das Leben! Auch von diesen da lasst euch rühren, die an meiner Brust / die Ärmchen ausstrecken."
> (Met. 6, 351-359[10])

Die Bauern jedoch lassen sich weder von der Logik ihrer „Rechtslehre" überzeugen noch zeigen sie sich vom Appell an ihr Mitgefühl mit den Notleidenden, vor allem den kleinen Kindern, irgendwie betroffen. Im Gegenteil: Sie bleiben bei ihrer starren Ablehnung (*perstant prohibere*, Met. 6, 361), ja sie gehen zu Drohungen über, falls sie nicht spurlos verschwinde, und beschimpfen sie obendrein. Nicht genug damit, sie springen furios im Teich hin und her und wühlen mit Händen und Füßen den Schlamm von unten nach oben, um das Wasser ungenießbar zu machen.

[10] Ovid, Metamorphosen. Herausgegeben und übersetzt von Gerhard Fink. München / Zürich 1994.

Dieses Herumspringen ist bösartig (*saltu maligno,* Met. 6, 365), das Tun, mit dem sie dem anderen die Überlebenschance nehmen, erhält die Bewertung, die ihr ganzes Wesen verdient (stilistisch eine Enallage): Bösartigkeit (*malignitas*), die sie unfähig macht zu geformten Worten und überlegten Taten. In ihrer Seele herrscht das Böse, ist kein Gefühl für das Leid eines anderen, eines Fremden. Agape als altruistische Liebe, die bereit ist, anderen beizustehen, liegt ihnen fern. Die Bauern sind gefühllose Tölpel, die nur als Masse (*rustica turba*) schreiend reagieren können. Was Menschen gemäß ist, was sie zu Individuen macht, daran mangelt es ihnen. Um mit Erich Fromm zu sprechen, ein „humanistisches Gewissen, die Stimme in unserem Inneren, die uns zu uns selbst zurückruft", haben sie nicht.

Die Rede der Frau und Mutter, die der auktoriale Erzähler den Lesern von Anfang an als Göttin, nämlich Latona mit ihren Kindern Apollo und Artemis / Diana (vgl. *Titania,* Met. 6, 346) zu erkennen gegeben hat, ist zwar in leicht ironischer Überzeichnung gestaltet; sie soll jedoch als nachhaltiger Impuls für die Bauern begriffen werden, sich in dieser Situation aus freien Stücken als Menschen zu bewähren. Diese Chance nutzen sie nicht. Sie sind nicht menschenfreundlich, achten den Fremden nicht, hartnäckig in ihrem Widerstand. Das erregt den Zorn der Frau, sodass sie ihr Inkognito preisgibt, jedoch nicht so, dass sie sich ausdrücklich als Göttin bezeichnet, sondern indem sie sofort ihre göttliche Macht demonstriert. Sie verflucht mit zum Gestirn erhobenen Händen die Bauern. „Auf ewig sollt ihr in diesem Tümpel da leben!" (*„Aeternum stagno" dixit „vivatis in isto!"* Met. 6, 369).

Die Simultanität von Epiphanie und Verfluchung macht es den Bauern unmöglich, beim Erkennen der Gottheit doch noch Gehorsam zu zeigen, also das „autoritäre Gewissen" in ihrer Seele zu aktivieren. Der Fluch wirkt auf der Stelle. Dort, wo der Kern ihres Wesens, ihre Boshaftigkeit, exzessiv zutage getreten ist, am zänkischen, schmähsüchtigen Maul, setzt die Verwandlung ein – in Richtung auf Tiere, denen sie in Artikulation und Aktion ähneln. Die sprachlosen Tölpel gehören in den sumpfigen Tümpel. Darin herumtrampelnd setzen sie ihr begonnenes Tun unaufhörlich fort und ergehen sich ebenso unaufhörlich in ihrer Schmäh- und Schimpfsucht:

> *[...] nunc quoque turpes / litibus exercent linguas pulsoque pudore, / quamvis sint sub aqua, sub aqua maledicere temptant.*

> [...] auch jetzt wetzen sie / im Gezänk fortan ihre schändlichen Zungen ohne Maß, ohne Scham, / und obwohl unter Wasser, unter Wasser versuchen sie weiter zu schmähen. (Met. 6, 374-376)

Zugleich verändert sich ihr Körper. Auch die Stimme ist schon rau, der Hals bläht sich auf und eben die Schmähungen reißen ihnen das Maul weit auseinander: *ipsaque dilatant patulos convicia rictus* (Met. 6, 378). Leitmotivisch kehrt das Wort *convicia* – als Äußerung ihres Wesenskerns – wieder und erhält im *maledicere* sein verbales Pendant. Die Metamorphose setzt sich vom Maul aus fort über den Kopf zum Rücken, der sich ohne Übergang, weil der Hals verschwindet, anschließt und grün wird, sie erfasst dann den Bauch, vertiert schließlich den ganzen Körper, sodass die Wesen am Ende neu gestaltet im schlammigen Wasser springen als Frösche: *limosoque novae saliunt in gurgite ranae* (Met. 6, 381).

„Metamorphosis as punishment". Hier wird die Verwandlung der Bauern in Frösche als Strafe verstanden. Strafe wofür? Weil sie sich unmenschlich, nicht menschenfreundlich gezeigt haben: Das äußerte sich in ihrer Sprachlosigkeit, in „ihrer Unfähigkeit zum Gespräch" ... „Der *rustica turba* fehlt die Fähigkeit des Sichunterredens als wesentlicher Bestandteil menschlichen Verkehrs."[11] „Die Entsprachlichung des Menschen", so die heutige Erkenntnis, „ist die Entmenschung des Menschen"[12]. In ihrem tierischen Gebrüll sind die Bauern ohne Maß und ohne Rücksicht.

Das, was ihnen fehlt, wird im Text *pudor* genannt: „Schamgefühl, Zurückhaltung, Achtung, Ehrfurcht" anderen gegenüber (griech. *aidós*). Dieser ihr Mangel an *pudor* (*pulso pudore,* Met. 6, 375) kennzeichnet ihr Wesen – als Korrelat zu ihrer *malignitas* (Bösartigkeit). Da *aidós* den Gegenbegriff zu *hýbris* (Frevelsinn, Überheblichkeit, Missachtung des Maßes) bildet, wird den bösen Bauern ein solches Verhalten unterstellt; sie überschreiten die ihnen gesetzten Grenzen, erheben sich gegen Götter, deren Präsenz ihnen zunächst zwar verborgen bleibt, von denen sie aber – so wie die beiden Alten in Phrygien – hätten wissen müssen, dass sie das Recht, das jedem Gast, jedem Fremden gebührt, schützen. Ovid hat gerade auf diesen Befund den Akzent gelegt. Das Epyllion von den Lykischen Bauern zählt ja zu den sog. Hybrisgeschichten des 6. Buches.

Wie Philemon und Baukis bekommen die Bauern die Gewalt der Überirdischen zu spüren, die einen im guten, die anderen im üblen Sinne:

[11] Egon Römisch: Metamorphosen Ovids im Unterricht. Heidelberg 1976. 12.

[12] Bruno Liebrucks: Wissenschaftlicher Weltumgang und Entsprachlichung. In: Oskar Schatz (Hrsg.): Was wird aus dem Menschen? Analysen und Warnungen prominenter Denker. Graz 1974. 207.

[...] Immensa est finemque potentia caeli / non habet, et quidquid superi voluere, peractum est.

Unermesslich ist die Gewalt des Himmels und sie hat keine Grenze, / und was immer die Höheren wollten, ist schon vollzogen. (Met. 8, 618 f.)

Latona hier, dort Jupiter und Hermes / Merkur sind solche gewaltigen Götter; sie sind Hypostasen, die verdinglichten, Körper gewordenen Instanzen jener Weltordnung, jener moralischen Kraft, die in urzeitlicher Ferne die Welt vom Chaos zum Kosmos gewandelt hat. Das Recht auf Wasser, auf ein lebenserhaltendes Element dieses Kosmos, gilt seit alters als Naturrecht, das von „Gott und der besseren Natur" (*deus et melior natura*) garantiert wird.

Gegen dieses Naturrecht haben die Lykischen Bauern verstoßen, sie haben sich gegen jene unermessliche Macht des Himmels gestellt. In ihren bösen Seelen, die achtende Liebe (*pietas*) nicht kennen, tobt ein rasender Wahn (*furor*), der in ihrem vom zänkischen Gebrüll begleiteten Herumtrampeln im See nach außen durchbricht. Ihr Wesen zeigt sich gleichsam vom chaotischen Anteil an der Urmaterie der Welt beherrscht; die Bindung nach oben ist ihnen völlig zerbrochen. Wie bei Tereus und Prokne, deren Geschichte fast unmittelbar anschließt, wiederholt sich auch im Verhalten der *rustica turba* der Abfall von Gott; verlorenes Paradies auch hier. *Victa iacet pietas.*

DÄDALUS UND IKARUS – WIDER „DIE RECHTE DER NATUR"

Die letzte Episode, in der wir Ovids Blick in die Seele des Menschen ergründen wollen, spielt sich auf Kreta ab, also in der griechischen Welt, in der Kultur und Fortschritt herrschen, menschlicher Geist sich in Künsten und Wissenschaften schöpferisch betätigt (Met. 8, 183-235). Akteure der Geschichte sind Dädalus und Ikarus. Ein Vergehen des Vaters in Athen hat die beiden in die Not der Verbannung auf Kreta gebracht. Davon wollen sie sich befreien. Liebe (zur Heimat) und Hass (auf das Exil), starke handlungsleitende Motive, treiben Dädalus, Baumeister vom Fach, zur Tat: Flucht. Wo steht sie offen? Nicht zu Wasser, nicht zu Land. Einzig die Luft kann Minos, Kretas König, ihnen nicht verschließen.

So wagt Dädalus einen unerhörten Versuch; er baut nach dem Vorbild der Natur, um es den echten Vögeln gleich zu tun (*ut veras imitetur aves,* Met. 8, 195), Flügel, ein künstliches Konstrukt, um sich damit den

Weg durch den Himmel zu öffnen. Künstler (*opifex*), der er ist, lenkt er seinen Geist auf „eine bislang unbekannte Kunst" (*ignotas animum dimittit in artes,* Met. 8, 188) und, um „einen tollkühnen Weg zu finden" (*audacem viam,* Ars 2, 22), „erneuert er die Natur" (*naturamque novat,* Met. 8, 198), d. h. er ändert sein und seines Sohnes Wesen, indem er sich und ihm eine bisher nicht übliche Gestalt gab. In Ars 2, 42 ist diese seine Ambition noch viel radikaler formuliert: *Sunt mihi naturae iura novanda meae.* „Die rechtmäßige Ordnung seiner Natur" müsse Dädalus dazu verändern – ein revolutionärer Akt, bei dem ihm das Risiko wohl bewusst ist, dem er sich und seinen Sohn durch die neue Schöpfung aussetzt. In seinen mahnenden Worten an den Sohn und noch mehr in den Symptomen an seinem Körper während der Arbeit manifestiert sich dies nachdrücklich.

Das Zittern der Hände, der Schweiß oder die Tränen auf den Wangen lassen die seelische Verfasstheit des Vaters erahnen. Er hat Angst um den Sohn; er küsst ihn vor dem Abflug und fürchtet um seinen Begleiter (*comiti timet,* Met. 8, 213). Auch hier gestaltet Ovid die emotionale Atmosphäre dieser Szene einfühlsam aus, indem er in einem Vergleich auf der bereits gesuchten bildhaften Erfahrungsebene bleibt: Vögel wollen sie sein und, wie ein Vogel sein flügge gewordenes Junges zum ersten Flug bringt, so sorgsam, ja ängstlich bewacht der Vater den ersten Versuch des Sohnes. Furcht ist die Schwester der Liebe. Dädalus liebt seinen Sohn, hat Ehrfurcht vor dessen kostbarem Leben. Deshalb sein eindringlicher Appell: „Fliege mir nach! Und halt ja die mittlere Bahn ein – zwischen Himmel und Meer!" (Met. 8, 203 f.)

Doch dann folgt der plötzliche Wechsel der Perspektive, wie ein Filmschnitt, den der Dichter absichtlich setzt, um der Tat seine Bewertung zu geben:

> *Vidit et obstipuit, quique aethera carpere possent, /*
> *credidit esse deos.* (Met. 8, 219 f.)

Sehen, Staunen, Glauben, dass die, die den Äther zu durchfliegen vermöchten, Götter seien. So die Reaktion der einfachen Menschen auf der Erde, des Anglers, des Hirten und Bauern. Für sie ereignet sich am Himmel eine Sensation. In den Augen derer, die in der normalen Ordnung der Dinge, nach dem naturgegebenen Lauf der Welt ihre Arbeit verrichten, sind die beiden Flieger zu Göttern geworden, zu Wesen, die das Maß des Menschlichen übersteigen. Nach Ovids Sichtweise, wie wir sie bereits kennen: eine Provokation der „unermesslichen Macht des Himmels", die nicht ohne Folgen bleiben kann.

Kaum nämlich sind Dädalus und Ikarus eine Strecke durch den Äther geflogen, da vollzieht sich im Sohn abrupt ein Wandel, wie von einer unsichtbaren Macht erzwungen. Er, der alles Geschehen bisher nur belustigt als Spiel genommen hat, verspürt plötzlich in sich einen unbändigen Drang zum Himmel: *caelique cupidine tractus / tactus* (Met. 8, 224). In einer griechischen Quelle bei Apollodor (1. Jh. n. Chr.) steht dafür: *psychagúmenos,* „in der Seele gelockt, gereizt, getrieben". Wie in einem Traum fremdgesteuert, wird er von einer Leidenschaft, von einem rasenden Wahn fortgerissen; er zieht seine Bahn höher, als wolle er sich mit den Sphären des Himmels vereinen. Er gebärdet sich „tollkühn" (*audax*), ja „verwegen" (*temerarius,* Ars 2, 83). Er kommt der Sonne zu nahe, die göttlich auf jenen Höhen herrscht.

Ihre Nähe, ihre Gluthitze zerstört das Konstrukt seiner Flügel und seinen Traum. Er stürzt jäh ab, mit dem Namen „Vater" im Munde taucht er ins Meer. Offen lässt Ovid, wie der Vater die Katastrophe erlebt: Der Leser mag die Leerstelle fantasievoll füllen – mit Angst, Entsetzen, Verzweiflung. In dürren Worten nur wird Dädalus' Reaktion danach erzählt: Der unglückliche Vater, der kein Vater mehr ist, ruft mehrmals nach Ikarus. Der Wechsel vom Perfekt ins Imperfekt: *dixit ... dicebat* (Met. 8, 231 ff.) evoziert die Vorstellung eines nie endenden Rufens, den Widerhall eines Wehschreis. Doch dann das knappe, konstatierend harte Statement: *devovitque suas artes* (Met. 8, 234). Der Fluch auf seine Kunst.

Dädalus hat auf der Suche nach Freiheit und Glück seinen Sohn und sein Glück verloren. Er musste sich schuldig fühlen. Gewiss war es Ikarus' Fehler, der ihm den Tod brachte, da er im *furor* seiner Leidenschaft keinen Sinn für Maß und Gehorsam mehr hatte. Wie weit aber, so fragt man sich, war der Sohn von seinem Alter her überhaupt für sein Tun und Lassen verantwortlich? Die Tragik des Geschehens traf im vollen Maße nur den Vater. Er hat durch sein Verbrechen in Athen die Schicksalssituation auf Kreta geschaffen, die ihn zum Einsatz seiner Kunst zwang. So geriet er in einen unauflösbaren Konflikt, da zwei mächtige Antriebe in ihm gegeneinander standen: Rettung durch Einsatz der höchstmöglichen Leistung – Wahrung der bis dahin gültigen Ordnung der Welt oder anders ausgedrückt: narzisstische Selbstliebe, die ihm sein Genie gebot – Vaterliebe, die ihm das Risiko verbot.

Seine trotzdem versuchte Lösung des Konflikts misslang. Die Konfrontation mit der Gewalt der Götter, in deren Bereiche er vorstieß, wollte er zwar durch das Gebot der mittleren Bahn so gering wie nur möglich halten. Doch die zwanghafte Entrückung des Sohnes, sein Höhenrausch brachte die Absicht zum Scheitern. Den Kompromiss kennen die Überirdischen nicht. Das Versagen der Liebe, so die moderne Psychologie, bedeutet „Wahnsinn oder Vernichtung – Selbstvernichtung oder Vernichtung anderer"[13]. Der geliebte Sohn ging zugrunde. Die Katastrophe vernichtete auch den Künstler, seine Seele, die den Frevel nicht mied, war zerbrochen. Mit der Kunst verfluchte Dädalus auch sich, sein Genie.

In Ovids Weltbild sind Dädalus und Ikarus Kreaturen, die durch den zweiten Schöpfungsakt entstanden sind, Menschen also, die aus den von Deukalion und Pyrrha geworfenen Steinen der Erde abstammen; sie sind demnach, wie Tereus und Prokne, Philemon und Baukis, die Lykischen Bauern, vom chaotischen Makel der Urmaterie behaftet. Sie stehen in ihrer Art dem „Eisernen Zeitalter" nahe, in dem man sich mit Hilfe der Künste Schiffe und Waffen baute, Bergwerke grub, in dem Betrug, Krieg, verbrecherische Habgier die Seelen heimsuchten – und in ihrem Gefolge die Auflehnung gegen die Götter. Dieser Makel haftet auch Dädalus an. Wie man damals frevelnd in die Eingeweide der heiligen Erde eingedrungen ist, so hat sich der Künstler in die heiligen Bezirke des Himmels zu erheben gewagt. Auch Dädalus gilt als Beispiel menschlicher Hybris, der Loslösung von „Gott und der besseren Natur". Das *Victa iacet pietas*, als Signatur der nach Ovids „Glauben" dem Verfall preisgegebenen Menschheit verstanden, trifft auch auf den moralischen Befund der Dädalus-Episode zu.

Diese Botschaft der Geschichte ist wohl das stärkste Movens für ihre Rezeption in der Literatur und Kunst Europas. Allerdings hat sich deren Interesse fast ausschließlich auf die Gestalt des Ikarus fokussiert, indem sie die psychische Verfasstheit des Vaters – man könnte fast sagen – unsachgemäß in den Sohn projizierte. Schon im *Narrenschiff* von Sebastian Brant (1457-1521) zählt Ikarus zusammen mit Phaethon zu den „Narren", die ihrer *superbia* zum Opfer gefallen sind: „Hätt Phaethon nicht den Wagen bestiegen, / Wollt Ikarus so hoch nicht fliegen, / wären gefolgt den Vätern beide – / Sie blieben verschont von Tod und Leide."[14] Brueghels *Sturz des Ikarus* (um 1588) ist das Bilddokument für die Katastrophe des Menschen, der in „rauschhaftem Freiheitsgefühl" danach strebt, übermütig „die Natur zu übertreffen" (so eine Deutung des *naturam novare* auf einer Tafel im Deutschen Museum München).

[13] Erich Fromm. op. cit. 36.

[14] Sebastian Brant: Das Narrenschiff. Hrsg. von Hans-Joachim Mähl. Stuttgart 1964. 145.

Die Dokumentation solcher Rezeptionen ließe sich endlos fortsetzen. Doch schlagen wir sogleich die Brücke zur Gegenwart. Oftmals und heute fast ausschließlich ist Ikarus zum Symbol für die Technik-Katastrophe des Menschen – vor allem in der Eroberung des Luft- und Weltraums – geworden. Das *naturam novare* wird – kulturpessimistisch – als revolutionierende Tat wider die in der Schöpfung angelegte Ordnung (wider die *melior natura*) begriffen. Am Ende steht ein apokalyptisches Bild, dem sein Schöpfer, der Amerikaner John Armstrong, 1972 den Titel *Ikarus* gab[15]: das Szenario eines vernichteten, entmenschlichten Globus, an dem sich das „Erneuern der Natur" bis ins Extrem und ins Universale gesteigert vollzieht. Die Kugel, aufgeplatzt und aufgespießt, in eine öde Fläche gerammt. Nur Trümmer. Alles der zerschmetterte Ikarus. Sein Name nur Chiffre. Direkt erinnert an ihn nur der zerborstene Flügel. Die Umkehr der Schöpfung: Der Kosmos endet im Chaos. Im Kontrast ihrer bildhaften Vergegenwärtigung wird es eindrucksvoll spürbar. Man fühlt sich an John Miltons *Paradise lost* (1667) erinnert; darin heißt es:

> They looking back, all th' Eastern side beheld / Of Paradise,
> so late their happie seat, / Wav'd over by that flaming Brand,
> the Gate / With dreadful Faces throng'd and fierie Armes.
>
> Sie wandten sich und sahn des Paradieses / Östlichen Teil,
> noch jüngst ihr sel'ger Sitz, / Von Flammengluten furchtbar
> überwallt, / Die Pforte selbst von riesigen Gestalten, /
> Mit Feuerwaffen in der Hand, umschart. (12, 641-644)

Die chaotische Erde, die sich hier dem Betrachter bietet, die gleichsam Wirklichkeit gewordene Vision des verlorenen Paradieses, ist zugleich ein Spiegelbild der je und je dem Chaos preisgegebenen menschlichen Seele, so wie Ovid sie gesehen hat und in seinen Gestalten zur Anschauung bringt – nicht als Mahner, nicht moralisierend, sondern in einfühlsamer, nicht selten ironisch distanzierter Analyse des Menschen.

---

[15] Abgedruckt in: Friedrich Maier: Europa – Ikarus – Orpheus. Textband. Reihe Antike und Gegenwart. Bamberg 2006. 53.

Die tradierten Mythen sind ja keineswegs, dies betont Niklas Holzberg[16] zu Recht, von Ovid zu Exempeln für „die Moral von der Geschichte" stilisiert, sie werden jedoch „radikal vermenschlicht"[17], indem der Dichter den Menschen unter die existenzielle Spannung zwischen Kosmos und Chaos, zwischen Gut und Böse stellt, eine Spannung, die sich in bizarren, oft ganz gegensätzlichen Handlungen und Verhaltensweisen entlädt.

In den *Metamorphosen* Ovids steckt die Summe menschlicher Erfahrungen. Wir haben hier unterhalb der Erzählebene die psychologische Schicht einiger Mythen freizulegen versucht mit Begriffen und Erklärungskonzepten der modernen Psychologie. Die *Metamorphosen* sind auch eine psychoanalytische Diagnose, ein Psychogramm des real existierenden Menschen, ein in Tausende von Versen aufgesplittetes *Ecce homo* („So ist der Mensch. So sind wir alle."). Ovid ist gewiss kein Psychologe; er ist Dichter, Erzähler. Als solcher hat er jedoch mit psychologischem Scharfsinn den Menschen zu ergründen und in fantastischen Geschichten darzustellen vermocht.

Er gibt darin seinen Lesern den Blick frei in die menschliche Seele, in ihre Abgründe, dorthin, wo der *furor* ihrer Leidenschaften, „the passion in extremis" rast und tobt. Gerade dies hat Ovid großgemacht. Schon 1924 urteilte Ulrich von Wilamowitz-Moellendorff, der Fürst der deutschen Altphilologen, über Ovid: „Der Dichter ist ein Stern mit eigenem Licht, das nie erbleichen wird."[18] Heute gilt er – nicht zu Unrecht – als der wirkungsmächtigste Dichter der Römer.

[16] Niklas Holzberg: Ovid, Dichter und Werk. München 1997. 130.

[17] Michael von Albrecht: Geschichte der römischen Literatur. Band 1. München 21994. 642.

[18] Ulrich von Wilamowitz-Moellendorff: Hellenistische Dichtung. Berlin 1924. 252. Wilamowitz bezeichnet Vergils *Aeneis* und Ovids *Metamorphosen* in diesem Werk (241) als „die beiden unsterblichen Gedichte der augusteischen Zeit".

ORPHEUS UND EURYDIKE

Das unsterbliche Lied von Liebe und Tod

Orpheus ist eine Symbolfigur. Diese Gestalt des antiken Mythos symbolisiert die seit Urzeiten im Menschen angelegte Sehnsucht, die Grenzen des Todes zu überschreiten – mit der Kraft seiner Fantasie, mit seinem ganzen denkerischen und kreativen Vermögen. Diesseitige Vorstellungen werden in das Reich des Schattens projiziert, dabei ein Szenario in düsteren, grauen und traurigen Farben ausgemalt. Homer zum Beispiel lässt Odysseus in den Hades hinabsteigen, wo er seine Mutter und die in Troja gefallenen Helden wiedersieht, bei Vergil durchwandert der römische Ahnherr Äneas die dunklen Orte der Unterwelt, ehe er seinen Vater Anchises trifft, der ihm Roms große Zukunft als Weltreich prophezeit.

Und Orpheus, jener fantastische Sänger aus Thrakien, der durch seine Kunst Menschen, ja sogar Tiere bezaubert? Warum steigt dieser in die schaurig-ungastlichen Gefilde der Toten hinab? Da öffnet sich kein weiter kriegerisch-politischer Horizont wie bei Odysseus und Äneas. Der enge Raum eines höchst individuellen Schicksals ist es hier, in dem die Jenseitserfahrung in plastischen Formen Ausdruck gewinnt – in einer Sprache, die keinen Vergleich zulässt. Hat doch Roms größter Sprachkünstler, der Dichter Ovid, in seinem Weltepos *Metamorphosen* der Orpheus-Geschichte die wirkungsmächtige Gestalt gegeben (Met. 10, 1-47).

Was also ist Orpheus' Not, die ihm zum Anlass seiner extraordinären Tat wird? Wer nämlich begibt sich schon aus freien Stücken hinab in den Hades, in den Orkus, ins Jenseits, in die Hölle? Auch dem Sänger war sein Wagnis nicht geheuer. Es ist ein existenzzerstörender Schlag des Schicksals, der Orpheus zu dieser Verzweiflungstat treibt. Unmittelbar am Hochzeitstag verliert er seine geliebte Frau Eurydike. Er will sie ins Leben zurückholen, kraft der ihm eigenen Kunst. Dieses Ereignis ist von Ovid, wie sehr viele Mythen der Antike, zu einer Erlebnisgeschichte verarbeitet worden, so dramatisch und mit solch tiefem Einfühlungsvermögen in die Liebe zweier Menschen gestaltet, dass sie in unendlicher Folge Geist, Fantasie und Kunstsinn aller späteren Generationen inspiriert hat, nicht nur in Rom, in ganz Europa und darüber hinaus: in der Musik, in der Literatur, Skulptur, Malerei und im Film.

Wer kennt nicht die Oper von Christoph Willibald Gluck oder von Carl Orff, wer nicht Jacques Offenbachs Operette *Orpheus in der Unterwelt!* Gerhard Marcks hat in seinem Holzschnitt das moderne Gegenstück zum sog. Neapler Relief aus dem 5. Jh. n. Chr. geschaffen. Im französischen Film *Orphée* tastet sich Jean Marais jenseits der Grenzen des Lebens durch die dichten Schwaden von Rauch und Nebel. *Orfeu Negro*, ein oscarprämierter Filmklassiker von 1959 – eine französisch-brasilianische Co-Produktion – versetzt das Sujet in die bizarre Welt des Karnevals von Rio. Auguste Rodin hat das Paar Orpheus und Eurydike in einer seiner berühmten Skulpturen verewigt, Nicolas Poussin und Marc Chagall in szenischen Gemälden. Orpheus-Gedichte „von Vergil bis Ingeborg Bachmann" füllen einen dreihundertseitigen Reclam-Band[1]. Eine Sammlung *Schwarzer Orpheus* enthält „moderne Dichtung afrikanischer Völker beider Hemisphären."[2] Orpheus ist offensichtlich zu einer Chiffre geworden, zu einer Anschauungsmetapher für etwas dauerhaft Gültiges.

Doch was ist dieses Etwas, das die Gestalt Orpheus oder die Gestalten Orpheus und Eurydike unsterblich macht? Schauen wir uns den Urtext, den Inspirationsquell dafür etwas genauer an! Wie gestaltet Ovid seine Geschichte – die achtzig Verse, die Kulturgeschichte gemacht haben? Am Anfang die Hochzeitsfeier. Man erwartet Freude und ausgelassene Stimmung. Doch da schon die trüben Vorboten des Unheils. Der Hochzeitsgott wird durch die Stimme des Orpheus vergeblich gerufen. Der Gott ist zwar da, doch keine festlichen Worte, keine lustigen Gesichter, kein glückliches Vorzeichen; die Hochzeitsfackel fängt kein Feuer, ihr Rauch reizt nur die Augen; Tränen füllen die Augen der Feiernden. Das Wort „vergeblich" (*nequiquam*) erhält durch die stilistische Gestaltung stärkste Betonung:

<Hymenaeus> Orphea nequiquam voce vocatur. (Met. 10, 3)

Es ist, wie sich zeigen wird, das sinntragende Wort, das Leitmotiv der ganzen Erzählung. Die Vorstellung des „Vergeblichen" verbindet sich von Anfang mit einer dumpfen Ahnung. Wie ein drohendes Gewitter lastet die Macht des Schicksals über allem. Und dieses bricht auch bald unerbittlich über die Festgesellschaft herein. Die mit ihren Freundinnen im Garten spazierende Braut wird von einer Giftschlange gebissen und sinkt leblos zu Boden. Die Geliebte ist tot, bereits am Tag der Hochzeit. Liebe und Tod: Das ist die Spannung, unter der die Geschichte von Anfang an steht und ihr die Dramatik gibt.

1 Wolfgang Storch (Hrsg.): Mythos Orpheus. Texte von Vergil bis Ingeborg Bachmann. Leipzig ³2001.

2 Janheinz Jahn (Hrsg.): Schwarzer Orpheus. Moderne Dichtung afrikanischer Völker beider Hemisphären. München 1984.

Orpheus, der alles bezaubernde Sänger, ist voller Trauer, er weint. Aber sein außergewöhnliches Genie drängt ihn, Unmögliches zu wagen. Er vertraut auf seine Kunst. Deshalb will er in die Unterwelt steigen, um auch bei den Schatten nichts unversucht zu lassen. Er wandert hinab zum Styx, dem Unterweltsfluss, immer dunkler und nebliger wird der Weg, der ihn vorbei an körperlosen, schemenhaften Völkern, wesenlosen Schattenbildern von Toten führt hin zu Proserpina und ihrem Gemahl, dem Herrscher des unwirtlichen Reiches der Schatten. In der „lichtlosen Dumpfheit der Totenwelt"[3] greift Orpheus zur Leier und singt, an Götter und Bewohner des Totenreiches sich wendend.

Sein Gesang zielt auf emotionale Erregung und ist zugleich von rationalem Anspruch. Orpheus singt argumentierend oder: er hält singend wie ein Anwalt – Ovid hatte ja Jura studiert – ein Plädoyer für seine geliebte Frau, die in das Schicksalsreich des Todes hinabzusinken gezwungen worden sei:

> „O ihr Gottheiten der unterirdischen Welt, / in die wir Sterblichen allesamt einmal hinabsinken, / ist es erlaubt und vergönnt ihr mir, ohne Verstellung und Umschweife / die Wahrheit zu sagen, so höret: Nicht um den finsteren Tartarus zu schauen, / stieg ich herab, nicht um die drei schlangenzottigen Hälse des Zerberus zu fesseln. / Ich komme um meiner Gattin willen. Eine Natter, auf die ihr Fuß trat, / hat sie vergiftet und sie in der Blüte der Jahre hingerafft. / Ich wollte den Verlust ertragen, ich habe es versucht, das lässt sich nicht leugnen, / allein Amor war stärker. Wohlbekannt ist dieser Gott in der Oberwelt; / ob er es auch hier ist, weiß ich nicht, doch nehme ich an, dass er es auch hier ist, / und wenn die Sage von jener Entführung in grauer Vorzeit nicht Unwahrheit kündet, / so hat auch euch Amor verbunden. Bei diesen schauervollen Orten, / bei dieser gewaltigen Öde, bei diesem riesigen Reich des Schweigens / flehe ich, entzündet Eurydikes allzu rasch erloschenes Lebenslicht aufs Neue! / Wir sind euch ja alle bestimmt, und nach kurzer Frist eilen wir, / ob früher oder später, alle an den einen Ort. / Wir alle richten hierher unseren Lauf, das ist unser letztes Zuhause, und ihr / herrscht über das Menschengeschlecht am allerlängsten. / Auch Eurydike wird, wenn sie die gebührende Zahl von Jahren durchlebt hat und ihre Stunde kommt, / euch verfallen sein. So will ich kein Geschenk von euch, nur eine Gabe auf Zeit. / Wenn aber

[3] Egon Römisch: Orpheus und Eurydike. In: Metamorphosen Ovids im Unterricht. Heidelberg 1976. 48.

> das Schicksal der Gattin diese Gnade versagt, dann ist es mein fester Wille, / nicht zurückzukehren: Freut euch dann am Tod von uns beiden." (Met. 10, 17-39[4])

Der Leitsatz in Orpheus' gesungenem Plädoyer ist: *Vicit Amor*. „Die Liebe hat gesiegt." Er hat es versucht, den Tod der geliebten Frau zu ertragen; er konnte es nicht. Den Mut zu seiner Tat, in der Unterwelt aufzutreten, hat ihm auch das Gerücht gegeben, dass diese göttliche Macht der Liebe auch in der Unterwelt nicht unbekannt ist, da Pluto, der Herrscher im Totenreich, auch aus Liebe Proserpina geraubt habe, also beide ebenso durch Liebe verbunden seien. „Auch euch hat die Liebe verbunden." Der Appell an den gleichen Grundton des Gefühls schafft den emotionalen Raum, in dem Orpheus seine beschwörende Bitte vorträgt, das zu schnell gekommene Todesschicksal seiner Frau wieder rückgängig zu machen. „Das Schicksalsgewebe soll für Eurydike aufgelöst werden."[5] Diese Bitte wird mit geradezu juristischer Beweisführung begründet: Dem Totenreich sei alles geschuldet, über kurz oder lang kehre jeder an diesen Wohnort zurück, in die für jeden letzte Behausung; die Unterweltsgötter hätten ja die längste Herrschaft in Händen[6].

Diese ihnen zu Recht zustehende Macht wolle er, Orpheus, nicht antasten. Wenn er Eurydike zurückverlange, so nur als Leihgabe, zur „Nutznießung" auf Zeit, nicht als Geschenk. Sobald seine Frau die ihr rechtmäßig zustehenden Jahre (*iustos ... annos,* Met 10, 36) hinter sich gebracht habe, werde sie wieder dem Rechtsbereich des Todes anheimfallen. Orpheus erkennt Recht und Herrschaft der Unterwelt an; was er beklagt, was er anklagt, ist, dass Eurydike zu früh starb, dass sie die ihr zugemessenen Jahre nicht zu Ende leben durfte. Was er nicht anerkennt, ist die Macht des Schicksals, das an kein Gesetz gebunden ist, sodass der Zeitpunkt seines Eingreifens in das irdische Dasein von niemandem vorhergesehen werden kann: Der Mensch kann – das ist das große Missverständnis des Orpheus in Bezug auf ein vermeintliches „Naturrecht des Menschen auf ein Leben"[7] – weder für sich noch für einen anderen eine bestimmte Lebensdauer einklagen. Im Grund

4 Ovid, Metamorphosen. Herausgegeben und übersetzt von Gerhard Fink. München / Zürich 1995.

5 Michael von Albrecht / Hans-Joachim Glücklich: Interpretationen und Unterrichtsvorschläge zu Ovids „Metamorphosen". Göttingen 1990. 95.

6 vgl. dazu: Egon Römisch. op. cit. 57 ff.

7 Michael von Albrecht / Hans-Joachim Glücklich. op. cit. 95.

ist Orpheus' Wagnis nicht auf die Totenwelt und deren Herrscher gerichtet; er wendet sich an oder gegen das Schicksal, gegen das Fatum – auch dies ein Leitwort des Textes, das an zentralen Stellen begegnet: als „Todesschicksal" und als „waltende Schicksalsmacht über allem"[8], die nach Orpheus' Glauben dem Menschen Nachsicht, Huld, Gnade zeigen kann.

Wenn in diesem Fall das Schicksal die erflehte Gnade für die Frau versagt, so will Orpheus nicht zurückkehren, er will auch des Todes sein – eine trotzig-aggressive Herausforderung des Schicksals, das bezwungen werden soll. Der Sänger droht mit seinem Freitod. Da wird nun ein schon in der Antike bekannter Mechanismus fassbar, demzufolge beim Tod des oder der Geliebten auch der Partner des Liebesverhältnisses sich das Leben nimmt (man denke an die Geschichte von Pyramus und Thisbe, später Romeo und Julia). Dieser Mechanismus wird hier in der Auseinandersetzung von Mensch und Schicksal gewissermaßen funktionalisiert, insofern ihn Orpheus als Drohung, als psychologisches Druckmittel gegen das Schicksal einsetzen zu können glaubt. So enthält die hier aufbrechende menschliche Problematik eine tiefe existenzielle Dimension: Kann der Mensch dem Schicksal drohen? In dieser Drohgebärde bricht Irrationales durch – vor dem Hintergrund der rational geführten Argumentation wirkt dies umso bestürzender, aufregender, beeindruckender. Es ist der verzweifelte Ausdruck eines Menschen, „der sich um eine sinnvolle Existenz betrogen sieht"[9].

Mit welchen Emotionen reagieren also die Zuhörer in der Unterwelt? Die blutlosen Seelen weinen. Tantalus greift nicht nach der zurückweichenden Woge, das Rad, an das Ixion gekettet ist, steht still, die Geier reißen nicht an der Leber des an den Boden gefesselten Tityos, die Krüge der ewig in ein Fass ohne Boden Wasser gießenden Danaiden bleiben leer. Sisyphos bleibt auf seinem Felsen sitzen. Selbst die Wangen der Erinnyen, der Rachegeister, der Furien sollen da erstmals sich mit Tränen befeuchtet haben. Warum sind diese Figuren, vor allem die leidenden Sträflinge, die sogenannten Unterweltsbüßer, in das ganze Szenario aufgenommen? Gewiss, um das unsagbar Schreckliche dieses Ortes zu illustrieren.

Vor allem aber ohne Zweifel deswegen, um den Eindruck, den die bezaubernde Kraft des Sängers hervorruft, gefühlsmäßig spürbar zu machen. Die Wirkung seiner Kunst soll als so stark empfunden werden, dass selbst die größten Büßer der Menschheit von den ihnen durch das

[8] ibid. 96.

[9] Egon Römisch. op. cit. 58.

Schicksal aufgebürdeten Strafarbeiten und Qualen für einen Augenblick der Ewigkeit befreit sind und sich sogar die immer harten Rachegeister zu Tränen rühren lassen. Durch die Kunst des liebeskranken Orpheus wird „die im Hades gewohnte Ordnung völlig erschüttert."[10] Ein weiterer, noch tieferer Grund für die Funktion dieser Gestalten innerhalb der Geschichte, wird uns erst am Ende voll zugänglich und verständlich werden.

Wie aber reagieren die Mächtigen der Unterwelt? Persephone und Pluto bringen es nicht über sich, sich den flehenden, eindringlichen rührenden Wortes des Orpheus zu versagen. Es entsteht der Eindruck, als ob der Sänger in seinem Widerspruch oder Einspruch gegen das Schicksal Erfolg hätte. Denn Eurydike, die noch unter den frischen Schatten weilt, wird herbeigerufen, sie nähert sich ob des Schlangenbisses mit langsamen Schritten. Die Unterweltherrscher geben Orpheus seine Frau zurück, jedoch unter der Bedingung, sich nicht nach ihr umzudrehen und nicht zu ihr zurückzublicken, bis sie die avernischen Talschluchten (also das Totenreich) hinter sich gelassen hätten. Andernfalls würde das Geschenk zunichte sein, sein ganzes Bemühen erfolglos (*inrita dona futura,* Met. 10, 52). Man achte wieder auf das Stichwort „vergeblich", „umsonst", „erfolglos" (*inrita*).

Orpheus und Eurydike machen sich dann auf den Weg zur Oberwelt; dieser ist in Schweigen gehüllt, steil, dunkel, er führt durch dichte Finsternis; eine Atmosphäre des Unwirtlichen und der befremdenden Härte umgibt die aufwärts Steigenden. Das Dunkel um sie wird immer undurchdringlicher. Nicht mehr weit vom Rand der Oberwelt entfernt schaut Orpheus um. Warum?

> Fürchtend, sie könnte ermatten, und voller Verlangen sie zu sehen, /
> wendet er liebend die Augen ... (Met. 10, 56 f.)

Das ist der entscheidende Augenblick der Geschichte, so etwas wie die Peripetie des Dramas; die Geschichte wendet sich zur endgültigen Katastrophe. Ohne dass sich die beiden auch nur einmal berührt haben, entgleitet Eurydike auf der Stelle Orpheus wieder. Sie streckt ihre Arme aus, bemüht zu ergreifen und ergriffen zu werden, doch sie fasst nichts als nur zurückweichende Luft. Eurydike stirbt ein zweites Mal (*iterum moriens,* Met. 10, 60). Diesmal ist Orpheus an ihrem Tod schuld. Doch sie beklagt sich nicht über ihren Gemahl. Worüber hätte sie sich denn

[10] Helmut Gugel: Orpheus' Gang in die Unterwelt in den Metamorphosen Ovids (X 1-71). 52 f. In: Živa antika XXII. 1972. 39-59.

beklagen können? Allenfalls über seine Liebe. Ein letztes Lebewohl haucht sie ihm zu. Die Geliebte verschwindet wieder dorthin, woher sie gekommen. Der Hades gibt sie nicht frei, hält sie gewaltsam zurück.

Orpheus ist schockiert, erstarrt. Ein zweiter Versuch, in die Unterwelt einzudringen, wird ihm versagt; er bittet vergeblich darum (*orantem frustra,* Met. 10, 72). Erneut an markanter Stelle das Stichwort „vergeblich" (*frustra*). Sieben Tage trauert der Sänger, ohne zu essen. Zeichen dafür, dass er „Eurydikes Tod innerlich miterlebt, gleichsam mit ihr stirbt"[11]. Der hier vergeblich erfolgreiche Sänger klagt die Grausamkeit der Götter an und zieht sich, aller Frauenliebe entsagend, zum Rhodope-Gebirge nach Thrakien zurück, wo er bald ums Leben kommt.

Was ist nun die „Wahrheit" dieses Mythos? Was sagt er über die Befindlichkeit des Menschen aus, sodass ihm eine solch mächtige Wirkungsgeschichte zukommen konnte? Das Totenreich ist ein Ort des Schreckens, des Schweigens, der Dunkelheit, der Härte und Kälte, allem Lichten, Freudvollen, allem Persönlichen fern. In diese Welt ist ein Mensch eingedrungen und hat sie durch seine übermenschliche Kraft des Rede-Gesanges für einen Augenblick der Ewigkeit anders sein lassen; in diesem Augenblick wurde Eurydike, die schon Teil dieser Welt war, aus ihr freigegeben; doch ihre Entlassung kommt zu keinem glücklichen Ende. Sie wird fast brutal von Hades zurückgerissen; sie war ihrem Schicksal nicht zu entreißen. Ovid demonstriert die Härte des im Totenreich waltenden Schicksals. Orpheus betritt am Anfang zaubermächtig diese allem Leben ferne Welt, wirkt als Argumentierender, Liebender, Bittender, Zorniger, Drohender auf sie ein – mit scheinbarem Erfolg. Doch am Ende scheitert er. Der alles Menschenmaß übersteigende Künstler enthüllt seine irdische Kreatur dadurch, dass er wie jeder andere gegen die Allmacht des Schicksals, gegen die Grausamkeit der Götter der Finsternis nicht ankommt, daran verzweifelt.

Doch, so fragen alle tiefer denkenden Leser, hätte es nicht anders kommen können, wenn sich Orpheus an die ihm gestellte Bedingung gehalten hätte? Warum hat er sich umgedreht und zurückgeblickt? Von dieser Frage, die sich an der Peripetie der Geschichte – dort, wo sie zur Katastrophe umkippt – festmacht, haben sich Künstler, Dichter und Denker aller Zeiten provozieren lassen. Ihre Antworten sind fantastisch und sehr verschieden; einige seien angedeutet[12].

---

[11] Michael von Albrecht / Hans-Joachim Glücklich. op. cit. 96.

[12] vgl. dazu auch Wilfried Olbrich: Warum hat Orpheus sich umgedreht? In: Anregung 28 / 6. 1982. 378-384.

Der Dichter Vergil sieht den Grund im *furor*[13], im plötzlichen Vonsinnensein[14] des Orpheus, der Philosoph und Dramatiker Seneca sieht sie in der echten (und daher ungeduldigen!) Liebe[15] oder im Misstrauen, in der Kleingläubigkeit[16] des Sängers. Der italienische Humanist und Dichter Angelo Poliziano (1454-1494) meint in seiner *Fabula di Orpheo*, der Sänger habe sich umgedreht aus jubelnder Begeisterung für die Frau, sein Landsmann Ranieri de' Calzabigi (1714-1795) schiebt in seinem Opernlibretto *Orfeo ed Euridice* die Schuld Eurydike zu, die ihren Mann durch das Liebesverlangen provoziert habe. Im expressionistischen Theaterstück *Orpheus und Eurydike* von Oskar Kokoschka (1886-1980) schließlich dreht sich der Sänger aus Eifersucht auf Hades um.

All diese Gründe sind durchaus plausibel – für sich genommen. Und doch ist die Lösung Ovids – bezogen auf die Entwicklung der Geschichte – sehr viel einleuchtender und menschlich verständlicher. Eurydike muss ja, durch die von der Schlange verursachte Wunde behindert, langsamen Schrittes den steilen, dunklen, in Nebel gehüllten Pfad aufwärts steigen; Orpheus' Angst, die geliebte Frau könnten die Kräfte im Stich lassen, ist begreiflich; er dreht sich spontan aus liebender Sorge um seine Frau um. Aber auch dieser Grund reicht dem tiefer nachsinnenden Leser oder Hörer nicht aus, erscheint ihm zu vordergründig. In seiner existenziellen Dimension enthält der Mythos eine viel tiefer greifende Wahrheit. Sie lässt sich nicht allein aus dem Wesen und Verhalten des Menschen innerhalb der Geschichte erschließen.

Es drängt sich die radikale Frage auf: Warum verläuft die Geschichte so, dass Orpheus sich umdrehen muss? Warum wird überhaupt dieses Gebot vom Dichter oder Mythosgestalter aufgestellt, demzufolge er, wenn er sich umdreht, seines Erfolges verlustig geht? Die Antwort darauf gibt am ehesten der Vergleich mit Nachgestaltungen der Orpheusgeschichte. Dabei interessiert, was Orpheus durch sein Tun erreicht oder nicht erreicht.

Der mittelalterliche Dichter Theoderich von St. Trond (gest. 1107) lässt die Geschichte in seinem lateinischen Gedicht *De fratre suo nummo* so enden:

13 *Illa, „Quis et me, inquit, miseram et te perdidit, Orpheu, / quis tantus furor?"* (Georg. 4, 495 f.)

14 *cum subita incautum dementia cepit amantem* (Georg. 4, 488).

15 *Odit verus amor nec patitur moras: / munus dum properat cernere, perdidit.* (Hercules furens 588)

16 *Sed dum respicit immemor / nec credens sibi redditam / Orpheus Eurydicen sequi, / cantus praemia perdidit: / quae nata est iterum perit.* (Hercules Oetaeus 1085-1089).

Bauend auf die Kraft der Kunst hat sein Einsatz des Geistes / Tapfer entrissen dem Styx, was er gewollt hat. / So besiegt Kunst die Natur, wenn Eifer dazu kommt, / Und beweist, dass der Herrin Tüchtigkeit alles weicht.

Hier verhindert Orpheus Eurydikes endgültigen Tod; seine Kunst überwindet die Natur. Der Tüchtigkeit des Menschen, dafür ist der Beweis geliefert, hat alles, selbst der Tod zu weichen. Der Tod wird durch menschliche Leistung außer Kraft gesetzt. Für Theoderich ist Orpheus „ein Exemplum für die Allmacht von Tüchtigkeit, Arbeit und eifrigem Einsatz (*virtus, labor, studium*).“[17]

In Christoph Willibald Glucks Oper (1762, Libretto von Ranieri de' Calzabigi) verliert Orpheus seine Eurydike zum zweiten Mal, weil er sich aus Liebe zu ihr umdreht – sie hat ihm vorher Gefühlskälte vorgeworfen, ihn also provoziert. Da sich Orpheus daraufhin selbst töten will (wie er es schon bei Ovid androht), erscheint nochmals Eros und verkündet dem standhaften Sänger ein neues Leben an der Seite seiner Frau, die am Leben bleibt.

Dritter Aufzug, zweiter Auftritt
Eros (entwaffnet Orpheus). Sag an, was tust du?
Orpheus. Und wer bist du, der sich so dreist vermessen,
Meine Klagen hier zu stören, die mir der Schmerz erpresst?
Eros. Banne dieses wilde Rasen, sei ruhig!
Eros erkenn' in mir wieder!
Orpheus. Ha, du bist's! Wohl erkenn' ich dich.
Des Jammers Wahnsinn hielt meine Sinne umfangen.
Weshalb erschienst du zu solch schrecklicher Stunde?
Was wünschest du?
Eros. Dich zu beglücken!
Geduldest hast du genug für Kupidos Ruhm,
Und deine Treue hat getrotzt allen Stürmen.
Eurydike erhebt sich, als erwachte sie aus tiefem Schlafe.
Siehe, sie atmet, wieder gehört sie dir!
Orpheus. Was seh' ich, ihr Götter? Holde!
Eurydike. Mein Gatte!
Orpheus. Lass dich umarmen!
Eurydike. Ich drücke ans Herz dich wieder!

[17] Klaus Heitmann: Typen der Deformierung antiker Mythen im Mittelalter. Am Beispiel der Orpheussage. 61. In: Romanistisches Jahrbuch XIV. 1963. 45-77.

Orpheus (zu Eros). Ja, ewig sei dir mein Dank geweiht!
Eros. Folgt mir, ich führ' euch, ihr zärtlich liebenden Gatten,
verlasset den Hades, kehrt zurück auf die Erde!
Orpheus. O Tag der Wonne, du güt'ger Eros!
Eurydike. O Stunde unnennbarer Freuden!
Eros. Durch mich belohnt nun Entzücken all eure Leiden!

In beiden Nachgestaltungen ist der antike Mythos in seinem Kern verändert: Die Autoren haben eine versöhnliche Lösung gefunden. Im einen Fall verwirklicht die dichterische Imagination die uralte Hoffnung, dass menschliche Kunst und Leistung (*ars / virtus*) das Schicksal des Todes bezwingt. Im anderen verschafft die Illusion der Oper den Raum, in dem sich – entgegen dem antiken Sujet – zur Zufriedenheit des Publikums das Glück einer aus dem Tod geretteten Liebe erfüllt.

Verglichen damit ist die antike, ovidische Lösung hart und grausam. Ist sie aber unmenschlich, d. h. dem Menschen nicht gemäß? Der einmal verstorbene Mensch wird dort nicht auf die Oberwelt, ins Leben zurückgelassen. Es helfen dem Orpheus weder die Klugheit seiner Argumente noch die alles betörende Kunst seiner Stimme noch die Drohung des Selbstmords. Warum? Eurydike kann nicht zurückkehren, weil noch kein Mensch aus dem Totenreich zurückgekehrt ist; der Tod ist unwiderruflich. Dagegen vermögen stärkste Liebe und stärkste Zauberkraft (hier des Gesangs) nichts auszurichten. Zwischen Liebe und Tod gibt es im Letzten keine Vermittlung. „Die Geschichte ist von ‚hinten' nicht zu korrigieren." So der Wiener Philosoph Konrad Paul Liessmann[18]. Das ist der tiefere Grund für das Gebot der Unterweltherrscher und für dessen Missachtung: ein Naturgesetz, die Gesetzmäßigkeit der Weltordnung.

Zwar trägt Orpheus im vordergründigen Ablauf des Geschehens die Schuld am zweiten Tod seiner Frau. Insofern er trotz bester Absicht versagt, ist seine Situation tragisch; das Drama hat deutlich die Züge einer griechischen Tragödie. Doch der Dichter, der antike Mythosgestalter, kann die Geschichte nicht anders enden lassen, weil er jenem unumstößlichen Naturgesetz sein Recht belassen will; dies ist ein Ausdruck von poetischer Gerechtigkeit. Das Naturgesetz, die Weltordnung, die der Dichter nicht aufzuheben beabsichtigt, wird als die Macht des Schicksals (*fatum / fata*) empfunden. Vom Ende der Geschichte her wird voll einsichtig, warum von den ersten Versen an das Moment des Schicksalhaften vorherrscht.

[18] Konrad Paul Liessmann: Zukunft kommt! Wien / Graz 2007. 70.

Es wird nun auch verständlich, dass sich Orpheus nicht so sehr mit den Herrschern der Unterwelt auseinandersetzt, sondern mit dem Schicksal, dem er zwar kleine Erfolge abringt, dessen unnachgiebige Härte er aber am Ende zu spüren bekommt; eine Härte, die sich spiegelt in der ganzen Atmosphäre der Totenwelt wie auch in den inneren und äußeren Vorgängen der Handelnden: im kalten, beziehungslosen Nebeneinander von Orpheus und Eurydike, im fast brutalen Zurückgerissenwerden der Frau in den Hades. In der Tiefe der Geschichte ist uns so „die absolute Wahrheit" des Orpheus-Mythos fassbar geworden – wie sie jedem Mythos zugrunde liegt[19].

An dieser Wahrheit haben Rezipienten des Mittelalters und der Neuzeit mit künstlerischer Freiheit gedreht, von Zeitgeist und Ausdrucksmedium veranlasst. Hält man allerdings ihre Produkte gegen Ovids Urfassung, so ist sonnenklar: Indem die späteren Mythosgestalter einen humaneren, weil versöhnlicheren Ausgang suchen, erweisen sie sich zugleich als inhuman, weil sie das menschlichste aller Gesetze, die Unwiderruflichkeit des Todesschicksals, außer Kraft setzen. Niemand kommt gegen den Tod an. Auferstehung kommt nicht durch menschliche Leistung zustande.

Auferstehung ereignet sich auf einer anderen transsubstantialen, metaphysischen, religiösen Ebene. Die Orpheussage ist gewissermaßen auf dem Wege zur christlichen Auferstehungsbotschaft. Orpheus ist nicht Christus. Und doch hat man ihn schon sehr früh – z. B. auf einem Fresko aus dem 4./5. Jh. n. Chr. in der Domitilla-Katakombe in Rom – mit Christus identifiziert. Diese Identifikation findet in der Verbindung Christus – Orpheus ihren sichtbaren Ausdruck. Die frühchristliche und mittelalterliche Religiosität stellt freilich Christus als *verus Orpheus*[20], als „wahren Orpheus", dem antiken Orpheus ausdrücklich entgegen[21].

Der antike Mythos freilich enthält, so viel sollte deutlich geworden sein, eine andere nichtchristliche Botschaft. Es ist die Botschaft des menschlichen Scheiterns. In den drei Hauptszenen des Ovidtextes begegnen nicht zufällig die drei im Lateinischen möglichen Ausdrücke

[19] Raffaele Pettazzoni: Die Wahrheit des Mythos. 254. In: Karl Kerényi (Hrsg.): Die Eröffnung des Zugangs zum Mythos. Ein Lesebuch (Wege der Forschung XX). Darmstadt 1976. 253-261.

[20] Das früheste Beispiel ist wohl Clemens Alexandrinus' Protreptikós, in dem das Lied des Orpheus als Präfiguration des Gotteswortes gedeutet wird.

[21] vgl. dazu auch Christoph Markschies: Odysseus und Orpheus christlich gelesen. In: Mythenkorrekturen. Zu einer paradoxalen Form der Mythenrezeption. Herausgegeben von Martin Vöhler, Bernd Seidensticker und Wolfgang Emmerich. Berlin / New York 2005. 69-92.

dafür: am Anfang: *nequiquam* („vergeblich“, Met. 10, 4) – in der Mitte: *inrita* („erfolglos“, Met. 10, 52) – am Ende: *frustra* („umsonst“, Met. 10, 72). „Vergeblich“ ist das große Leitwort des Textes. Die Orpheus-Geschichte erweist sich also als der Mythos vom vergeblichen und sinnlosen Mühen und Streben des Menschen. Diese Urerfahrung wird auch durch den Auftritt der Unterweltbüßer Tantalus, Sisyphus, Danaiden bekräftigt und vertieft. In ihren Strafen tritt die Unaufhörlichkeit eines erfolg- und sinnlosen Tuns drastisch vor Augen. Orpheus ist das Symbol der Vergeblichkeit.

Carl Orff in unserer Zeit trifft, da er in all seinen Antike-Rezeptionen dem Original treu oder sehr nahe bleibt, die im Ovidtext fassbare Wahrheit, den Kern der Geschichte wieder in der Mitte. In seiner 1940 uraufgeführten Bearbeitung von Claudio Monteverdis Oper *L'Orfeo* (1607) bleibt Eurydike auf ewig verloren. Das Werk endet mit dem Gesang des Orpheus:

O lass mich untergehen in Deinem Traum, in dir!
In diesem klaglos stillen Dunkel!
Ach, Eurydike, Geliebte,
Quell aller Wonnen, du aller Sehnsucht Qual –
Born aller Tränen, du meiner Liebe Traum,
du meines Herzens ganze Seligkeit!
Eurydike hab' ich verloren,
ewig verloren Eurydike!

„Ewig verloren“: auch die Gestalten Orpheus und Eurydike? Warum ist das über sie angestimmte Lied von Liebe und Tod unsterblich? Dieser Mythos gehört ganz gewiss zu den „in die Psyche Europas versenkten Erinnerungsbildern“[22]. Er ist ein steter Anstoß der Erinnerung. Eine amerikanische Journalistin erinnerte sich zum Beispiel in einer eindrucksvollen Zeitungsreportage[23] an diesen Mythos, als ihr das tränenüberströmte Gesicht jener jungen Amerikanerin vor Augen trat, die noch Tage nach dem Inferno des 11. September 2001 in den von Rauchnebeln verhüllten Trümmern des eingestürzten World Trade Centers nach ihrem vermissten Geliebten suchte. Erst wenige Tage zuvor hatte sie sich mit ihm verlobt. Nun hat sie den Mann auf ewig ver-

[22] Wolfram Wuttke: Warburg, Curtius und Latein für Europa. In: Die deutsche Tagespost von 23./24.12.1982. Sonderbeilage. VI.

[23] New York Times vom 14.09.2001.

loren. Ihr traurig-trauerndes Bild ging durch die Weltpresse. Hat sich da nicht wirklich, so die Frage der Journalistin, – mit vertauschten Rollen – das Orpheus-Schicksal der Moderne ereignet? Die Absurdität des vergeblichen Wartens, Suchens und Hoffens? Der erfolglose Versuch, den eigenen Willen gegen die unerbittliche Macht des Schicksals zu stemmen? Eine solch bittere Erfahrung, der jeder Mensch ausgeliefert ist, ist ohne allen Zweifel an Zeit und Grenzen nicht gebunden. Eben deshalb wird das Lied von Liebe und Tod, wie wir es im Mythos von Orpheus und Eurydike vernehmen, weiter zu allen Zeiten gesungen und gehört werden. Beide Gestalten bleiben auf ewig präsent.

LIEBESLEHRE ALS LATEINLEKTÜRE

Das ganz andere Gesicht eines Unterrichtsfaches

OVIDS LIEBESKUNST – EINE PROVOKATION

Das Bild, das der Lateinunterricht in den Köpfen seiner Schülerinnen und Schüler entstehen lässt, ist pompös – im wahrsten Sinne des Wortes: Die Römer ziehen wie in einer *pompa* an ihnen vorüber, feierlich im Militärornat, siegesstolz und eroberungstüchtig, beladen mit Beute aus Ländern aller Himmelsrichtungen, triumphierend die Feldzeichen und Führer der geschlagenen Völker zur Schau stellend, als Herren der Welt, in Besitz von Macht und Kultur. Die Trajanssäule aus dem 1. Jh. n. Chr. setzt diese Siegerpose auf einem 200 Meter langen Reliefband in Szene: An prominenter Stelle dieses Reliefs schreibt die geflügelte Göttin Victoria die Siege Roms auf einem Schild nieder, umgeben von Tropaia mit Waffen und Helmen.[1]

Widerspruch gegen das martialische Bild von Rom

Dass dieses Bild von den Römern einseitig ist, wissen wir, die Lektüre von Cäsar, von Sallust, von Livius, auch die von Cicero mögen daran schuld sein (von außerschulischen Impulsen – Spielfilmen, TV-Features und Comics – gar nicht zu reden). Auch die Sprachlehrbücher haben dazu kräftige Farben geliefert. Dagegen ist längst Widerspruch eingelegt worden – von Vertretern des Faches, nicht selten in schroffer Polemik. Da werden „niederträchtige Machtpolitik", „Herrenvölkerideologie", „Völkermord", „Integration durch Ausrottung der Rasse" angeprangert, lauter Aspekte römischen Handelns, die man in der Schule verschämt verdeckt halten solle. Jenen Autoren gebühre kein oder nur ein geringer Platz in der Schule. Doch abgesehen davon, dass es unredlich wäre, die charakteristischen Züge im Gesicht Roms im Schatten zu lassen; es ist schlichtweg eine historische Wahrheit, dass im Imperium Romanum – wenn auch unter Einsatz höchst bedenklicher Methoden – ein europäisches Großreich entstanden ist, als politischer und zugleich kultureller Raum, in dem unter dem Schutz der *Pax Romana* die geistigen Grundlagen für das gelegt wurden, was man heute die europäische

[1] Abgedruckt in: Marco Bussagli (Hrsg.): Rom. Kunst & Architektur. Köln 1999. 106. Vgl. auch: Friedrich Maier: Irritamenta animi. Ein lateinisches Europa-Lesebuch. Textband. Reihe Antike und Gegenwart. Bamberg 2001. 42.

oder westliche Welt nennt. Man denke an Rede und Recht, an Staatsführung, politische Organisationskraft und anderes mehr.

Natürlich ist die Opposition gegen das einseitige „pompöse" Bild von Rom nicht unberechtigt. Die Römer waren nicht nur die Lieblinge des Mars. Roma war auch die Stadt der Venus, der Liebesgöttin. Der Liebe und Erotik als einer Lebensmacht waren die Nachfahren des Romulus wie alle anderen Menschen ausgeliefert. Allerdings ist diese andere Seite Roms in der überlieferten Literatur weit geringer repräsentiert, wohl weil das Phänomen bei den Römern keine exzeptionelle Geltung hatte, vielleicht auch, weil es dem Image einer Weltmacht, dem man sich verpflichtet fühlte, abträglich war. Politik und Erotik standen sich ja in Rom in einem Wertekonflikt gegenüber, wovon uns das römische Nationalepos eine drastische Anschauung gibt. In der *Aeneis* wird die offizielle Lösung dieses Konflikts manifest; sie vollzieht sich zugunsten der Politik. Didos Liebe unterliegt dem Sendungsauftrag des Äneas. Der Tod der Liebe und der Liebenden selbst ist der Preis.

Das Liebesthema als notwendiges Komplement

Gerade diese Konstellation macht jedoch die andere Seite der Römer nicht unwichtig. Da sie gewissermaßen paradigmatisch ist, also zu allen Zeiten so oder ähnlich auftritt, ist sie von hohem didaktischen Wert. Liebe und Erotik sind ein fruchtbares Unterrichtsthema. Der Lateinlektüre wird es nicht deshalb empfohlen, weil man so dem „Lustbedürfnis" der Jugend entgegenkommen will; es ist die existenzielle Problematik, mit der die jungen Menschen hier konfrontiert werden und die sie hautnah berührt. Das Liebesthema ist das notwendige Komplement der sonst eher politisch-historisch orientierten Lateinlektüre.

Zumal das Liebesthema in einem geschichtlichen Kontext vermittelt werden kann, in dem der Dichter zur Provokation wird. Ovid hat es geradezu darauf angelegt. Liebe und Erotik werden von ihm als Lehrgegenstand feilgeboten mitten im Prozess der moralischen Erneuerung des Staates durch den Kaiser. Ovid steht gegen Augustus, ein Dichter gegen den mächtigsten Mann des Reiches. In der *Ars amatoria* prallen Staatsraison und poetische Freiheit aufeinander. Der Dichter spielt das Lied der Liebe ohne Rücksicht auf politische Gebote, in heiter-ironischem Ton, changierend zwischen Witz und Ernst, die Grenze des Verträglichen oft genug überschreitend. Mit einer das ganze Werk beherrschenden Metaphorik, die die gegensätzlichen Züge im Gesicht Roms plastisch vor Augen stellt. Der Liebhaber ist ein Kriegsmann, ein Stratege, allerdings nicht im Dienste des Mars, sondern der Venus.

Militiae species amor est ...

Eine Art Kriegsdienst ist die Liebe. (Ars 2, 233)

Mars verliegt sich in den Armen der Venus. Ein antirömisches Programm. *Make love, not war!* steht gegen die romtypische Maxime *Si vis pacem, para bellum!* Der Konflikt zwischen Dichter und Herrscher war vorprogrammiert. Und dessen notwendige Lösung zugunsten der Politik ließ, wie wir wissen, nicht sehr lange auf sich warten. Augustus schickte den *praeceptor Amoris* (Ars 1, 17) für den Rest seines Lebens in die Verbannung, weit weg von Rom, nach Tomi ans Schwarze Meer. Ovid selbst gibt die Veröffentlichung der *Ars amtoria* als einen der beiden Gründe für seine Exilierung an (Trist. 2, 207-212).

DIE ARS AMATORIA ALS LEKTÜREGEGENSTAND

Wie kann man den Text der *Ars amatoria* didaktisch so aufbereiten, dass die Lektüre einen mehr als vagen Gesamteindruck vermittelt? Es bedarf einer überlegten Auwahl aus den drei Büchern. Die meisten Texte sind wohl aus den ersten beiden Büchern zu entnehmen, die an die Männer gerichtet sind; aus dem dritten Buch, das sich mit Liebesregeln an die Frauen wendet, sollten korrespondierende Stellen im Original oder in Übersetzung hinzugenommen werden. Die ausgewählten Texte sind so zu arrangieren und mit Überschriften zu versehen, dass sie als Elemente einer Einheit begriffen werden können. Die Textkonstitution, die im Folgenden zugrunde gelegt wird[2], kommt diesem Ziel nahe; sie vermittelt den Eindruck eines zyklischen Aufbaus, vom Proöm zum Epilog, der direkt wieder zum Anfang „zurückblendet".

Aufbau des Projekts – Lektüreauswahl

- Des Dichters Ankündigung: die Weisheit der Venus (1, 1-4; 23-30)
- Sei ein kundiger Jäger! (1, 41-50)
- Rom ist voller bezaubernder Mädchen (1, 55 f.; 59-66)
- Auf dem Forum lauert die Venus (1, 79-88)
- Bestes Jagdterrain: das Theater (1, 89-100)
- Roms Vorbild: der Raub der Sabinerinnen (1, 113-130)
- Treffpunkt Circus (1, 135-148)

[2] Friedrich und Luise Maier: Ovid. Ars amatoria. Lieben – Bezaubern – Erobern. Textband. Reihe Antike und Gegenwart. Bamberg 2001.

- Chancen beim Symposion – Aber prüfe sie bei Tag! (1, 229 f.; 237-248)
- Des Liebeslehrers Angebot: die Kunst der Eroberung (1, 263-268)
- Alle sind zu haben! (1, 341-350)
- Wie gestylt sollst du dich zeigen? (1, 505-519; 3, 101 f.; 261-264; 281-284)
- Liebe ist Kriegsdienst (2, 223-238)
- Der Liebesbrief – ein Mittel zur Überredung? (1, 443-454)
- Taktik bei Seitensprüngen (2, 409-414; 555-560)
- Liebe – eine exklusive Sache (2, 612-624)
- Protze nicht mit Erfolgen! (2, 625-634)
- Liebe ist Lust für beide (2, 682-692)
- Der Dichter verlangt seinen Preis (2, 739-744; 3, 809-812)

Die Liebesthematik wird durch Zusatztexte aus der *Ars amatoria* selbst (in bilinguer Fassung oder in Übersetzung) und durch aussagekräftige Paralleltexte aus der griechischen und römischen Literatur ergänzt (z. B. aus Lukrez' Hymne an Venus[3], die Friedensbringerin). Die Originalstellen gewinnen so an Kontur und Tiefenschärfe. Auch Texte aus der Rezeptionsgeschichte (z. B. über Venus in der *Aetas Ovidiana* des Mittelalters) sowie Textstellen aus Liebesgedichten (z. B. von Johann Wolfgang von Goethe oder Erich Fried) und Liebestraktaten (z. B. von Erich Fromm) aus Neuzeit und Gegenwart lassen sich in das Projekt integrieren. Die Tradition des Themas durch die europäische Kulturgeschichte wird auf diese Weise deutlich. Antike und Gegenwart sind in einen spannungsreichen Gegensatz gebracht, wenn der Liebesbrief auf Wachstafeln mit der Flirtmaschine des Internets verglichen wird oder wenn sich der Circus Maximus in Rom und die Love Parade in Berlin als gleichermaßen günstige Treffpunkte für Liebesuchende präsentieren. Über solche Vergleiche lässt sich trefflich streiten.

Die Membran des heiter ironischen Umgangs mit dem Thema wird durch das didaktische Arrangement gelegentlich durchstochen; so erhält etwa der Raub der Sabinerinnen, den Ovid feinfühlig beschreibt, einen tiefsinnigen Hintergrund durch die Konfrontation mit den „Wortbildern" Jenny Holzers, in denen sie die Vergewaltigung der Frauen im Krieg auf dem Balkan durch mit Blut geschriebene Lettern brandmarkt[4].

[3] De rer. nat. 1, 1. 28-40.

[4] Friedrich und Luise Maier. op. cit. 33.

Bilder gehören notwendig zum didaktischen Arrangement gerade eines solchen Lektürevorhabens. Das Thema Liebe und Erotik ist in den Skulpturen, Wandmalereien und Mosaiken der Antike so reichhaltig und bunt überliefert, dass man eine große Chance der Veranschaulichung und Verlebendigung vergeben würde, setzte man sie nicht im Unterricht ein. Durch funktional mit den Texten verbundene Bilder gewinnt das im Gedicht Gesagte an Atmosphäre; nicht selten kann gerade durch moderne Bilder die ironische Brechung des lateinischen Textes verstärkt werden.

INTERPRETATIONSLINIEN INNERHALB DER TEXTAUSWAHL

Welches sind die thematischen Grundlinien des Werkes? An einigen charakteristischen Stellen sollen im Folgenden die poetische Absicht des Werkes und deren Vermittlung im Unterricht angedeutet werden. Es gilt dabei, dem Autor Ovid und den Adressaten, den Schülerinnen und Schülern, gerecht zu werden.

1. Das Proöm (1, 1-4; 23-30)

Das Proöm öffnet den Blick in das Werk, das der Dichter dem Leser anbietet. Es geht, sieht man auf die Leitwörter, um eine Kunst und um Liebe, um ARS und AMOR, also nicht um Krieg und Heldenkämpfe. Und doch begegnet auch das Vokabular des Krieges: *figere* (durchbohren), *violentius urere* (heftiger in Brand stecken), *vulnus* (Wunde, Verwundung), *ultor* (Rächer). Liebe wird als Kampfsituation empfunden. Der Dichter möchte den Leser kriegstüchtig machen: auf dem Feld der Liebe. *Ars* meint die strategische Technik, mit der der Liebhaber den Angriffen Amors begegnen soll, in einer rational beherrschten Gefühlslage, sozusagen mit technischer Perfektion wie der Steuermann in der Navigation oder der Wagenlenker bei der Wettfahrt.

Das Wissen, das der Dichter zu dieser Belehrung braucht, kommt nicht wie im klassischen Epos von einer göttlichen Inspiration, sondern von seinem eigenen *usus*, seiner Erfahrung, die er persönlich gemacht oder sich durch Lektüre angeeignet hat. Es ist nicht Apollo, es sind nicht die Musen, von denen er die Wahrheit, die er verkünden will, erhält. Im Grund sieht er sich selbst als quasi-göttliche Instanz, aus ihm selbst, seinem *usus* kommt die wahre Lehre, die er als „erfahrener Seher" (*vates peritus*) anbietet.

Wenn er sich pointiert mit *Coeptis, mater Amoris, ades!* (1, 30) doch an eine höhere Instanz wendet, nämlich an Amors Mutter Venus, dann unterläuft er bewusst das traditionelle Schema des Musenanrufs; er parodiert den feierlichen epischen Einstieg; und diese parodistische Note bestimmt mehr oder weniger stark das ganze Werk. Von vornherein ist mit den Schülerinnen und Schülern darüber zu sprechen, wie ernst man von Fall zu Fall das Nachfolgende nehmen darf.

2. *Auf dem Forum lauert die Venus* (1, 79-88)

Parodie gründet auf ironischer Distanz zum Thema; für Ovids gesamtes Werk ist diese Haltung typisch. Die *Ars amatoria* ist davon durchlaufend bestimmt, mehr oder weniger. Das betrifft gerade das Bild des Liebhabers, das er durch seine Lehren schafft. Das wird an einer markanten Stelle deutlich.

Die Venus lauert überall, überall kann man in die Falle des Amor geraten. Auch auf dem Forum Iulium, das als *argutum forum* (1, 80) bezeichnet wird, also dort, wo eigentlich Geist und scharfsinnige Rede zuhause sind. Dort stehen sich die Kurie und der Venustempel gegenüber, also *ratio* und *libido*; doch nicht unabhängig voneinander, sondern in Verquickung ihrer Wirkungsbereiche; Siegerin ist die Venus; selbst der *iuris consultus*, also der in Rom am stärksten vom Verstand geleitete Beamte, wünscht am Ende ein „Klient" der Venus zu sein, unterliegt also den Anstürmen der *libido*.

Hunc Venus e templis, quae sunt confinia, ridet.
Qui modo patronus, nunc cupit esse cliens. (1, 87 f.)

Die Göttin der Liebe lacht von ihrem Tempel her: das Lächeln der Siegerin. Sie beherrscht alles. Ovid will, so eine Interpretin der Stelle[5], seinen Liebhaber so erziehen, dass er sich nicht total von seiner Libido beherrschen lässt, dass er kühl berechnend und strategisch überlegt, also Herr über seine Sinnenlust bleibt. Die Selbstkontrolle ist das Lehrziel der *Ars*: ein Liebhaber ohne Leidenschaft. In dieser verstandesmäßigen Konditionierung des *amator* ist die Ironie mit Händen zu greifen. Ein solch amouröses Konstrukt von Mann ist unwirklich; Ovid lässt von Zeit zu Zeit spüren, dass es nicht perfekt funktioniert. „Durch den Schutzwall gezielter Planung und rationaler Distanz ... bricht immer wieder der Affekt."[6]

[5] Jula Wildberger: Ovids Schule der „elegischen" Liebe. Erotodidaxe und Psychagogie in der Ars amatoria, Frankfurt am Main 1998. 47.

[6] Gerlinde Wellmann-Bretzigheimer: Ovids ‚Ars amatoria'. 17. in: Hans Gerd Rötzer / Herbert Walz (Hrsgg.): Europäische Lehrdichtung. Darmstadt 1981. 1-32.

3. *Chancen beim Symposion – Aber prüfe sie bei Tag!* (1, 229 f.; 237-248)

Die Chance, ein günstiges Objekt seiner Liebeslust zu finden, bietet das Symposion; hier glüht der Kopf, hier erfüllt sich die Lust:

> *Et Venus in vinis, ignis in igne fuit.* (1, 239)

Die Frauen nehmen beim Gelage die Männer im Sturme: *animos iuvenum rapuere puellae.* Gefahr ist im Verzug, die Kontrolle geht verloren; Wein und Nacht sind schädlich; der richtige Liebhaber sieht sich vor:

> *Hic tu fallaci nimium ne crede lucernae!* (1, 245)

Im Grunde soll der Mann nüchtern bleiben, sich dem Bacchus (Dionysos) versagen. Geht ihm doch der Gaul durch, betäubt er den Geist (*ratio*) mit dem feurigen *merum*, so soll er das Weib, das er erobert hat, am nächsten Tag bei Lichte recht prüfen, wie Paris einst, der die drei Schönen bei Tageslicht und unter freiem Himmel prüfend geschaut hat. Der Liebesschüler sei demnach am besten ohne Rausch, nur nüchtern kalkulierend; er soll die enge Verbindung von *Venus in vinis* zerreißen. Ironischer – und realitätsnäher – kann dichterische Pose nicht sein. Darüber lachen auch die Schüler / jungen Leser.

4. *Liebe ist Kriegsdienst* (2, 223-238)

Ovids Lehre zielt darauf, den Liebhaber gelehrt (*doctus,* 1, 2) zu machen in der Kunst der Eroberung; er will ihm sagen, durch welche Künste die, die ihm gefallen hat, zu erobern ist:

> *... quae placuit, quas sit capienda per artes.* (1, 265)

Eine schwierige Aufgabe, die dem Einsatz im Krieg gleichkommt:

> *Militiae species amor est ...* (2, 233)

Liebe ist Kriegsdienst, nichts für Schlappschwänze: *Discedite, segnes!* Hier sind Feldzeichen zu schützen, Nachtlager, Winter und brutale Schmerzen zu ertragen, Regen vom Himmel und feuchtes Lager am Boden. Die Frau ist der befehlende Feldherr, der Mann der gehorsame Soldat. Seinen Dienst empfindet der *amator* als *obsequium amoris,* das er freiwillig auf sich nimmt. Sein Dienst ist deshalb kein *servitium amo-*

ris, meint Jula Wildberger[7]. Und das Prinzip der Freiwilligkeit gehöre in den Verhaltenskodex des richtigen, also vom Verstand beherrschten Liebhabers. Doch signalisiert nicht die Verschärfung der Befehle, die Ovid die Frau erteilen lässt, eine absichtliche Überzeichnung der Situation? Übergehorsam beim Mann als Zeichen der Selbstdisziplinierung? Wie ernst kann das gemeint sein? „Jedenfalls ist es sehr lustig, wie er [Ovid] seinen Schüler die *puella* mit Dienstleistungen förmlich zudecken lässt."[8] Die Aussage mag hier zwischen Humor und Ernst changieren. Denn das Erobern und Behalten eines Mädchens erweist sich als außerordentlich anstrengend; die Frau, deretwegen der *amator* solche Anstrengungen wie im Krieg auf sich nehmen muss, wird hier – bei aller Überzeichnung der Lage – doch merklich aufgewertet.

5. Taktik bei Seitensprüngen (2, 409-414; 555-560)

Ovid hat mit den Frauen (*feminae, puellae*), die richtig zu erobern und zu behalten er die Männer lehren will, vornehmlich die Hetären und Konkubinen im Blick; freilich verschwimmt nicht selten die Grenze zu den anderen Vertreterinnen der römischen Frauenwelt; man hat zuweilen den Eindruck, als sei damit die Frau schlechthin gemeint. Schuldgefühle nach einem Seitensprung kann man ja wohl nicht einer Hetäre oder Konkubine gegenüber empfinden. Und doch geht der Dichter darauf nachhaltig ein: Der tüchtige *amator* verheimlicht oder verleugnet den Seitensprung. Schuldvorwürfen soll er, sofern die Geliebte doch von seinem „Vergehen" erfahren hat, durch eine erotische Vorwärtsstrategie begegnen, durch den Liebesakt:

> *Sed lateri ne parce tuo. Pax omnis in uno est.*
> *Concubitu prior est infitianda Venus.* (2, 413 f.)

> Schone deine Lende nicht! Der Friede liegt darin allein.
> Durch Beischlaf ist zu leugnen die Liebe zuvor.

Mit Lug und Trug soll der Verdacht des erotischen Fehltritts verdrängt werden; das gehört zur Souveränität des Liebhabers. So erhält er den Frieden aufrecht. *Pax*, Leitwort der augusteischen Epoche, in diesem sexualstrategischen Zusammenhang gebraucht, wirkt provokativ ge-

---

[7] Jula Wildberger. op. cit. 219.

[8] Niklas Holzberg: Ovid. Dichter und Werk. München ^{2}1998. 108.

genüber dem Zeitgeist und seinem obersten Repräsentanten und Initiator Augustus. Zugleich verdichtet sich an diesem Begriff die Ironie dieser Stelle. Und gleitet hier, so muss man sich fragen, nicht unterschwellig die Sympathie des Lesers auf die Seite der Frau?

6. Liebe – eine exklusive Sache (2, 612-624)

Nur das Vieh, so lehrt uns Ovid, paart sich in der Öffentlichkeit. Liebende suchen die Abgeschiedenheit, die Dunkelheit oder zumindest eine schattenspendende Wolke. Liebe verbindet zwei Menschen an einem intimen Ort. Der erotische Akt ist ein Geheimnis, an dem nur zwei teilhaben. Das war schon früher in der „wilden" Zeit so, wo das Volk noch roh war, das ist heute im *cultus* der Kaisergesellschaft nicht anders: die *cura pudoris* herrscht vor.

> *Tunc quoque ...*
> *[...]*
> *in nemore atque antris, non sub Iove, iuncta voluptas:*
> *Tanta rudi populo cura pudoris erat.* (2, 621-624)

Venus selbst bedeckt sich, sooft sie ihre Hüllen fallen lässt, die Scham mit der linken Hand (2, 613 f.). Die berühmte Aphrodite von Knidos des Praxiteles[9] und ihre zahlreichen hellenistischen und römischen Rezeptionen – allen voran die Kapitolinische Venus[10] – haben für Ovids Liebesregel Modell gestanden. Und diese Liebesregel zeigt den Dichter als feinfühligen Gestalter des Stoffes, hier gewiss nicht ohne tiefsinnigen Ernst.

7. Protze nicht mit Erfolgen! (2, 625-634)

Und deshalb soll der Liebhaber auch nicht mit seinen Eroberungserfolgen protzen; „... aber in Spanien schon tausendunddrei." Nicht wie ein siegreicher Stratege die Namen der besiegten Völker im Triumphzug verkündet, darf er seine Siege ausposaunen. Was nachts zwischen den Liebenden passiert, gehört nicht an die große Glocke gehängt. Das Wort „Diese war auch schon einmal meine!" (‚*Haec quoque nostra fuit*',

[9] *[Praxiteles] marmoria gloria superavit etiam semet. ... Ante omnia est non solum Praxitelis, verum in toto orbe terrarum Venus, quam ut viderent, multi navigaverunt Cnidum. ... illo enim signo Praxiteles nobilitavit Cnidum.* (Plin. Hist. nat. 36, 20 f.).

[10] Werner Fuchs / Max Hirmer: Die Skulptur der Griechen. München [4]1993. 216-239.

2, 628) ist unziemlich. Die kritische Frage des Dichters lautet: „Soll zu dem Zweck, dass kein Mädchen fehlte, auf das du mit dem Finger zeigen kannst, eine jede, sobald du sie berührt hast, zu hässlichem Klatsch dienen?"

Ne sint, quas tu digitis ostendere possis,
ut quamque adtigeris, fabula turpis erit? (2, 629 f.)

Doch als noch schlimmer zu beklagen ist, wenn manche nur lügenhaft und angeberisch vortäuschen, dass es keine gibt, mit der sie noch nicht geschlafen hätten. Wenn sie schon nicht den Körper berühren, so beschmutzen sie doch ihren Namen. Denn wenn auch der Leib unberührt bleibt, so haftet doch ein Makel am guten Ruf:

Corpora si nequeunt; quae possunt, nomina tangunt,
famaque non tacto corpore crimen habet. (2, 633 f.)

Gallige Bitterkeit, mit der Ovid das sagt, sich beklagt. Der Dichter nimmt hier Stellung, kritisch; er zeigt sich mit dem, wovon er spricht, nicht einverstanden. Das Verhaltensszenario ist in zwei gegensätzliche, sich gegenseitig bedingende Modi zerlegt: Der Modus des Mannes ist das Reden, Prahlen, Lügen, der Modus der Frau ist das Davon-Betroffensein, indem sie zum Gegenstand hässlichen Klatsches gemacht wird, ihr Name beschmutzt und ihr Ruf beschädigt wird.

Auch hier zeigt sich Ovid feinfühlig und seriös. Er spürt in solchem Verhalten des Mannes, vor dem er warnt, einen Mangel an Taktgefühl, an Respekt für die Gefühle des Partners, also an *pudor,* an einem Wert, der vorausgehend schon stark apostrophiert worden ist (2, 613 ff.) – und natürlich für die römische Gesellschaft sinnstiftend war. Wie passt dies zum Bild des kühl kalkulierenden Liebesegoisten? Die hier gebotene Rücksichtnahme – signalisert sie nicht eine gewisse Aufwertung der Frau, die hier nicht namenlos ist (sonst könnte man ihr *nomen* ja nicht beschmutzen)? Offensichtlich ist die Frau hier keine bloße *materia amoris* mehr, von der am Anfang die Rede ist (1, 49). Ovid blickt hier verständnisvoll in die Seele der Frau.

8. Liebe ist Lust für beide (2, 682-692)

Dieses Verständnis äußerst sich auch, wenn er einige Verse später davon spricht, der Mann solle dafür sorgen, dass auch die Frau zum Höhepunkt der Lust gelangt. Beide sollen sie „zu den Höhen des Himmels aufsteigen"[11]. Gerade hier tritt der feinfühlige Psychologe Ovid in Erscheinung. Im Erleben des Liebesgenusses ist die Frau als eigenständig und gleichberechtigt anerkannt:

Quod iuvet, ex aequo femina virque ferant. (2, 682)

Die Beziehung zwischen Mann und Frau, wie sie Ovid hier gestaltet, offenbart „in erstaunlicher Manier ein Streben nach Humanität"[12].

9. *Der Dichter verlangt seinen Preis* (2, 739-744; 3, 809-812)

Der Dichter ist stolz, auf das, was er in seiner Liebeslehre geboten hat. Selbstbewusst fordert er seinen Lohn ein:

Me vatem celebrate, viri, mihi dicite laudes.
Cantetur toto nomen in orbe meum. (2, 739-740)

Mit dem Ehrenbegriff *vates*, den er sich – gewiss nicht ohne Ironie – selbst verleiht, greift Ovid im Epilog auf den Anfang des Gedichtes zurück; auch dort hatte er sich als *vates peritus* (1, 29) bezeichnet, der unter dem Beistand der Venus seine „Weisheit" verkündet. Der Eindruck eines Zyklus ist dadurch evoziert. Das Zentrum seiner Lehre hebt er schlusspunktartig nochmals heraus: Liebe ist Dienst an den Waffen; er hat sie, wie Vulkanus dem Achill, für seine Leser geschmiedet. Deshalb soll auf ihren Beutestücken, die sie den Göttern weihen, geschrieben stehen:

... *Naso magister erat.* (3, 812)

Der Satz *Lusus habet finem* (3, 809), der den Epilog des 3. Buches und damit des Gesamtwerkes einleitet, macht deutlich, wie der Dichter sein Werk gesehen wissen will, als „Spiel", als spielerischen Umgang mit dem heiklen und zugleich amüsanten Stoff der Liebe; damit ist auch vom Ende her bestätigt: Der *Ars amatoria* liegt eine parodistische, heiter-ironische, zwischen Ernst und Witz changierende Produktionsabsicht zugrunde. Ovid selber sieht sich in der Inschrift, die auf seinem Grabstein stehen soll, als *tenerorum lusor amorum* (Trist. 3, 3, 73), als einen, der mit den zärtlichen Liebesgefühlen sein Spiel treibt.

---

[11] Ruth und Michael von Albrecht: Ovid für Liebende. Gerlingen 1998. 38.

[12] Niklas Holzberg: Ovid. Liebeskunst. Ars amatoria. München / Zürich 1985. 198.

DIE ARS AMATORIA ALS GEGENSTAND DER REZEPTION

Die Wirkungsgeschichte des Werkes ist mächtig; die *Ars* brachte dem Dichter fast so viel Ruhm ein wie seine *Metamorphosen*. Beide Werke sind in die Hitliste der Weltliteratur eingegangen. Schon in den *Disticha Catonis,* einer Spruchsammlung des 3. Jh.s n. Chr., die bis in die Renaissance eines der meistgelesenen Bücher war und im Mittelalter zur Schullektüre gehörte, hat Ovid wegen seiner Leistung auf dem Gebiet der Liebe einen Ehrenplatz:

Si quid amare libet vel discere amare legendo,
Nasonem petito ... (Liber II, praefatio 6 f.)

Im Mittelalter war eine ganze Epoche als *Aetas Ovidiana* dem Liebesdichter Ovid zugetan: er galt als Meister der erotischen Poesie und fand in lateinischer, deutscher und französischer Sprache Nachahmung. In demselben Maße, wie der höfisch-gesittete, galante Lebensstil in den Vordergrund trat, gewann auch der *cultus* Roms, und mit ihm der eines Ovid Bedeutung. Man las die *Metamorphosen* und die *Ars amatoria* gleich gern. Die *Carmina Burana* erkennen in Ovid das antike Vorbild, das Maß, an dem sich damals Dichtung orientierte, vor allem in den Trink- und Liebesliedern:

Nihil valent penitus quot ieiunus scribo,
Nasonem post calicem carmine praeibo. (CB 191)

Dieser *Naso* war eine bekannte Größe, die allgemeine Anerkennung genoss. Mit ihm waren offensichtlich auch seine Themen berühmt geworden: auch und vor allem die Liebe und deren Göttin, Venus, an die man sich als an die *Venus generosa* (CB 77), an die edle Mutter der Liebe, wandte.

Francesco Petrarca hingegen, der literarische Exponent der italienischen Frührenaissance, die sich wieder an den klassischen Stilmustern der Römer – vor allem Ciceros – orientierte, fand naturgemäß keinen guten Zugang zu Ovid, schon gar nicht zu seiner *Ars amatoria,* er schrieb 1356:

„Jener scheint mir durchaus ein Mann von großem Talent gewesen zu sein, aber zügellos, schlüpfrig und weibstoll, den der Verkehr mit Frauen so ergötzte, dass er darein das höchste Ziel seiner Glückseligkeit setzte. Daher schrieb er die Liebeskunst, ein aberwitziges Werk, und, wenn ich mich nicht täusche, die verdiente Ursache für seine Verbannung." (De vita solitaria 2, 12)

Zwischen diesen Polen schwebt das Urteil über Ovids Liebelehre bis ins 19. und 20. Jahrhundert: Anerkennung seiner genialen Kunst – Ablehnung seiner poetischen Absicht. Otto Ribeck z. B. bezeichnet „diese pikanteste Frucht des ovidischen Geistes“ als „ein wahres Kleinod der Frivolität“[13]; dem Dichter gehe es freilich nicht um „die Gründung eines dauernden sittlichen Liebesverhältnisses“, sondern um „den sinnlichen Genuss auf unbestimmte Zeit, solange es dem einen oder anderen Teil gefällt.“[14] Die Literaturgeschichte von Martin Schanz zollt dem „Meisterwerk der Darstellungskunst“ Anerkennung, allerdings sei damit nur die schöne Fassade für ein gänzlich abwegiges, ebenso schmutziges wie frivoles Sujet geschaffen. „Mit Honigseim versüßt wird uns das Gift gereicht.“[15]

Sehr viel zurückhalter ist das wissenschaftliche Urteil heute: Michael von Albrecht sieht ganz nüchtern im Dichter der *Ars* einen „Erotiker großen Stils“, der „alle erdenklichen Situationen des Liebeslebens ... in didaktischer Systematisierung“ biete[16]. Am nachhaltigsten hat sich heute wohl Niklas Holzberg mit dem Werk des *tenerorum lusor amorum* auseinandergesetzt; er sieht in Ovids Liebeskunst bei allem meisterhaften Humor eine „Erotodidaktik“, die zumindest vom modernen psychologischen, sexualwissenschaftlichen, anthropologischen und soziologischen Standpunkt aus zweifellos ernst zu nehmen ist[17]. Man hat in dieser Richtung auch den Psychologen in Ovid erkannt. Die Macht der Liebe erscheint in die Tiefe der menschlichen Seele projiziert.

Gerade das macht das Werk auch jugendnah. „Von ihrer Thematik“, schreibt Britta Boberg, „trägt die Beschäftigung mit der *Ars amatoria* zur Persönlichkeitsentwicklung und Identitätsfindung der 16- bis 18-jährigen Schülerinnen und Schüler bei.“[18] Deshalb sollte „das über die Zeiten hin neben den *Metamorphosen* berühmteste, aber berüchtigte Gedicht Ovids, ein Werk der Weltliteratur“[19], in der Schule den gebührenden Platz finden. Diese Lektüre kommt überall, soweit die Erfahrung bis jetzt, bestens an. Sie vermittelt das ganz andere Gesicht des Lateinunterrichts – und stößt deshalb bei Schülerinnen und Schülern auf *Gegenliebe.*

[13] Otto Ribbeck: Geschichte der römischen Dichtung. Bd. 2. Stuttgart 1889. 271.

[14] Otto Ribbeck. op. cit. 263 f.

[15] Martin Schanz: Geschichte der römischen Literatur. Bd. 2. 1892. 147.

[16] Publius Ovidius Naso. Ars amatoria. Liebeskunst. Lateinisch – Deutsch. Übersetzt und herausgegeben von Michael von Albrecht. Stuttgart 1992. 218.

[17] Niklas Holzberg. op. cit. 198.

[18] Britta Boberg: Schönheitsideale. Ovids Frauen- und Männerbild in der „ars amatoria“. In: AU 42/2. 1999. 23.

[19] Markus Janka: Ovid. Ars amatoria. Buch 2. Kommentar. Heidelberg 1997. 33.

CATULL

Liebesgedichte als Apotheose des Gefühls

„C. Valerius Catullus ist der erste Dichter Roms, an dem deutlich wird, dass ein langer Akkulturationsprozess zweier Kulturen, der griechisch-östlichen und der lateinisch-westlichen, zu Ende geht und in der neuen Metropole am Tiber eine eigene und neue Originalität entsteht: Freisinniges Kunstverständnis gepaart mit umfassender Bildung und Belesenheit griechischer und römischer Autoren, virtuoser Handhabung uralter literarischer Techniken lassen inmitten der neuen Lebensrealität einer Umbruchzeit Liederzyklen entstehen, welche in ihrem sprachlichen Ausdruck, ihren rhythmischen Qualitäten und in ihrer Musikalität Zeit- und Epochengrenzen überwinden und unmittelbare Identifikationsmöglichkeiten der emotionalen Bedingtheiten menschlichen Daseins bieten.“[1]

Zutreffender lässt sich die literarische Bedeutung Catulls nicht ausdrücken, als es hier Gerhard Petersmann getan hat. Er deutet darin zugleich seine wirkungsgeschichtliche Qualität an. Catulls ungemein starke Wirkung reicht bis in die Spätantike, ehe sich deren Spuren im Dunkel der Völkerwanderung verlieren; zwar ist die einzige Catullhandschrift, die die Überlieferung prägt, nach ihrem Auffinden in Verona am Anfang des 14. Jahrhunderts erneut verlorengegangen, doch blieben die Gedichte bekannt und entwickelten ihre Strahlkraft in die folgenden Zeiten mit immer stärkerem Nachdruck. In unserer Zeit

[1] Gerhard Petersmann: Catull im neuen Lehrplan der AHS. 40. In: Ianus 12. 1991. 40-48.

gilt Catull als *der* Liebesdichter Roms und die Rezeption seiner Werke ist bis heute ungebrochen.[2] Michael von Albrecht hat Catull deshalb „einen Dichter mit europäischer Ausstrahlung" genannt.[3]

Bedenkt man, dass vor Catull in Rom solch subjektive Liebeslyrik nicht geschrieben wurde (zumindest ist uns nichts dergleichen erhalten), dann wird man ihn – vor allem vor dem Hintergrund der reichen Rezeptionsgeschichte – als ersten großen Liebesdichter Europas bezeichnen dürfen. Sapphos Gedichte, gleichwohl auch intensive Gefühlslyrik innerhalb der griechischen Literatur, stammen von einer Frau und sind an Frauen gerichtet. Diese Einzigartigkeit, vielleicht auch Einmaligkeit der Catullschen Lesbiagedichte hat Thornton Wilder mit sicherem Gespür in das folgende Urteil gefasst:

> „Dieser Catullus ist der Einzige in Rom, der Leidenschaft
> ernst nimmt. Er wird wahrscheinlich der Einzige bleiben."[4]

Der römische Dichter hat den modernen Autor fasziniert, so sehr, dass er ihm und der Existenznot, die ihn zum Abfassen seiner Lyrik gebracht hat, einen breiten Raum in seinem Roman „Die Iden des März" (1948) gibt. Für Michaela Atterer, die sich tiefgreifend mit dem Verhältnis zwischen Catull und Wilder befasst hat, zeugt der Eindruck, den Catulls Verse auf Thornton Wilder gemacht haben müssen, „von einer Kraft und ewigen Gültigkeit dieser Dichtung und ihrer Thematik, die ... auch heute, nach 2000 Jahren, nicht verblasst ist."[5]

Catull genießt, wie kein anderer römischer Schriftsteller, bei heutigen Schülern Ansehen, ja Beliebtheit; er steht bei Befragungen auf der Beliebtheitsskala der gelesenen Autoren immer an der Spitze oder mit an der Spitze. Klaus-Dieter Krüger hält die heutige Jugend gerade für Catull empfänglich. „Das Thema Liebe und ihre Darstellung bei Catull ... trifft auf Schüler, die mit ihr zum überwiegenden Teil bereits Erfah-

[2] vgl. dazu beispielsweise: Bernd Seidensticker: Shakehands, Catull. Catull-Rezeption in der deutschsprachigen Lyrik der Gegenwart. In: AU 1994/2. 34-49. – William Fitzgerald, Catullan Provocations: Lyric Poetry and the Drama of Position. Classics and Contemporary Thought, vol. 1. Berkeley 1995. – Julia Haig Gaisser: Catullus. Oxford: Wiley-Blackwell 2009. 194-221.

[3] Michael von Albrecht: Catull - Ein Dichter mit europäischer Ausstrahlung. 1999. In: Gymnasium 106. 1999. 405-442.

[4] Thornton Wilder: Die Iden des März. Aus dem Amerikanischen von Herberth H. Herlitschka. Frankfurt am Main [5]2004. 83. - Pikanterweise hat Wilder dieses Urteil Cicero in den Mund gelegt, als dieser zum ersten Mal die Gedichte Catulls las.

[5] Michaela Atterer: Der Dichter und seine Geliebte in der Dichtung Catulls und in Thornton Wilders Roman „Die Iden des März". In: Anregung 41. 1995. 302-313.

rungen, sowohl erfreuliche, aber sicher auch gegenteilige gemacht haben."[6] Diese hohe didaktische Qualität ist begründet „in der trotz aller Ferne der Lebenswelt des Dichters gerade den jungen Leser unmittelbar ansprechenden Gefühlsintensität seiner Dichtersprache und in seiner starken Subjektivität, diesem Wesensmerkmal des Lyrischen, durch das sich die Aussage über das Historisch-Reale ins Allgemein-Menschliche erhebt."[7]

Die innere Zerrissenheit, das Auf und Ab der Gefühle, die Absurdität des Verhältnisses eines in seinem Selbstwertgefühl gebrochenen Menschen, „das Psychogramm des leidenden Durchschnittsmenschen"[8], die Bildhaftigkeit, in der sich die Stimmung, die „Apotheose eines Gefühls"[9] ausdrückt, treffen offensichtlich auf Akzeptanz bei der jüngeren Generation. Für sie spiegelt sich eigene Liebeserfahrung oder deren Vorstellung in den Gedichten Catulls. Gerade daraus erwächst den jungen Menschen der Impetus zur eigenen produktiven Auseinandersetzung mit den Texten – ein didaktisches Anliegen, dem Hans-Joachim Glücklich eine überzeugende Begründung gegeben hat.[10]

Von Albrechts Urteil, Catull sei ein Dichter mit europäischer Ausstrahlung, hat seinen Grund in der umfassenden Rezeption seiner Gedichte, zu allererst der Lesbiagedichte, in nahezu allen Ländern des Kontinents. Catull wurde nicht nur gelesen und übersetzt, nicht wenige nahmen sich ihn zum Vorbild ihrer eigenen Poesie. Lord Byron nicht weniger als Joseph Brodsky, Alexander Puschkin und Pablo Neruda, um nur einige zu nennen. Catull selbst wurde manchem zum dichterischen Sujet. 1946 schreibt Arkadij Dragomoschenko am Ende eines Poems:

> „So ist das, Catull, mein Freund! Besessener, weinender stiller
> Poet, der du längst nicht mehr unter uns Lebenden weilst [...]
> Schrecklich bleibt es, dich zu lesen in einem Vorortzug."

[6] Klaus-Dieter Krüger: Catull im Unterricht. Schriftliche Hausarbeit im Rahmen der Pädagogischen Prüfung für das Lehramt am Gymnasium 1995 (unveröffentlicht). 19.

[7] Jürgen Apel: Catull aus der Sicht eines Deutsch unterrichtenden Lateinlehrers. 12 f. In: Die Alten Sprachen im Unterricht 44 / 2. 1997. 11-14.

[8] Rainer Nickel: Leben, Lieben, Leiden. Catulls Lesbia-Gedichte. Lehrerheft (Reihe ratio). Bamberg 1986. 4.

[9] Hans-Peter Syndikus: Catull. Eine Interpretation. Darmstadt. Erster Teil: Die kleinen Gedichte (1-60), 1984. Zweiter Teil: Die großen Gedichte (61-120), 1984. Dritter Teil: Die Epigramme, 1987. Hier: Erster Teil. 22.

[10] Hans-Joachim Glücklich: Catull und einige „produktive Rezeptionen". In: Die Antike und ihre Vermittlung. Festschrift für Friedrich Maier zum 60. Geburtstag. Hrsg. von Karl Bayer u. a. München 1995. 103-118.

Seine offensichtlich zeitlose Aktualität erzwingt geradezu die Aufnahme dieses Autors in das Vademecum, das der Lateinunterricht einem jungen Menschen mit auf den Weg ins Leben geben sollte. Die Catull-Lektüre nimmt dem Fach den Nimbus des Martialisch-Harten und Machtpolitisch-Besessenen. Dieses Spannungsfeld, das Ursula Flügler in ihrem Gedicht „Erstes Lateinbuch" umreißt[11], sollte im Lateinunterricht ernst genommen werden.

Erstes Lateinbuch

So schön
fängt es an:

Das Mädchen
bringt dem Dichter eine Rose.

Columba parva volat.

Aber schon bald befiehlt der Herr;
der Sklave gehorcht!

Spätestens in der zehnten Lektion
töten Soldaten
die Feinde
mit Schwert, Speer
und Lanze.

Imperium Romanum
magnum est.

So viele Wörter für „töten".
Wenig bekannt die Wörter für Zärtlichkeit,
als gäbe es nicht
Lesbias Sperling und
die tausend mal tausend
Küsse Catulls.

[11] Ursula Flügler: Erstes Lateinbuch. Darmstadt 1977. Abgedruckt auch in: Hans Bender (Hrsg.): In diesem Lande leben wir. Deutsche Gedichte der Gegenwart. Eine Anthologie in zehn Kapiteln. München 1978. 18 f.

EROTISCHE GEDICHTE IM UNTERRICHT?

Ja. Aber wie und wie viele?

LIEBE ALS UNTERRICHTSTHEMA?

Erotik ist ein elementares Lebensbedürfnis des Menschen, von Urzeiten an. Die griechisch-römische Antike hat diese Grundbefindlichkeit wie vieles andere in unserem Kulturraum erstmals literarisch-künstlerisch gestaltet, in einer Form, die mächtige Impulse für alle spätere Zeit gegeben hat und ständig gibt. Ein breiter Strom der Tradition fließt seither durch die Zeiten.

In der Antike stand man dem Phänomen Erotik unbefangen, unverkrampft gegenüber. Man nahm diesen Trieb als eine natürliche Gegebenheit und setzte sich damit freizügig auseinander. Im Mythos sind Mars und Venus das klassische Beispiel des Ehebruchs. Das „homerische Gelächter", das sich über den gehörnten Ehemann Vulkanus erhob, ist Ausdruck einer lasziven Ausgelassenheit, mit der man dieses Thema anging. Die attische Komödie brachte die sexuelle Lüsternheit so frivol auf die Bühne, dass man ihre Inszenierung heute nur noch aus historischer Distanz erträglich finden kann. Damals hatte es das schallende Lachen des Publikums erregt, als während des Peloponnesischen Krieges die Frauen ihren kriegswütigen Männern bis zum Abschluss eines Friedens sexuelle Kontakte verweigerten und diese deshalb mit übermächtig aufgeschwollenem Phallos auf der Bühne posierten. Die „Heerlöserin" Lysistrate führte die Schar rebellierender „Pazifistinnen" an. Ihre Parole war schon damals „Make love, not war!"

Die römische Dichtung nahm in der Darstellung des erotischen Spiels kein Blatt vor den Mund. Ovid erteilt sogar eine regelrechte Lehre, wie und wo der Mann eine Frau anmachen und „aufreißen" oder mit welchen Tricks umgekehrt sich die Frau einen Partner für ihr Liebesleben beschaffen kann. Er nennt das die „Kunst der Liebe" (*Ars amatoria*), in der selbst die Römer, Bewohner der der Liebesgöttin geweihten Stadt, unterwiesen werden sollten. Catull fasst die erotische Lust, ob in bisexuellem oder homosexuellem Verhältnis, nicht selten in exzessiv drastische Worte.

Gewiss, es gab auch in der Antike widerstrebende Kräfte gegen die sexuelle Libertinage, etwa vonseiten der stoischen Philosophie, die die Mäßigung, ja Beherrschung der Triebe und Affekte im Zentrum ihrer Lehre hatte. Kaiser Augustus versuchte im Zuge der moralischen Erneuerung Roms gerade die Sexualität in geordnete Bahnen zu lenken – weshalb er eben den Erotodidaktiker Ovid, den *tenerorum lusor amo-*

rum, wegen seiner beim römischen Publikum zum „Bestseller" avancierten *Ars* gnadenlos für alle Zeit aus der Hauptstadt verbannte.

Das Christentum hat später eine neue, religiös fundierte Moral in Liebe und Ehe institutionalisiert. Das Thema Erotik ist allmählich – nicht ohne platonischen Einfluss, der sich in der Zeit, als die Kirchenväter um den Wert der antiken Kultur rangen, mit dem urchristlichen, d. h. biblischen Substrat amalgamiert hat – zum Tabu geworden, zumindest offiziell. Liebe als Kunst, ein Naturbedürfnis auszuleben, blieb aber untergründig und verdeckt immer ein Gegenstand der künstlerischen Bewältigung, wie viele Dokumente der Literatur, der Malerei, der Skulptur und später auch der Musik belegen. In der *Aetas Ovidiana* des Mittelalters kam gerade die erotische Poesie des Dichters zu neuer Geltung und Wirkung. Catulls Liebesgedichte entwickelten – trotz ihrer Wiederentdeckung im 14. Jh. – ihre Wirkkraft erst später, besonders im 18./19. Jahrhundert.

Das Thema Erotik ist heute enttabuisiert. Sexualität ist (auch im Lateinunterricht) Unterrichtsstoff[1]. In der Öffentlichkeit gibt es kaum alterspezifische Standards für den Zugang zu Dokumenten dieser Materie. Der Jugend bleibt selbst in ihren frühesten Jahren nichts unzugänglich, nichts unmachbar. Die informationstechnischen Medien lüften alle Geheimnisse. Die Kinder sind, wenn sie das Gymnasium besuchen, in aller Regel „aufgeklärt"; Schamgefühl und Zurückhaltung scheinen gruppendynamisch unangebracht.

Die Frage kann also heute nur sein: Wie komme ich als junger Mensch mit diesem Thema zurecht? Wie gewinne ich zu meiner Sexualität eine freie, unverkrampfte, vielleicht distanziert-reflektierende, im besten Sinn des Wortes natürliche Einstellung. Kann man in sich auf diesem heiklen Feld der Persönlichkeitsentwicklung eine Art Ethos entstehen lassen, das der Erotik über die bloße Befriedigung der Lust hinaus eine Lebensqualität zuweist, die auch Basis für ein längeres, vielleicht sogar lebenslanges Verhältnis zweier Menschen sein kann? Ein restriktives Umgehen mit dem Thema ist dabei sicher nicht zielführend – wie das neuerdings die traditionalistische Pius-Bruderschaft in ihrem an das französische Erziehungsministerium gerichteten Protest gegen die obligatorische Lektüre von Ovids „Liebeskunst" im Lateinunterricht verlangt, mit der Begründung, die von Ovid angepriesenen „Verführungstechniken" förderten „die Vervielfachung der Partner und beschreibe die Nutzung niedrigster und zynischster Methoden, um zum Ziel zu gelangen."

[1] vgl. dazu z. B. den Berliner Lehrplan.

Vielmehr sollte der Umgang mit der Sexualität ein elementarer Erziehungsauftrag sein. Hier hat die Schule eine verpflichtende Aufgabe. Der Lateinunterricht kann und soll dazu durch eine wohl dosierte und sachlich interpretierende Lektüre gerade von Catulls Liebesgedichten einen guten Betrag leisten, einen künstlerisch anspruchsvollen noch dazu, da viele der Carmina in ihrer kristallinen Form Perlen der Literatur darstellen. Zum kognitiv-emotionalen Umgang mit der Thematik kommt womöglich der ästhetische Genuss, zumal wenn man die einzigartige musikalische Umsetzung der Gedichte durch Carl Orff mit in die Lektüre einbezieht.

DER LESBIA-ZYKLUS IN AUSWAHL

Catulls Gedichte sind, seit sie zum legitimen Unterrichtsgegenstand geworden sind, für die Schüler ein *highlight*, zumal die Lesbia-Gedichte. In Ranking-Listen, die über mehrere Jahre in verschiedenen Klassen erstellt wurden, rangieren sie stets unter zehn Lektüreprojekten an erster oder zweiter Stelle[2]. Die Catull-Lektüre gehört deshalb auf jeden Fall zum Pflichtprogramm der Mittelstufe. Doch ist heute die Zeit dafür sehr begrenzt. Man wird kaum mehr als vier Wochen zur Verfügung haben. Es bedarf also einer wohl überlegten Auswahl; nicht alle Lesbia-Gedichte lassen sich im Original behandeln.

Wie aber findet man das Beste und in welchem Arrangement lässt sich dieses so anbieten, dass die in ihnen angestaute Dramatik eines Liebesverhältnisses eindrucksstark zur Wirkung kommt? In welche Reihenfolge soll man die ausgewählten Gedichte bringen? Die Lesbia-Gedichte sind über das ganze Corpus Catullianum verstreut: der Dichter folgte bei der Zusammenstellung der Carmina einem anderen Prinzip als dem der zeitlichen Abfolge des Lesbia-Verhältnisses. Selbst ihre Entstehungszeit in Bezug auf die realen Verhältnisse ist umstritten. Heutige Forschungserkenntnis ist, dass der Dichter zwar ein eigenes Lesbia-Buch nachträglich gestaltet, in dieses aber aus dem unmittelbaren Augenblick geschriebene Erlebnisgedichte mit später im Hinblick auf das beendete Verhältnis verfasste Reflexionsgedichte zusammengeordnet hat[3].

[2] Friedrich Maier: Was Schüler und Eltern wollen, was Lehrer sollen: Befragungsergebnisse. In: Weltkulturerbe Antike. Klassische Texte in der Wissensgesellschaft. Auxilia 54. Bamberg 2005. 20-54.

[3] vgl. dazu bes. Jan-Wilhelm Beck: „Lesbia" und „Iuventius". Zwei libelli im Corpus Catullianum. Göttingen 1996.

Insofern wird es möglich, eine Erfahrungslinie nachzuzeichnen und die Gedichte, die man zur Lektüre heranzieht, so der Reihe nach anzuordnen, dass die Entwicklung des Liebesverhältnisses von seinem Anfang bis zu seinem Ende gefühlsmäßig erfahren werden kann. Die Gedichte 2, 3, 5, 7, 8 sind, so nimmt man an, schon vom Dichter in diese Abfolge gebracht worden, alle anderen aber müssen mehr oder weniger durch Überlegung an die passende Stelle gesetzt werden.

Das Liebesverhältnis entwickelt sich über drei Phasen. Hans-Peter Syndikus nennt sie „Werbende Annäherung – Leidenschaftlicher Höhepunkt – Enttäuschung“[4]. Die gängige Theorie bezeichnet den Dreischritt des Zyklus: „Unerwiderte Liebe – Erfüllte Liebe – Enttäuschte Liebe“. Innerhalb dieser drei Phasen lässt sich ein Spannungsbogen herstellen, auf dem sich die einschlägigen Gedichte, die zur Lektüre vorgesehen sind, ansetzen lassen. Ihre Sinnrichtung und das Gewicht ihrer Aussage sind für die Zuordnung maßgeblich.

Der Lesbiazyklus

LEIDENSCHAFTLICHER HÖHEPUNKT

5
c. 7

4
c. 5

6
c. 8

3
c. 3

7
c. 92 / 58

2
c. 2

8
c. 72 / 75

1
c. 51

9
c. 87 / 85

WERBENDE ANNÄHERUNG

ENTTÄUSCHUNG

---

4 Hans-Peter Syndikus: Catull. Eine Interpretation. Darmstadt. Erster Teil: Die kleinen Gedichte (1-60). 1984. Zweiter Teil: Die großen Gedichte (61-120). 1984. Dritter Teil: Die Epigramme. 1987. Hier: Erster Teil. 17 ff.

In den vorgegebenen Spannungsbogen, der den Aufstieg und Niedergang des Liebesverhältnisses symbolisiert, sind die wichtigsten Gedichte so eingefügt, dass sich an ihnen die Stationen seiner Entwicklung deutlich und einprägsam erarbeiten lassen. Dieser Lesbia-Zyklus ist je nach den sprachlichen Voraussetzungen der Klasse in einer Zeit von 12 bis 15 Unterrichtsstunden zu bewältigen. Je nach Situation wird man schwierige Stellen in deutscher Übersetzung bieten. Die sprachliche Erschließung und das Übersetzen zielen auf das Erfassen der Aussage und die Analyse des kunstvollen Baus eines Carmen. Die Interpretation sollte beides dann zu einer Einheit zusammenfügen.

Umfassendes Lektüreziel ist es, dass vom Leser das Verhältnis des Dichters zu seiner Geliebten als *longus amor* erfahren wird: als leidenschaftliches Anheben eines beginnenden Gefühlsrausches, der einem Höhepunkt zustrebt, einem Umschlagen des Glücks in Enttäuschung und Verzweiflung, die den Dichter am Ende in seiner inneren Zerrissenheit zeigen. Man sollte durchaus die auch in der Wissenschaft zuweilen vertretene Auffassung zur Kenntnis geben, dass der frühe Tod Catulls etwas mit dem Ende dieser Liebesbeziehung zu tun haben könnte.

Die Lektüre, die in jedem Fall der Arbeit am Originaltext den Vorrang einräumt, verlangt geradezu – da Liebe als Thematik ansteht – nach bildhafter Vergegenwärtigung. Da kaum direkt auf die Gedichte hin gestaltete Bilddokumente zur Verfügung stehen, lassen sich motivgleiche oder motivähnliche Gemälde, Zeichnungen, Skulpturen einsetzen, die über das Auge den Eindruck noch intensivieren oder auch Interpretationsanstöße geben können. Noch stärker ist die emotionale Reaktion auf die erfasste Textaussage, wenn sich der Rezipient, d. h. die Schülerin / der Schüler in eigener kreativer Produktion (als Text, Bild oder gar Musik) dazu äußert. Eine solche Auseinandersetzung mit dem lateinischen Text erzielt die nachhaltigste, oft ein ganzes Leben hindurch andauernde Wirkung.

Wie nach Lektüre einer Gedicht-Einheit solche Dokumente als Dreiklang die erarbeitete Textaussage beleuchten und zu einer tieferen Interpretation stimulieren können, mögen drei Dokumente zeigen, die auf die *passer*-Gedichte (c. 2 und 3) direkt Bezug nehmen: ein modernes Gedicht, eine moderne Collage einer Künstlerin, eine Schülerzeichnung.

MODERNE CATULL-REZEPTIONEN

Karl Krolow: Stele für Catull

Tot in toter Sprache –
unbeweglich
im schwarzen Zimmer Roms
perdita iuventus.

Doch der Vogelflug der Worte
fällt immer wieder
aus vollem Himmel.

Ihre hellen Körper
bewegen sich in unserer Luft.
Wir legen sie ins Grab dir,
in dem du ganz allein bist
mit dem toten Sperling. –

Catull von leichten Buchstaben
der Liebe geschützt,
vom Alter jener Augen,
die sich nicht mehr schließen.

Passer mortuus est
meae puellae.
Ein Flüstern noch
in Pappeln.

Karl Krolow macht seine Hommage[5] an den toten Dichter an den *passer*-Gedichten fest. Sie sind in einer Sprache geschrieben, die tot ist wie der Dichter selbst. Doch in seinen Worten erhebt sich Catull über die Zeit, sodass er aus dem „schwarzen Zimmer Roms" „in unserer Luft" präsent wird. Seine Dichtung durchbricht die Grenzen des Alters, macht sich zeitlos gültig. Der moderne Dichter legt die Worte des Römers in seiner eigenen Sprache dem Dichter zurück ins Grab, wo er mit einem Sperling, dem Symbol seiner Liebe zu Lesbia, liegt, durch eben diese, geschützt, weil sie über die Zeiten hin den Lesern

[5] Karl Krolow: Gesammelte Gedichte. Frankfurt am Main 1965. 232.

bekannt ist und diese betroffen macht. Das Alter Catulls ist aus der Zeit genommen, es hat jene Augen, die sich nicht mehr schließen, weil der Tote losgelöst von der Körperlichkeit in seinem Ruhm fortlebt.

Helga-Ruppert-Tribian arrangiert in ihrer Collage[6] Elemente des römischen Lebens zu einem „Weltbild", das Götter und Menschen vereinigt: oben das leuchtend Himmlische, unten das düster Unterweltliche. In der Mitte die Menschen, in deren Zentrum die Gestalt Lesbias, nahe den Göttern, Schauobjekt der Männer, den einen anblickend, den anderen (noch) nicht beachtend. Dieser den neidvollen Blick auf den Bevorzugten gerichtet. Und Sperlinge flatternd auf dem Weg in das Totenreich. Die Künstlerin hat hier die Anfangsphase des Liebesverhältnisses c. 51, c. 2, c. 3 zu einer Einheit gemacht, hinter dem äußeren Glanz auch das Abgründige andeutend.

Die **Schülerzeichnung**, erstellt von einer Gymnasiastin aus Augsburg[7], zeigt den Dichter selbst beim Abfassen des ersten *passer*-Gedichtes, wie er tief versunken das in seinem Kopf präsente Bild der Dame mit dem Spatz in Worte zu fassen sucht. Die jugendliche Unbefangenheit des bleichen Dichters kontrastiert mit der herben Strenge im Gesicht Lesbias, deren Züge verlebt anmuten und deren Augen den Sperling fixieren. In der Fantasie des Dichters ist sie von einer lichtvollen Atmosphäre umhüllt, verklärt. Im Bild erfasst sind zugleich Nähe und Ferne der beiden, in Gedanken ist die Geliebte ihm unmittelbar nahe, in Wirklichkeit ist sie entrückt, unzugänglich. Das sich anbahnende Verhältnis ist hier beeindruckend ins Bild gebracht.

[6] Helga Ruppert-Tribian: Catull Collagen. Liebesgedichte an Lesbia. Mit einer Übersetzung von Luise Maier. Herausgegeben, eingeleitet und mit einem Nachwort versehen von Friedrich Maier. Herrsching 2000. 8.

[7] Abgedruckt in: Friedrich Maier: Catull. An Lesbia. Ein Liebesdichter mit europäischer Ausstrahlung. Textband. Reihe Antike und Gegenwart. Bamberg 1998. 25.

GLANZ UND ELEND EINER LIEBE

Interpretationslinien zum Lesbiazyklus

Der Lesbiazyklus hat paradigmatische Züge. In ihm spiegeln sich die ganz und gar zeitübergreifenden Gefühlserfahrungen junger Menschen. Lebenswelt, gesellschaftliche Umstände und Wertvorstellungen mögen unterschiedlich sein, die Empfindungen von Glück und Leid sind es nicht: Diese menschliche Basis ist es, auf der sich der Dichter Catull und der Leser des 21. Jh.s ganz unmittelbar begegnen. Nachfolgend ist Catulls Lesbiazyklus in seinen Kernaussagen in Kurzinterpretationen der Gedichte so nachgezeichnet, dass das Grundsätzliche, das Gültige zu Bewusstsein kommt. Die herausgearbeiteten Interpretationslinien können für die schulische Präsentation der Gedichte als Vorgabe dienen.

Da die lateinischen Texte in aller Regel in den Schulausgaben abgedruckt sind, werden sie hier vorausgesetzt. Allerdings wird um der Verständnisgrundlage willen die deutsche Übersetzung des jeweils behandelten Gedichts vorangestellt. Diese Übersetzungen, geschaffen von Luise Maier, versuchen in einer anderen, modernen Form (etwa der Konfiguraldichtung) die lateinischen Texte ebenso aussagegetreu wie künstlerisch anspruchsvoll wiederzugeben[1]. Diese moderne Fassung kann den jungen Lesern durchaus zum Vergleich und Kontrast zu ihren eigenen Versionen oder denen anderer Übersetzer angeboten werden.

Catull, von seinem Vater früh nach Rom, in die Hauptstadt des Weltreiches, zum Studium der Rechtswissenschaft und Rhetorik, geschickt, also für eine politische Karriere bestimmt, war offensichtlich von seinem Naturell her diesem Anspruch nicht gewachsen. Er versuchte den Aufstieg zwar – er leistete in der Provinz Bithynien weit im Osten obligatorische Amtsdienste –, doch muss ihn allein schon die Reise dorthin so überfordert haben, dass er die Rückkehr in sein Zuhause in Sirmione am Gardasee geradezu hymnisch feiert. Hier kann er seine müden Glieder endlich an einem Ort von vertrauter Nähe zur Ruhe legen. Sein Wiedersehen der Heimat wird ihm zur Befreiung, zur Wiederentdeckung seines Ichs. Das ganze Haus ist ein einziges Lachen, Zeichen der Teilnahme an seiner Freude des neu gewonnenen Lebens.

Politik ist für ihn Entfremdung, sie entzieht ihn dem, wozu er sich geboren fühlt, der Kunst, der Dichtung, nicht der großen, die sich in

[1] In: Helga Ruppert-Tribian: Catull Collagen. Liebesgedichte an Lesbia. Mit einer Übersetzung von Luise Maier. Herausgegeben, eingeleitet und mit einem Nachwort versehen von Friedrich Maier. Herrsching 2000.

einem Zeit und Raum weit umgreifenden Epos manifestiert, sondern der kleinen, die Situationen des unmittelbaren Lebens, der erlebten Gegenwart in eine kunstvoll gefügte Form bringt. Diese neue Art des Dichtens, die ihm im Zirkel Gleichgesinnter, kaum minder begabter Künstler, den sogenannten Neoterikern, zugänglich wurde, ist wie geschaffen, sein sich allmählich anbahnendes Liebesverhältnis zu einer Dame der hohen Gesellschaft in Worte zu fassen. Diese Dame ist – wiewohl nicht völlig gesichert – die berühmt-berüchtigte Clodia gewesen, die in der Hauptstadt den Ruf der Lebedame par excellence hatte und der strahlende Mittelpunkt auf Festen und Gesellschaften war. Als Ehefrau des Konsuls Metellus, vielleicht sogar als geschiedene Frau des bekannten Feldherrn Lukullus, war sie nicht ohne Einfluss auf die Stadt- und Weltpolitik.

ALLER SINNE BERAUBT (c. 51)

In diese Frau, die er „Lesbia" nennt, hat sich der junge Nobody aus der Provinz hoffnungslos verliebt, der schmächtige Jüngling, der zur Politik nicht taugt und mit seiner Kunst um Bekanntwerden und Anerkennung ringt. Liebe aus der Ferne, zu einer Unerreichbaren, deren Gunst ihm gewiss nur im Traum zufliegen kann. Und doch wagt er die Annäherung. Er will die Distanz durchbrechen, in die Kraft seiner Worte die ihn bewegenden Gefühle bannen. C. 51 ist das erste Zeugnis dafür. Sein Bekenntnis: „Ich bin wie von Sinnen".

Jener ist, wie mir scheint,
gleich einem Gott,
jener, dürfte man's sagen,
übertrifft die Götter,
der dir gegenübersitzend
immer wieder
dich sieht und hört,

wie du süß lachst,
was mir Armen
alle Sinne raubt;
denn sobald ich dich,
Lesbia, erblickt habe,
ging mir die Stimme,
verloren, Lesbia.

Ja, es lahmt sogar die Zunge,
schwach nur im Körper
schwelt die Lebensflamme,
vom eignen Tönen
klingen die Ohren
beide Augen bedeckt
die Nacht.

Muße, Catull, setzt dir zu,
durch Muße übertreibst du
und verlangst zu viel.
Muße hat einst schon Könige
wie auch reiche Städte vernichtet.

Ist dieses *carmen* bereits „eine Liebeserklärung, also ein Werbungs- und Huldigungsgedicht“[2]? Auf jeden Fall gehört es an den Anfang seiner Liebe zu Lesbia. „Göttergleich“ nennt Catull den, der ihr gegenüber sitzt, gemeint ist wohl jeder Mann in den höheren Kreisen, der diese Chance hat – und der den Dichter deshalb in einen Taumel der Eifersucht versetzt.

Für Hans-Peter Syndikus ist das Gedicht geradezu ein „Eifersuchtsausbruch“[3]. Lesbia, der Catull die Ausstrahlung einer Göttin verleiht, hat hier auf den jungen Mann eine nahezu zerstörerische Wirkung. Ihr Zulächeln dem Konkurrenten gegenüber macht ihn elend (*miser*), traumatisiert ihn innerlich, was sich in massiven Äußerungen seiner Physis bemerkbar macht. Bei ihrem Anblick bleibt ihm die Sprache weg, die Zunge ist gelähmt, die Lebenskraft in seinen Gliedern wird schwächer, die Ohren dröhnen ihm, eine todesähnliche Nacht fällt über seine Augen. Catull hat „die Kontrolle über die Empfindungen verloren“[4]. Ein psychosomatisches Syndrom, durch Eifersucht bedingt. Eifersucht ist eine Macht, die Leiden schafft.

Das Hingezogensein zu Lesbia, seine Leidenschaft für die Frau empfindet der Dichter als eine Art Freisein von sonstigen Belastungen, *otium* nennt er dies: „Muße“; es muss ihm freilich auch wie ein „Gelähmt-

[2] Catull. Auswahl aus den Carmina. Zusammengestellt und erläutert von Rolf Heine. Frankfurt am Main 1970. 68.

[3] Hans-Peter Syndikus: Catull. Eine Interpretation. Erster Teil: Die kleinen Gedichte (1-60), 1984. Zweiter Teil: Die großen Gedichte (61-120), 1984. Dritter Teil: Die Epigramme, 1987. Hier: Erster Teil. 262.

[4] Gregor Maurach: Zu Pindar fr. 75 und zu Catull 51. In: Gymnasium 105 (1998). 409-418. Hier: 414.

Sein"[5] vorkommen, das er als bedrückend (*molestum*) empfindet. Die Begeisterung für die Frau macht ihn übermütig, erfüllt ihn mit Liebesgier, doch die Eifersucht versetzt ihn zugleich in eine lästige Schockstarre. Sie ist in seiner Vorstellung auch gefährlich, denn sie hat, wie ihm mythische Beispiele zeigen, früher Könige und glückliche Städte vernichtet (er denkt wohl an Paris, Helena und Troja).

KLEINER SPATZ, GROSSER TROST! (c. 2)

Die *passer*-Gedichte gehören eindeutig in die Frühphase des Liebesverhältnisses, mögen sie „reale Erlebnisse, Stimmungen und Gefühle" vermitteln oder auch, wiewohl in der ich-Form verfasst, „reine Fiktion"[6] sein, wie die neuere Forschung annimmt. In c. 2 wendet sich der Dichter zwar wieder nur indirekt, über ein Medium, an die Geliebte, doch ist der Ton schon zutraulicher und optimistischer.

Spatz,
Flirt meiner Geliebten,
gerne
spielt sie mit dir,
hält dich im Schoß,
streckt dir die Fingerspitzen
zum Picken hin,
stachelt dich
zu schärferen Bissen an!
Wenn es
meinem strahlenden Schwarm
Spaß macht,
einen neckischen Scherz zu treiben
gleichsam als kleinen Trost
ihres Liebesschmerzes –,
dann, glaube ich,
wird damit
ihre heftige Leidenschaft
sich beruhigen.
O könnt ich
doch mit dir spielen

[5] Eckard Lefèvre: otium und tolmān. Catulls Sappho-Gedicht c.51. 329. In: Rheinisches Museum für Philologie N. F. 131 (1998). 325-337. Hier: 329.

[6] Hans-Peter Syndikus. op. cit. Erster Teil. 61.

so wie sie selbst
und den Liebeskummer
meines Herzens
erleichtern!

Der Spatz (oder Sperling) stellt die Beziehung zwischen der Geliebten und dem Dichter her. Mag solche Tierdichtung auch bereits in der hellenistischen Epigrammatik vorkommen, so hat Catull die Tradition doch zu etwas Neuem, Subjektiven gemacht: zu einem ernsthaften Liebesgedicht. Das Gedicht, in einem einzigen Satz gestaltet, weist einen großen Spannungsbogen auf, der von der ersten bis zur letzten Zeile reicht. Catull würde gerne mit dem Spatz spielen, der in dreifacher Form die Huld der Dame genießen darf: es wird mit ihm gespielt, er wird im Schoß gehalten, es wird ihm der Finger zum Anpicken und Beißen hingehalten.

Das kleine Tier ist für die Geliebte Spielgefährte und zugleich Trost. Wenn sie Lust hat, hat sie Spaß mit ihm. Wenn sie in Not ist, bietet er ihr Trost im Schmerz und kann die bedrückende Glut ihrer Leidenschaft beruhigen. Der *passer* ist für Catull das Objekt seiner Ansprache und auch seines irrealen Wunsches. Könnte er doch mit dem Spatz so umgehen wie Lesbia selbst, wie diese ihren *dolor* und *ardor* beruhigt, so er selbst seine *curae* erleichtern. Er möchte als Mann mit dem Liebestier seines „Mädchens" – dieses Wort zeigt die schon intimere Beziehung an – seinen Liebeskummer besänftigen. Welche Funktion hat das Tier demnach? Es ist Medium; es ist der gemeinsame Bezugspunkt ihres Handelns bzw. seines Verlangens. Der *passer* ist für Catull nicht so sehr Objekt seiner Eifersucht, als vielmehr „das Sinnbild erträumter Gemeinsamkeit in seiner und Lesbias Liebe."[7] Der Liebling der Frau sollte auch der Liebling Catulls sein. Ziel solchen Verlangens ist es, dadurch zur Geliebten in nächste Nähe zu kommen. Der *passer* ist eine Art Brücke zu Lesbia. Der *passer* interessiert Catull nicht als solcher, sondern nur insofern als er die Wonne des Mädchens darstellt. „Der Spatz nimmt – ungeachtet der auf ihn bezogenen Anrede – erkennbar Stellvertreterfunktion ein."[8] Lesbia ist für den Dichter der Gegenstand seiner Sehnsucht (*desiderium meum*). Und über den Spatz nähert er sich seinem Traum. Die Atmosphäre ist schon durch das Vokabular

7 Walter Kissel: Der Spatz und das Mädchen. Catulls Passer-Gedichte. 47. In: Peter Neukam (Hrsg.): Umgang mit dem Erbe der Antike. Dialog Schule und Wissenschaft. Bd. 30. München 1996, 34-47.

8 ibid.

erotisch aufgeladen. Was Lesbia mit dem Vogel treibt, ist erotische Zärtlichkeit. In Catulls Fantasie gilt diese Zärtlichkeit ihm selbst, dem in das „Mädchen" Verliebten: „Und wen könnte Lesbia anders lieben als denjenigen, den sie als Augenzeugen an diesem ihrem Spiel teilhaben lässt – also eben Catull."[9] Das erste *passer*-Gedicht verrät eine erste Annäherung an die Frau, die Kluft zwischen oben und unten schwindet, in der Vorstellung des Dichters zumindest.

SCHLIMMES EREIGNIS (c. 3)

Das zweite *passer*-Gedicht bringt einen neuen Ton in die Beziehung. Es ist der Ton des Bedauerns und Mitleidens. Der Erlebnisraum verdüstert sich durch den Tod des Spatzes, er gewinnt aber von innen her eine neue Leuchtkraft – „durch die warme Anteilnahme des Dichters an dem Schmerz der Besitzerin, eben seiner Geliebten."[10]

Trauert,
o Liebesgöttinnen und Liebesgötter
und alle liebeserfahrenen Menschen,
der Spatz meiner Geliebten
ist gestorben,
der Spatz, Flirt meiner Geliebten,
den jene mehr als ihre Augen liebte;
denn er war honigsüß
und er kannte sie selbst so gut
wie ein Mädchen die Mutter,
und er rührte sich nicht
von deren Schoß,
sondern zwitscherte,
wenn er auch bald hierhin, bald dorthin
herumhüpfte
immer nur zu seiner Herrin hin.
Der geht nun durch den dunklen Weg
dorthin,
woher, wie man sagt,
niemand zurückkommt.
Doch sei euch Böses gewünscht,
ihr verfluchten Finsternisse des Orkus,

[9] ibid.

[10] Rolf Heine. op. cit. 20.

die ihr alles Schöne verschlingt!
Den so schönen Spatz habt ihr mir geraubt.
O böses Ereignis!
O unglückseliger Spatz!
Durch deine Schuld sind nun,
vom Weinen geschwollen,
die süßen Augen
meiner Geliebten
rot.

Auf den Aufruf zur Trauer an alle, die der Liebe zugetan sind, folgt die lapidare Todesmeldung: *Passer mortuus est puellae meae.* Sie ist mit der Subscriptio versehen, dass es sich um den Liebling seines „Mädchens" handelt, den jenes mehr als ihr Augenlicht liebte. Der kleine Vogel war Schoßtier seiner Herrin. Der Tod hat es ihr genommen. Jetzt geht es durch das Reich des Schattens, von wo niemand zurückkommt. Diese Erkenntnis der Unwiderruflichkeit des Todes macht den Dichter empört. Er versteigt sich zu einem Fluch gegen die Unterwelt. Die Sprache steigert sich zu einem entsetzten Aufschrei: „O böses Ereignis! O unglückseliger Spatz!" (*O factum male! O miselle passer!*) Ja selbst das tote Tier wird von seiner Empörung getroffen. Durch seine Schuld ist die Geliebte in Trauer, röten sich ihre Augen vor Schmerz.

Catulls Mitempfinden gilt nicht dem Spatz, nur der geliebten Frau. Mit dem Spatz hat der Dichter das verloren, was ihm die Verbindung zu Lesbia möglich machte. Deshalb sein Fluch gegen Orkus, den Gott der Unterwelt, der der Macht der Liebe und Leidenschaft entgegensteht. Catull ist Lesbia offensichtlich nun schon sehr viel näher gekommen, ist mit ihr vertrauter. So kann er bei ihr gleichsam als Stellvertreter des verlorenen Tieres fungieren. Lesbias Rolle ist in diesem Gedicht stark zurückgenommen. Sie ist die still Trauernde. Catull ist für sie in seiner Empörung der Tröstende.

WIRBELNDE LEBENSFREUDE (c. 5)

Das erste der *basia*-Gedichte zeigt von den ersten Worten an, dass die Phase der vorsichtig werbenden Annäherung vorbei ist. „Mit dem Jubel und der Seligkeit erfüllter Liebe setzt das Gedicht ein."[11]

[11] Hans-Peter Syndikus. op. cit. 1984. Erster Teil. 92.

Lass uns
leben, meine Lesbia, und lieben
und alles Getuschel
der zu strengen Greise
einen Pfifferling achten!
Sonnen können
untergehen und wieder aufgehen:
Wir aber müssen,
wenn uns einmal
unterging das kurze Lebenslicht,
eine ewige Nacht lang
schlafen.
Gib mir tausend Küsse,
dann hundert,
dann weitere tausend,
dann ein zweitesmal hundert
und dann
nochmals weitere tausend,
darauf hundert.
Dann,
wenn wir die vielen tausend
geküsst haben,
lass sie uns
durchein-
ander-
wirbeln,
dass wir
ihre Zahl nicht mehr wissen
noch ein Böser
sie uns neiden kann,
wenn er
die hohe Zahl von Küssen
wüsste.

Die hohe Frau, die Lebedame der römischen Gesellschaft, und der jugendliche, in seiner Verliebtheit aufgehende Dichter sind ein Paar geworden. Mit *mea Lesbia* wird das „Mädchen“ unmittelbar mit Namen und dem Dichter gehörend genannt. Catull glaubt, sie erobert zu haben. Deshalb die ekstatische Aufforderung zu Leben und Lieben, im Augenblick, den es zu genießen gilt. Im Moment, einem Wimpernschlag der Ewigkeit, wollen sie ihr Glück in Fülle erfahren. Ihre Chance ist das

Jetzt. Sonnen können untergehen und wieder zurückkehren. Für sie aber, wenn ihnen einmal das kurze Licht des Lebens erloschen ist, gibt es keine Rückkehr mehr. Sie müssen eine ewige Nacht schlafen. Die Bewusstheit der eigenen Vergänglichkeit erhöht die Kostbarkeit des glücklichen Augenblicks.

In den Augenblicken, in denen sie sich der Liebe hingeben, gibt es keine Rücksicht auf irgendetwas, auch nicht auf das Gerede der alten sittenstrengen Leute. Sie wollen sich unendlich viele Male küssen, im wirbelnden Taumel und so oft, dass kein Neider die Küsse zählen kann. Das sich steigernde Nennen der Zahlen von Hundert und Tausend soll nicht allein die unzählbare Masse ihrer Liebkosungen andeuten, es ist Ausdruck ihrer Ekstase, ihrer wirbelnden Lebensfreude, die sie in diesem Stadium ihres Liebesverhältnisses erreicht haben. Hier manifestiert sich der Höhepunkt ihrer Leidenschaft, die Erfüllung von Catulls Sehnsucht. Das Glück der Liebe hat sich vollendet. Catull glaubt sich vom Glanz jener Sphäre umgeben, in der Lesbia ihr Leben genießt.

WIE VIELE KÜSSE SIND GENUG? (c. 7)

Du fragst,
wie viele Küsse
von dir, Lesbia,
mir genug und übergenug sind.
Wie groß die Zahl des libyschen Sands,
der lasarharztragend in Kyrene liegt
– zwischen der Orakelstätte des glühendheißen Jupiter
und dem heiligen Grabmal des Battus –,
wie viele Sterne, wenn die Nacht schweigt,
auf die heimlichen Liebschaften der Menschen herabblicken,
so viele Küsse
musst du küssen,
dass der liebestolle Catull
satt und übersatt ist,
die weder Neugierige durchzählen können
noch eine böse Zunge wegzaubern kann.

Der Grundton des zweiten der *basia*-Gedichte ist anders als in c. 5. Es fehlt die sprühende Vitalität, die sich dort in den spontanen Appellen des Hortativs und Imperativs ausdrücken. Das Gedicht beginnt mit einer Feststellung gegenüber Lesbia, die sich über die Zahl der Umarmungen (*basationes*), die ihn sättigen könnten, erkundigt. Da wird die

Ansprache zur beinahe nüchternen Reflexion. Seine Antwort auf die mitgeteilte Frage gibt der Dichter in zwei gewiss sehr aussagekräftigen, für antike Vorstellung eindrucksstarken Vergleichen – die Masse des Wüstensandes und die Zahl der Sterne bei Nacht entsprechen der Menge der gewünschten Küsse – womit „die Unendlichkeit von Liebe dargestellt“[12] wird. Doch ist jeder Vergleich, da er zwei völlig verschiedene Bereiche miteinander in Verbindung setzt, ein Vorgang, der sich im denkenden Kopf abspielt. Er ist Reflexion schlechthin.

Dass sich c. 5 in überwiegend parataktischen Sätzen entfaltet, dagegen c. 7 in zwei syntaktischen Gefügen angelegt ist, zeigt gleichermaßen die veränderte Stimmungslage an. Hier setzt die beginnende Rationalisierung des Liebesverhältnisses ein. Es ist kaum noch etwas zu spüren von überschäumendem Lebensglück, von wirbelnder Lebensfreude, allenfalls eine Ängstlichkeit gegenüber Neidern und Verhexern. Catull selbst nennt sich „liebestoll, wahnsinnig“ (*vesanus*). Geht er in dieser Selbstreflexion zu sich auf Distanz? Sieht er von außen auf seine Obsession? Klingt nicht schon unterschwellig eine leise selbstkritische Einschätzung der Liebe zu dieser ihm nur unsicher gehörenden Frau an? Lesbia ist doch eine Frau, die allen gehört und keinem allein. Ernüchterung also, eine Vorahnung der bald beginnenden Enttäuschungen?

Solche Gebrochenheit des Gefühls ist dem Herzen jedes Verliebten eigen, zumal einer Dame von Welt gegenüber, der man verfallen ist und deren Zuneigung oder gar Liebe man nur ein paar Augenblicke besitzen kann. Die Lesbias dieser Welt lassen sich nicht dauerhaft binden. Im Wissen darum nennt sich der Dichter wohl in seiner Rolle als Verliebter „wahnsinnig“. Sein Verhältnis zu dieser Frau kommt ihm als der reine Wahn vor. Darin liegt die Tiefgründigkeit dieses nicht weniger als c. 5 schönen Gedichtes. Im Eigenurteil *vesanus* bereitet sich ohne Zweifel das bald folgende *miser* vor, mit dem er sich als Enttäuschter haltlos selbst bedauert.

ARMER CATULL, SEI HART! (c. 8)

Der Dichter selbst hat in seiner Zusammenstellung c. 8 auf das zweite *basia*-Gedicht folgen lassen. Gewiss nicht ohne Grund. Er nimmt im Verbum *ineptire* die Selbstkritik des *vesanus* auf, entfaltet und begründet es in langen Passagen und in einer aufgebrachten Stimmung der Geliebten gegenüber.

[12] Ernst A. Schmidt: Musen in Rom. Deutung von Welt und Geschichte in großen Texten der römischen Literatur. Tübingen 2001. 57.

Armer Catull,
hör auf, ein Narr zu sein,
und, was du
als verloren siehst,
halte für verloren!

Es leuchteten einst dir
strahlende Sonnen,
als du immer gingst,
wohin die Frau dich führte
– geliebt von mir,
wie keine je mehr geliebt wird.

Als dort vielfach
Spaß und Spiel geschahen,
was du wolltest
und die Frau
nicht ablehnte,
da leuchteten dir
wahrlich strahlende Sonnen.

Nun aber
will jene nicht mehr.
Du aber machtlos
verfolge weder, die flieht,
noch lebe elend,
sondern ertrag es
mit entschlossenem Sinn!
Sei hart!

Leb wohl, Geliebte!
Schon ist Catull hart
und wird dich nicht suchen
noch gegen den Willen bitten.
Du aber wirst Schmerz leiden,
wenn du nicht mehr umworben wirst.

Verruchte, wehe dir!
Welches Leben bleibt dir?
Wer wird sich dir nähern?
Wem wirst du schön erscheinen?

Wen wirst du lieben?
Wessen Angebetete wirst du sein?
Wen wirst du küssen?
Wem wirst du die Lippen beißen?

Du aber, Catull,
bleibe entschlossen, hart!

Der Dichter spricht sich – als sehe er sich im Spiegel – selbst an, mit Bedauern und Selbstmitleid. Syndikus nennt deshalb das Gedicht „den einsamsten Monolog eines verzweifelten Dichters“[13]. Das Adjektiv *miser* ist das Leitwort: Catull nennt sich den armen, elenden, unglücklichen Catull. Der Bruch ist also geschehen. Das Verhältnis zu Lesbia ist gestört, wenn nicht zerstört. Die Ansprache ist nur an sich selbst gerichtet in Wünschen und Befehlen. Aufhören soll er mit seiner Narrheit und das Verlorene verloren geben. Er soll sich der harten Realität des Jetzt stellen.

Dessen Härte wird durch den melancholischen Rückblick zu vergangenen schönen Zeiten emotional verstärkt, zu Zeiten, in denen ihm noch strahlende Sonnen leuchteten und er mit der Frau tat, was sie wollte: gemeinsames Spazieren, gemeinsames Erleben von Spaß und Spiel. Dazu steht in scharfem Kontrast die Gegenwart. Sie will nicht mehr. Sie hat mit ihm Schluss gemacht. Wie soll Catull darauf reagieren? In seiner Depression gibt er sich einen Ruck. Er spricht sich Mut zu. „Ertrag es, Catull! Lauf ihr nicht weiter nach. Sei kein Schwächling! Lebe nicht unglücklich (*miser*)!“ Aus der Erinnerung an das einstmals erfüllte Liebesglück kommt ihm der Appell zum trotzigen Widerspruch, der die Angebetete in Verlegenheit, gar in Bedrängnis bringen soll.

Sein Monolog wird zur Drohung an die Treulose, ja zur Beschimpfung. Sie wird Schmerz erleiden, wenn ihr der Partner der Liebe fehlt, der sie begehrt, der ihre Schönheit bewundert, den sie lieben, küssen kann, der ihr gehört. Welch Leben wird ihr, der Verbrecherin, bleiben? Natürlich macht sich der Dichter hier etwas vor. Er projiziert sein eigenes Unglück auf seine Partnerin. Sein Aufruf an sich selbst zu hartnäckig-trotzigem Aushalten der Lage ist der sinnlose Versuch, seine Verzweiflung zu überspielen. Catull ist unglücklich, fühlt sich elend, eben *miser*. „*Miser* meint auch die Hilflosigkeit, mit der Catull seinen Gefüh-

[13] Hans-Peter Syndikus. op. cit. 1984. Erster Teil. 106.

len gegenübersteht."[14]. Im Spannungsbogen des Liebesverhältnisses zwischen Catull und Lesbia ist die Peripetie erreicht. „Die Entfernung von Lesbia"[15] setzt ein. Die Freude wendet sich zur Enttäuschung.

In Thornton Wilders Briefroman *Die Iden des März* (1948) findet sich ein Eintrag des Cornelius Nepos in sein „Merkbuch". Nepos beschreibt darin die Reaktionen Ciceros auf die Gedichte des gemeinsamen Zeitgenossen Catull. Wilder zeichnet in diesem Text das Spannungsfeld zwischen der traditonellen römischen Moral und dem künstlerischen Ausdruck Catulls sensibel nach. Da dieser „Merkbucheintrag" in für Schüler gut verständlicher Sprache geschrieben ist und zudem unmittelbar auf c. 8 Bezug nimmt, kann er als literarisches Rezeptionsdokument mit Gewinn im Unterricht eingesetzt werden[16]:

> „Findest du es nicht außerordentlich", fragte ich, „dass Catullus diese Gedichte von Hand zu Hand gehen lässt? Ich kenne kein früheres Beispiel einer so freimütigen Selbstenthüllung." – „Da ist alles außerordentlich", erwiderte Cicero, zog die Brauen hoch und senkte die Stimme, als versuchte jemand uns zu belauschen. „Hast du bemerkt, dass er beständig ein Zwiegespräch mit sich selbst führt? Wer ist diese andre Stimme, die ihn so oft anredet, – diese Stimme, die ihn mahnt, ‚es zu ertragen' und ‚sich zusammenzuraffen'? Ist sie sein Genius? Sein anderes Ich? O mein Freund, ich widerstehe dieser Art von Poesie, solange ich kann. Sie hat etwas Unschickliches. Entweder ist's das rohe Erleben, das noch nicht genügend seine Umwandlung in Poesie vollzogen hat, oder es ist eine neue Art von Empfindungsvermögen. Seine Großmutter, so höre ich, war aus dem Nordland; vielleicht sind das die ersten Lüftchen, die von den Alpen auf unsre Literatur wehn. Sie sind nichts Römisches. Diesen Versen gegenüber weiß ein Römer nicht, wo er den Blick hinwenden soll; ein Römer errötet da. Und es ist nicht griechisch. Auch schon früher haben uns Dichter von ihrem Leid erzählt, doch ihr Leid ist durchs Besingen schon halb geteilt. Hier aber – hier findet sich keine Linderung. Dieser Mann scheut

[14] Rainer Nickel: Leben, Lieben, Leiden. Catulls Lesbia-Gedichte. Lehrerheft. Bamberg 1986. 23.

[15] Helmut Storch: Nähe und Ferne. Hinweise zu einer Lektüre der Liebesgedichte. 29. In: AU 35 / 2 (1992). 25-29.

[16] Thornton Wilder: Die Iden des März. Aus dem Amerikanischen von Herberth H. Herlitschka. Frankfurt am Main [5]2004. 131 f. Es sei grundsätzlich angemerkt, dass Wilders Roman eine Fülle von schönen und intelligenten Texten enthält – z. B. zu Cäsar, Cicero, Kleopatra, Catull, Clodia –, deren Wert für die Unterrichtspraxis nach meinem Eindruck noch nicht hinreichend gewürdigt worden ist.

sich nicht, einzugestehn, dass er leidet. Vielleicht weil er sein Leid im Zwiegespräch mit seinem Genius teilt. Aber was ist dieses andre Ich? Hast du eins? Hab ich eins?"

VERFLUCHT! WIR LIEBEN UNS NOCH (c. 92)

Catulls Auforderung zum Verzicht auf die Liebe ist nicht echt. Sie ist eher der Ausbruch seiner im Inneren aufgestauten Wut, die ihn die Geliebte eine Verbrecherin nennen lässt. In Wahrheit kann ein so besessen Verliebter nicht abrupt seine Leidenschaft abbrechen. Ganz tief in ihm bleibt die Hoffnung am Leben, dass er doch noch geliebt wird. Jedes irgendwie erkennbare Zeichen deutet er in dieser Richtung. Davon zeugt c. 92.

Lesbia spricht ständig
schlecht von mir
und schweigt nie
über mich:
Ich will zugrunde gehen,
wenn mich Lesbia
nicht liebt.
Wodurch ich das vermute?
Weil es ebenso viele
Anzeichen bei mir gibt:
Ich verfluche jene ständig,
doch ich will zugrunde gehen,
wenn ich sie
nicht liebe.

Wenn Lesbia oft und viel über Catull redet, um ihn schlecht zu machen – davon hat er wohl gehört –, ist das für den Dichter ein Zeichen dafür, dass sie ihn noch immer liebt. Verflucht will er sein, wenn es nicht so ist. Welchen Grund zu einer solch kühnen Annahme hat er? Weil es bei ihm ja genau so ist. Er verflucht Lesbia ständig. Er will des Teufels sein, wenn er sie nicht mehr liebt. Catull schließt von seiner Verfasstheit, von seiner Stimmung, von seiner ungebrochenen Liebe auf eine eben solche Befindlichkeit bei der Geliebten. Er projiziert seine eigenen Gefühle wieder in die Seele der Frau. Das Bindeglied zwischen seiner und ihrer Situation ist das doppelte *dispeream*: der Fluch gegen sich, wenn er sie nicht liebt und wenn sie ihn nicht liebt. Was Catull in c. 8 krampfhaft verdeckt, bricht hier wieder nach außen durch. Er wird hin und her gerissen zwischen trotziger Auflehnung gegen Lesbia und eingeredeter Hoffnung auf sie. Dass letztere unerfüllt bleiben muss, weiß der Dichter. Syndikus glaubt deshalb in diesem *carmen* „ein Kopfschütteln über die Absurdität seiner Leidenschaft, der eigenen nicht weniger als der der Geliebten“ zu erkennen.[17]

TIEF GESUNKEN (c. 58)

Hoffnung schlägt in Verzweiflung um. Catull muss es bitter erfahren und klagt einem Freund sein Leid:

O Caelius,
unsere Lesbia,
Lesbia jene – jene Lesbia,
die Catull einzig
mehr als sich
und alle Seinigen geliebt hat:
nun befriedigt sie
an Wegkreuzungen und in Seitengassen
die edlen Enkel des Remus.

Catull trägt dem Freund seine Enttäuschung vor, Lesbia nennt er noch immer intim als „unsere“ im Sinne von „meine“, zugleich nennt er sie zweimal „jene“, sich in die Zeit zurückversetzend, als er sie noch geliebt hat wie keine andere, mehr als sich und die Seinen. „Jene“ ist eine andere geworden, wobei das Pronomen *illa* seine distanzierende, abwertende Funktion entfaltet. Jene berühmt-berüchtigte Frau, was macht sie jetzt? Sie steht an Wegkreuzungen und Seitengassen und befriedigt die römischen Männer. Sie prostituiert. Das Verbum *glubire* („saugen“ im Sinne oralen Geschlechtsverkehrs) hätte derber als Bewertung ihres Verhaltens nicht gewählt werden können. Es drückt Verachtung aus. „Lesbia ist eine Gassenhure.“[18]

Catull macht sich in drastischer Übertreibung bewusst, was Lesbia eigentlich schon immer gewesen ist, eine Frau der hohen Gesellschaft, unfähig zur Treue, für alle, zumindest für viele Männer verfügbar, eine, die sich allen an den Hals wirft. Man mag diese „Anzeige“ als Notschrei[19] beurteilen, der etwas von Catulls starker Verbitterung spüren

[17] Hans-Peter Syndikus. op. cit. Dritter Teil. 76.

[18] Ernst A. Schmidt. op. cit. 63.

[19] Otto Weinreich: Die Distichen des Catull. Darmstadt 1975 (Nachdruck der Ausgabe von 1926). 161.

lässt. Doch steht auch fest: Lesbia ist dadurch verletzend bloßgestellt, sie ist ausgewiesen als „Dreigroschenhure", als welche Cicero in seiner Rede *Pro Caelio*[20] Clodia bezeichnet – mit der wohl Lesbia identisch ist. Die Verbindung ist zerstört, sie hat den jungen Mann ins Elend gestürzt.

EINST UND NUN (c. 72)

Liebe als erotische Leidenschaft entbehrt aller Rationalität. Catull will das Ende der Beziehung nicht wahrhaben – trotz aller Enttäuschung. Er flüchtet sich in die Erinnerung und spürt den Gegensatz zwischen einst und jetzt, doch auch das, was unauslöschlich seine Existenz trägt.

Einst sagtest du,
dass du nur Catull kennst,
Lesbia,
dass du nicht einmal Jupiter
lieber als mich
im Arm halten würdest.

Damals verehrte ich dich sehr
nicht nur
wie das einfache Volk eine Freundin,
sondern,
wie der Vater die Söhne hochschätzt
und die Schwiegersöhne.

Nun hab' ich dich erkannt:
Darum bist du,
obwohl die Leidenschaft feuriger brennt,
um vieles mir dennoch
wertloser und unbedeutender.

Wie kann das sein, fragst du.
Weil einen Liebenden
eine solche Kränkung
dazu treibt,
wilder zu lieben,
aber weniger zu verehren.

[20] Pro Caelio 30-38.

Der Vergleich zwischen Vergangenheit und Gegenwart – ein Urschema, mit dem sich der Mensch sein Lebensglück urteilend vergegenwärtigt – ist für Catull das Mittel, seine innere Zerrissenheit in eindringliche Worte zu fassen. Die beiden Erfahrungsbereiche, durch die Adverbien *quondam* und *nunc* deutlich markiert, sind begrifflich und inhaltlich in scharfen Gegensatz gestellt. Catull fingiert ein Zwiegespräch zwischen sich und Lesbia. „Du hast mir wiederholt gesagt (Imperfekt), du würdest nur Catull kennen und nicht einmal Jupiter lieber als mich im Arm halten." In dieser hyperbolischen Formulierung deutet sich an, dass Catull von Lesbia etwas völlig Unmögliches erwartete: Treue.

Damals konnte der Dichter die Frau noch wahrhaft lieben und verehren, sie nicht bloß erotisch in ihrer körperlichen Attraktivität genießen, sondern auch in ihrem Wesen als Mensch hochschätzen. Nicht so, wie man gewöhnlich eine Freundin „liebt", sondern wie der Vater seine Söhne und Schwiegersöhne „schätzt". Die Differenz in den Begriffen *amare* und *diligere* kommt hier voll zum Tragen. *Diligere* ist mehr eine Sache des Kopfes, der reflektierenden Besinnung, auch mit einem ethischen Einschlag, *amare* ist vornehmlich von Herz, Gefühl, Leidenschaft bestimmt. Jetzt, nachdem er erkannt hatte, was Lesbia für eine Frau ist, ist sie ihm, mag er auch noch leidenschaftlicher zu ihr Feuer gefangen haben, doch weniger wert, weniger bedeutend.

Wie das sein kann, lässt er die Dame fragen. Die Antwort ist sehr subtil: Weil einen leidenschaftlich Verliebten (*amantem*) ein solches Unrecht (*iniuria*), der „Rechtsbruch"[21] – als habe sie ihm ein Treueversprechen gegeben – zwar zwinge, noch gieriger nach ihr zu verlangen, ihr gleichzeitig aber weniger Wohlwollen entgegenzubringen, sie geringer zu schätzen. Wonach der Körper gierig verlangt, das verachtet der Kopf, in dessen Vorstellung sie sich ja als „Prostituierte" geoutet hat. Nach Rolf Heine wird Catull von „quälender Aufspaltung in mehr sinnliche Glut, aber weniger sittliche Achtung bestimmt"[22]. Das Ende des Verhältnisses hat die irrationale Macht im Dichter noch stärker zur Wirkung gebracht.

[21] Hans-Peter Syndikus. op. cit. Dritter Teil. 11.

[22] Rolf Heine. op. cit. 82.

VERWIRRT (c. 75)

Catull weiß – in der Zerrissenheit seiner Seele – nicht mehr aus noch ein. Was hat ihn in eine solche Lage gebracht?

So sehr
ist der Verstand
mir verwirrt
durch deine Schuld,
meine Lesbia,

und so
hat er
durch Liebesdienst
sich selbst
zugrunde gerichtet,

dass er nun
weder
dir wohlgesonnen sein kann,
wenn auch
die Beste du wirst,

noch
aufhören kann
dich zu lieben,
selbst wenn du
das Gemeinste tust.

Das Gedicht vertieft den diagnostischen Befund in c. 72, mit derselben Begrifflichkeit, aber noch drastischer und deutlicher formuliert. Sein Geist, so der Dichter, ist „weggeführt", d. h. aus seinem normalen Zustand gerissen, also verwirrt. Durch wessen Schuld? *Tua culpa.* Lesbia ist der Grund dafür, ihre Verschmähung seiner Liebe. Aber auch *suo officio*. Durch seine Dienstleistung, durch sein Gefühl, der Geliebten zur totalen Hingabe verpflichtet zu sein. Wiederum ist zu spüren, dass Catull den Liebesbund auf den Bedingungen eines *amiciti*a-Verhältnisses gegründet sieht, das beide Partner zur Treue verpflichtet.

In solcher Verwirrung hat er sich selbst so zugrunde gerichtet, dass er nicht mehr in Verehrung wohlgesinnt sein (*bene velle*) kann, selbst wenn sie sich als die Beste erweisen würde, er aber auch nicht aufhören kann, sie zu begehren, selbst wenn sie was auch immer triebe.

Wie ist das gemeint? Unverblümt hieße dies: Catull kommt von Lesbia nicht los, selbst wenn sie aus sich Roms größte Hure machte, er kann ihr aber auch nicht mehr gut sein, selbst wenn sie zu einer Heiligen würde. Der Dichter ist in einem „erschütternden seelischen Konflikt“[23]. Das Verbum *perdere* deutet auf Catulls gefährdete Lebenslage, seine Existenznot, auf die drohende Selbstzerstörung hin.

GELIEBT WIE KEINE (c. 87)

Catulls Äußerungen werden immer knapper, aber um so tiefgründiger. Der Rückblick herrscht vor.

Keine Frau
kann wirklich sagen,
sie sei so sehr geliebt worden
wie meine Lesbia von mir.

Keine Treue
war je in einem Liebesbund so fest,
wie ich sie
von meiner Seite hielt
in Liebe zu dir.

Da äußert sich die Melancholie der Verklärung. Der Blick zurück in Wehmut wird zur stillen Anklage gegen die Geliebte. Auch hier wieder die Hyperbel als Stilmittel zur Verdeutlichung eines Gefühls. Lesbia sei in solchem Maße von ihm geliebt worden wie keine andere von ihrem Geliebten. Catull hat all sein Fühlen, seine ganze Existenz in diese Liebe eingebracht. Seine Lesbia war ihm alles. Von seiner Seite hat er in diesem Liebesbund sich an alle Regeln gehalten, deren erste die Treue ist. Hier nun fällt erstmals der längst fällige und bereits öfter unterschwellig sich andeutende Begriff der *fides*, der in einem *amicitia*-Verhältnis die tragende Grundlage darstellt. Für Catull stellt sich seine Liebe zu Lesbia als Bündnis (*foedus*), als eine zu gegenseitigem Respekt verpflichtende Abmachung, gleichsam als ein Rechtsverhältnis dar. Er hat es nicht gebrochen. Unausgesprochen – in einer Art Anklage des Schweigens – erscheint die Geliebte als die Treulose, als die das Bündnis Zerstörende, letztlich als die Verbrecherin (*scelesta*), wie sie bereits in c. 8 von Catull apostrophiert worden ist. Die goldene Zeit seines

[23] Rolf Heine. op. cit. 84.

Liebesglücks, der Glanz seiner glücklichen Tage sind vergangen – deshalb die Prädikate im konstatierenden Perfekt. Der aggressive Ton ist verschwunden, eher spricht aus den Zeilen das Pathos des Mitleids mit sich selbst. Syndikus erkennt in diesem Gedicht einen „Umschlag", in dem jede Illusion der Gegenseitigkeit in der Liebe zwischen Catull und Lesbia zerstört ist[24]. „So verbergen sich unter der scheinbar sachlichen Berichterstattung über einen vergangenen Zustand Anklage und Verzweiflung, Leid und Resignation."[25]

ZERRISSEN (c. 85)

Wie ist ein junger Mann der Frau gegenüber, die er geliebt hat und von der ihn seine Leidenschaft auch jetzt nicht loskommen lässt – angesichts der Erfolglosigkeit seines Bemühens – wohl innerlich eingestellt? Nach aller „Logik des Herzens" müsste er sie hassen.

Ich
hasse und liebe.
Warum ich es tu',
vielleicht fragst du es mich.
Weiß es nicht,
doch es geschieht,
spür' ich
und
reiße
ent-
zwei.

Das Gedicht ist ein sprachliches Wunderwerk. Sein Inhalt lässt sich nicht von seiner Form trennen. „Das Epigramm erfasst seinen Gegenstand, auch wenn dieser emotional ist, in rationaler Form; das Rationale ist offenbar, die Emotion gleichsam eingekapselt oder inschriftartig fixiert."[26] Das lateinische Gedicht wirkt so sehr aus sich selbst und unmittelbar, durch nichts in die Distanz einer fernen Zeit gerückt. Es trifft so direkt den Nerv des mitfühlenden Menschen, wirkt so echt, ist so vollendete Form, dass jeder Versuch, ihm in deutender Absicht nä-

[24] Hans-Peter Syndikus. op. cit. Hier: Dritter Teil. 65.

[25] Rolf Heine. op. cit. 98.

[26] Michael von Albrecht: Römische Poesie. Texte und Interpretationen. Heidelberg 1977. 93.

her zu treten, als Gewaltanwendung erscheinen muss. Und doch haben sich Interpreten, Philologen wie Künstler, wohl an kaum einem anderen lateinischen Gedicht mehr abgearbeitet als an diesem.

Seine Schönheit, seine tiefsinnige, existenzielle Wahrheit fordern offensichtlich dazu heraus, dem Geheimnis seiner Botschaft auf die Spur zu kommen. Das Gedicht funkelt wie ein geschliffener Kristall; die Einheit von Form und Inhalt tritt an ihm in einer unübertrefflichen Weise zu Tage. Jedes Wort hat seinen Sitz im Gefüge des Metrums und des Satzes, kein Wörtchen ist zu viel, nichts bloß metrisches Füllsel. Das Gedicht ist „ein Paradebeispiel für Unübersetzbarkeit"[27]. Gerade deshalb aber stellt der Versuch einer Wiedergabe für jeden Übersetzer, wie es scheint, eine Art Meisterprüfung in seinem Metier dar. Die Vielzahl der Versuche, die vorliegen, lassen sich anders wohl nicht erklären. Sie reichen von der philologisch sauberen, wortgetreuen Übersetzung bis zur freieren, künstlerisch eleganten Nachdichtung.

Welche Funktion hat das Gedicht im Rahmen des Lesbiazyklus, an dessen Ende es steht? Catull beginnt als sprechende Person mit der Feststellung einer inneren Widersprüchlichkeit; er führt dann, um das Nachdenken darüber fortsetzen zu können, einen fiktiven Gesprächspartner als zweite Person ein; diesen lässt er nach dem Grund seines Verhaltens oder Tuns fragen, worauf er wieder in der ersten Person antwortet, dass er das nicht wisse. Er kann nur sagen, er spüre es, dass in ihm und mit ihm solches geschieht, und am Ende feststellen, dass er darunter schwer leidet. Die Tonstellen des Gedichts, Anfang und Ende, sind von starken Wörtern besetzt. Am Anfang ein Prädikat im Aktiv, am Ende eines im Passiv: *odi – excrucior*: Hass und Leid sind zueinander in Korrespondenz gebracht. Das Hass solche Folgen haben kann, liegt daran, dass in gleicher Stärke in ihm Liebe als Gegenkraft wirksam ist.

Hassen und Lieben – wie passt das zusammen? Sie sind Urkräfte in jedes Menschen Seele, die sich wie im Kampfe gegenüberstehen. Die ganze Persönlichkeit des jungen Mannes ist davon betroffen. Catulls Selbstanalyse offenbart: Die erotische Leidenschaft ist ein wahrer Tanz auf Messers Schneide, auf der die Entscheidung zwischen Lieben und Hassen spontan und ständig bald in die eine, bald in die andere Richtung fällt – je nach den Einwirkungen von außen, wie sich eben der Liebespartner verhält. Im Gedicht tritt uns pointiert Catulls Widerstreit der Gefühle, seine innere Zerrissenheit, seine Gespaltenheit in zwei Seelen

[27] Hans-Joachim Glücklich: Catulls Gedichte im Unterricht. Interpretationen und Unterrichtsvorschläge. Reihe Consilia. Göttingen 1980. 77.

entgegen, seine „erschütternde fassungslose Hilflosigkeit“[28], die seine Existenz zu zerstören droht. Sie ist geprägt vom Gefühl einer ausweglosen Verstrickung. Lesbia ist nicht mehr mit Namen genannt, doch sie ist in allen Worten unmittelbar präsent, als Geliebte und Gehasste. Warum er sie nicht nennt? Am Ende ist er allein, verloren, auf sich selbst zurückgeworfen. Schon die Antike hat Catulls frühen Tod mit dem unglücklichen Ende seiner Liebe in enge Verbindung gebracht. c. 85 ist das Dokument für die sich am Dichter vollziehende Selbstzerstörung, es offenbart das ganze Elend einer verglühten Existenz.

Am Ende der Unterrichtseinheit zu Catulls Gedichten sollten Übersetzungen des Epigramms an der erarbeiteten Interpretation auf ihre Trefflichkeit hin überprüft werden; denn ihr Vergleich lässt rückwirkend ein noch tieferes Verständnis des Originals zu – und lehrt, die Qualität des Originals noch höher zu schätzen.

Philologische Übersetzungen:

Ich hasse und liebe, wieso ich das tue, fragst du vielleicht.
Ich weiß nicht, aber dass es geschieht, fühl ich und werde zerquält.

Ernst Siegmann

O, ich hasse und liebe! Weshalb ich es tue, das fragst du wohl.
Weiß nicht! Doch dass es geschieht, fühl ich – unendlich gequält.

Otto Weinreich

Ich hasse und liebe. Warum ich das tue, fragst du vielleicht.
Ich weiß es nicht, aber ich fühle, das es mir widerfährt, und leide Qualen.

Michael von Albrecht

Nachdichtungen:

Liebe trag ich mit Hass. Warum, so fragst du.
Ich weiß nicht. Aber ich fühle: so ist's; und ich verblute in Qual.

Ernst Saenger

Hassen und lieben zugleich muss ich – Wie das?
Wenn ich's wüsste! Aber ich fühl's und
das Herz möchte zerreißen in mir.

Eduard Mörike

[28] Hans-Peter Syndikus. op. cit. Dritter Teil. 85.

Beides zugleich: verwerfen, verlangen, wie tust du's, fragst du?
Weiß ich's? Nein. Ein Geschehn leid' ich: Folter am Kreuz.

Ernst A. Schmidt

c. 85 ist gewiss nicht das letzte der Lesbia-Gedichte. Doch im Grunde ist damit schon alles gesagt. Nicht mit Gewalt ist es deshalb ans Ende des kleinen Liederzyklus gestellt. Zudem lesen die Schülerinnen und Schüler das schönste und berühmteste Gedicht Catulls, wohl das kunstvollste Liebesgedicht der lateinischen Literatur, als Abschluss. Wer wird es nicht von sich aus gerne auswendig lernen, um es als Besitz für immer im Kopf zu behalten?

ER HAT MICH VERRATEN

Die Erfahrung von Catulls Existenznot, in die dieser durch die Unauflösbarkeit einer leidenschaftlichen Liebe geraten ist, lässt sich gewissermaßen von der Gegenseite her vertiefen. Die Lyrikerin Rose Ausländer (1901-1988) fasst die Gebrochenheit einer enttäuschten Liebe aus der Sicht der Frau – vielleicht in Anlehnung an Catull? – in ähnlich pointiert gesetzte Worte.[29]

Sein
Sonnenname
Sein Wunderwort

Er
Hat mich
verraten

Liebe und Haß

Er ist tot

Ich
vergesse ihn immer
und
bleibe ihm treu

[29] Rose Ausländer: Gedichte. Frankfurt am Main ^{5}2007. 337.

MARTIAL

Der Klassiker des Epigramms

Catull war Vorbild für einen anderen römischen Dichter, für Marcus Valerius Martialis. Sein Meisterwerk ist das Epigramm, das er literarisch hoffähig gemacht hat. Catull hatte diese aggressiv zugespitzte Dichtform bereits zu einer sprachlichen Waffe der Gesellschaftskritik entwickelt. Er griff damit bekannte Persönlichkeiten der römischen *High society* an, vor allem Männer der Politik wie den Pionieroberst Mamurra oder Pompeius und Cäsar, den er in einer bis an die Grenze der persönlichen Beleidigung gehenden Weise aufs Korn nahm. Allerdings lag Catulls Stärke eher auf dem Gebiet der Liebesdichtung. Allein durch sie erzielte er rezeptionsgeschichtliche Wirkung. Man sieht in ihm heute nicht den Epigrammatiker, er gilt als der erste große Liebesdichter Europas.

Martial hingegen schätzt man als den „Klassiker des Epigramms“[1]. Fast ausschließlich auf diesem Gebiet erwarb er sich Prestige und Nachruhm; damit verschaffte er sich auch in Rom die nötige finanzielle Absicherung. Der aus Spanien stammende Dichter, der 64 n. Chr. in die Ewige Stadt kam, schuf den Topos des römischen „Bettelpoeten“. Wahrscheinlich war es für ihn anfangs auch schwer, sich im großen Rom den Lebensunterhalt zu verschaffen. Doch als gelernter Anwalt fand er bald Zugang zu den Häusern berühmter Männer, die sich als großzügige Sponsoren erwiesen.

[1] Michael von Albrecht: Römische Literaturgeschichte. Bd. 2. München / New Providence / London / Paris 1994. 834.

In deren Dienst ziselierte er seine kunstvollen, feinsinnigen, oft auch recht derben Spottgedichte, offensichtlich so erfolgreich, dass er damit Karriere – bis hinauf ins Kaiserhaus – machte. Unter Kaiser Titus schrieb er 33 Epigramme zur Einweihung des flavischen Amphitheaters, des Kolosseums, die im sog. *Liber spectaculorum* zusammengefasst sind. Der zugereiste „Bettelpoet" war bald so reich, dass er sich ein Landgut und ein Haus in Rom leisten konnte. Er kokettierte am Ende nur noch mit dem Scheinstatus des Bettlers, wobei er seine Situation überspitzt darstellte und dadurch ironisierte. Die Selbstironie spielt in seinen Gedichten eine große Rolle.

Womit er die Aufmerksamkeit des stadtrömischen Publikums auf sich zog, waren seine schonungslosen Invektiven gegen allenthalben sichtbare Schwächen der Menschen in der römischen Gesellschaft: Habgier, Bestechlichkeit, Protzerei, Neid, Heuchelei, Parasitentum. Gesellschaftskritik war seine dichterische Ambition. Dabei fügen sich Form und Inhalt in bewundernswerter Weise zu einer unauflöslichen Einheit zusammen. Parodie und Ironie, Witz und Wortspiel sind in einer aufs Äußerste verknappten Sprache dargestellt; keine Übersetzung kann sie angemessen erfassen:

Thais habet nigros, niveos Laecania dentes.
Quae ratio est? Emptos haec habet, illa suos. (5, 43)

Ist das nicht die Abbreviatur jener elementaren Dialektik zwischen Schwarz und Weiß, Reich und Arm, Kunst und Natur? Auch im alten Rom war es schon so: Die reiche Frau protzt mit ihrem künstlichen Gebiss, der armen lassen ihre noch „natürlichen" schwarzen Zähne das Lachen vergehen. Martial greift das Phänomen an. Wen aber stellt er mehr an den Pranger? Thais oder Laecania?

Munera qui tibi dat locupleti, Gaure, senique,
si sapis et sentis, hoc tibi ait: Morere! (8, 27)

Auch diese Pointe sitzt. Das an den Schluss gestellte *Morere!* wirkt wie ein Stich ins Herz. „Stirb!" meint der Erbschleicher, der dir reichem und altem Mann Geschenke gibt. Die Attacke entlarvt den Geber, lässt aber auch den, der das nicht spürt, also die Absicht nicht durchschaut, sehr dumm aussehen.

Der Wirkung, die seine Epigramme erzielen sollen, ist sich Martial jedenfalls sicher. Hugo von Hofmannsthal hat sie in einem eigenen Gedicht so ausgedrückt:

„Manche Worte gibt's,
die treffen wie Keulen. Doch
manche
schluckst du wie Angeln
und schwimmst weiter und
weißt es noch nicht."[2]

Die beiden zitierten Martial-Epigramme sind auf konkrete Situationen bezogen, stellen aber übliche, dem Menschen eigene Verhaltensformen bloß. Das kennzeichnet Martials Gedichte: der Zug zur Allgemeingültigkeit. Sein spitzer Sarkasmus zielt zwar immer auf Einzelfälle, wie die Personennamen zeigen, doch er trifft dabei stets Typisches im Verhalten der Menschen. „Mein Buch schmeckt nach Mensch", sagt er selbst (*Invenies: hominem pagina nostra sapit,* 10, 4, 10). Martial greift nicht – wie etwa Catull – ganz bestimmte, ihm bekannte Personen an, er beleidigt niemanden persönlich. Was er attackiert, sind Schwächen, Fehler. Sein Leitprogramm hat er selbst so formuliert:

Hunc servare modum nostri novere libelli,
parcere personis, dicere de vitiis. (10, 33, 9 f.)

Damit hat er seiner Angriffslust selbst Maß und Grenze gesetzt, was spätere Nachahmer und Verehrer an ihm rühmten; z. B. der walisische Epigrammatiker John Owen (um 1564-1622)[3]:

Dicere de rebus, personis parcere nosti.
Sunt sine felle tui, non sine melle sales. (Ad Martialem 2, 160)

Martials Epigramme, mögen sie noch so aggressiv sein, treffen nicht mit bitterer Galle einen Menschen, sie kritisieren den Menschen an sich, Menschentypen, und dies „nicht ohne Honig", also auf eine nicht unangenehme, letztlich doch heitere, humorvolle Weise. Defätistisch, zersetzend oder gar schädlich wirken Martials Gedichte nicht. Man unterstellt ihnen sogar eine moralische Absicht, die gewiss nicht mit erhobenem Zeigefinger daherkommt, eher hintergründig wirkt. Dies ist ein Zeichen der freien und zugleich humanen Gesinnung ihres Autors.

2 Hugo von Hofmannsthal: Gedichte und Lyrische Dramen. Frankfurt am Main 1963. Erstdruck in: Die Zukunft. Berlin 1898.

3 Ioannis Audoeni Epigrammatum Vol. I. Libri I-III. Edited with introduction, notes, indices by John R. C. Martyn. Leiden 1976.

Dass man unter „Epigramm" heute nicht „Aufschrift" (etwa auf einem Grab) versteht, sondern „gereimte Pointe", „kurze Satire", ist Martial zu verdanken. Er hat damit einer Literaturgattung Profil und Dauer verliehen. Seine großen, nicht weniger berühmten Nachfahren, wie etwa Lessing, Schiller und Goethe, haben diese übernommen und verfeinert. Heute lebt diese Art der sprachlich-künstlerischen Invektive fort in der Satire, in zeit- und gesellschaftskritischen Glossen, in Nummern des Kabaretts und besonders in der politischen Karikatur. Die Eigenart, am konkreten Fall Allgemeingültiges zu treffen, machen die zeitlose Bedeutung der Materialverse aus.

Dadurch begründet sich auch ihr didaktischer Wert. Martial ist in den aktuellen Lehrplänen mit Recht unter den Basisautoren vertreten. Die Kürze der Epigramme, ihre sprachliche Struktur, ihr Wortschatz machen den Autor auch in der Mittelstufe lesbar. Wege zu ihrer Lektüre haben bereits Ulrich Gösswein[4] und Willibald Heilmann[5] aufgezeigt. Wie man die Technik der Pointen-Gestaltung für Schülerinnen und Schüler anschaulich – durch Grafiken – erschließen kann, hat Helmut Offermann[6] auf überzeugende Weise demonstriert. Wie die Erfahrung zeigt, stoßen Martials Epigramme wegen ihrer entlarvenden Direktheit und Offenheit bei den jungen Lesern auf nicht geringes Interesse. Dieses „Lästermaul" der Antike ist ihnen nicht unsympathisch.

4 Ulrich Gösswein: Martial-Lektüre in der Mittelstufe / Sekundarstufe I. In: Ulrich Gösswein / Gerhard Jäger / Helmut Offermann: Lateinische Dichterlektüre II. Auxilia 5. Bamberg 1982. 4-30.

5 Willibald Heilmann: Martial. Möglichkeiten einer Martiallektüre. In: Wilhelm Höhn / Norbert Zink (Hrsgg.): Handbuch für den Lateinunterricht. Sekundarstufe I. Frankfurt am Main 1987. 338 ff.

6 Helmut Offermann: Martial. Epigramme. Parcere personis, dicere de vitiis. Reihe Antike und Gegenwart. Textband und Lehrerkommentar. Bamberg 2003.

„VOR NEID ZERPLATZEN"

Martials invidia-Epigramm im Vergleich

Martials Epigramm 9, 97 zählt zu den formal und inhaltlich besten Gedichten des Autors. Es eignet sich auch für Schülerinnen und Schüler der Mittelstufe vortrefflich. Denn hier wird ein Verhaltensmuster thematisiert, das äußerst schülernah ist. Gerade in der Lebensphase, in der sich die Persönlichkeit eines Menschen am stärksten ausprägt, macht sich Neid als emotionale Kraft sehr dominant bemerkbar, gegenüber denen mit den besseren Noten, gegenüber denen mit dem chiceren Modedesign, gegenüber den künstlerisch oder sportlich Begabteren, gegenüber den körperlich Attraktiveren, gegenüber denen, die von der „Natur" mit reicheren Eltern beschenkt worden sind. Neid sitzt gerade jungen Menschen dicht unter der Haut, er setzt ihnen zu und bringt sie nicht selten zu unberechenbaren Aktionen.

Neid kann zunächst neutral bzw. ambivalent als „emotionale Kraft" bezeichnet werden. Aus religiöser Perspektive ist Neid eine verwerfliche Einstellung, die der Seele schadet. Das Christentum zählt den Neid zu den sieben sog. Haupt- oder Todsünden (*peccata mortifera*). Die Psychologie unterscheidet besonders zwischen einem feindlich-schädigenden und einem ehrgeizig-stimulierenden Neid, gibt ihm also eine sowohl positive wie auch negative Bewertung. Die Evolutionstheorie erkennt im Neid ein emotionales Verhalten, das zur Optimierung der Überlebenschancen von Gruppen und Individuen beiträgt.

Die gesellschaftlich relevanteste Einschätzung des Neides liefert die Soziologie. Helmut Schoeck hat 1968 dem Thema ein international viel beachtetes Buch gewidmet[1]: Hier wird der Neid geradezu als „Schlüsselbegriff" in der Deutung gesellschaftlicher Prozesse eingestuft. Neid sei eine der stärksten Triebfedern, die den Fortschritt der Menschheit befördern. Das Streben, es den anderen an Besitz, Macht und Ansehen gleichzutun oder sie zu übertreffen, um nicht als minderwertig zu gelten, entfaltet im Menschen hohe Kräfte der Fantasie, der Erfindungsgabe und der Selbstbehauptung. Der Neid fördert im Individuum das Selbstwertgefühl, wenn es ihm gelingt, die diese Emotion bedingende Ungleichheit zu beseitigen, es stärke den Nationalstolz eines Volkes, wenn es den wirtschaftlichen oder politischen Standard des vorher

[1] Helmut Schoeck: Der Neid. Eine Theorie der Gesellschaft. Freiburg im Breisgau 1968.

besseren Nachbarn einholt oder gar übertrifft, wenn die eigene Nationalmannschaft die des beneideten Favoriten schlägt[2].

Neid wirkt sich sowohl auf den Neider wie auf den Beneideten aus. Wer Neid empfindet, kann sich zur höheren Leistung motiviert fühlen und sein Gerechtigkeitsbedürfnis befriedigen, doch kann er davon auch so sehr beherrscht werden, dass ihn Minderwertigkeitsgefühle krank machen, ja dass er davon „zerfressen" wird, sich letztlich mit den anderen verfeindet. Wie viele Nachbarn leben in einer Neid-Feindschaft nebeneinander! Wer beneidet wird, mag sich stolz fühlen, in seinem Selbstbewusstsein gestärkt werden, er kann aber im Neider auch einen gefährlichen Rivalen erkennen, zu dem er auf Distanz geht oder dem er zum Feind wird. Er sieht seine Überlegenheitsposition bedroht, sodass es zu Überreaktionen, etwa Beschimpfung und Anwendung von Gewalt, kommt.

Neid ist demnach immer ein Verhalten oder eine Emotion, die einer moralisch differenzierten Bewertung unterliegen sollte. Er steht in Relation zu Gerechtigkeit, zu Fairness, zu Anstand, zu Rücksicht, zur Anerkennung der Menschenwürde. Neid ist im Extremfall der Nährboden für Verfehlung und Unmoral, der in Hass und Feindschaft übergehen kann. Hieronymus Bosch, Giotto, Otto Dix und andere Künstler haben die die Gemeinschaft zersetzende Energie dieser Todsünde Neid plastisch ins Bild gebracht. Neid zum Thema einer Unterrichtseinheit zu machen, kann deshalb ein ebenso notwendiges wie interessantes didaktisches Anliegen sein, auch im lateinischen Lektüreunterricht, zumal hierfür hervorragende einschlägige Texte zur Verfügung stehen.

MARTIALS NEID-EPIGRAMM 9, 97

Invidia war offensichtlich auch in der Antike ein elementares Phänomen von Gesellschaft und Staat. In der Kaiserzeit hat sich Neid eher als Individualschwäche bei Menschen aller Schichten manifestiert. Angriffspunkte dafür waren soziale Stellung, Reichtum, Ruhm, Erfolg, Privilegien. Martial hat den Neid in solcher Funktion in einem Epigramm aufs Korn genommen. Er hat dabei einen genialen Trick angewendet, insofern er sich selbst zum Gegenstand des Neides gemacht hat, er, der „Bettelpoet" aus Spanien als beneideter Bürger der Großstadt Rom.

[2] Allgemein zum Thema Neid: Ute Wahner: Neid. Wie wichtig sind Selbstwertbedrohung und Ungerechtigkeitserleben? In: Barbara Reichle / Manfred Schmitt (Hrsg.): Verantwortung, Gerechtigkeit, Moral. Zum psychologischen Verständnis ethischer Aspekte im menschlichen Verhalten. Weinheim / München 1998. 149-162.

Rumpitur invidia quidam, carissime Iuli,
quod me Roma legit, rumpitur invidia.
Rumpitur invidia, quod turba semper in omni
monstramur digito, rumpitur invidia.
Rumpitur invidia, tribuit quod Caesar uterque
ius mihi natorum, rumpitur invidia.
Rumpitur invidia, quod rus mihi dulce sub urbe est
parvaque in urbe domus, rumpitur invidia.
Rumpitur invidia, quod sum iucundus amicis,
quod conviva frequens, rumpitur invidia.
Rumpitur invidia, quod amamur quodque probamur:
rumpatur, quisquis rumpitur invidia. (9, 97)

Jeder, der sich über Martials Stellung, seine Bevorzugung durch das Schicksal oder anderer Instanzen, über seine „Erfolgsbilanz“[3] erregt, zerplatzt vor Neid: *rumpitur invidia*. Diese Formel durchzieht in Spitzen- und Schlussstellung in jedem Distichon das Gedicht, dabei so penetrant die Aussage beherrschend, dass dem Leser – sofern er es laut liest – die Ohren davon hallen. Das sei zunächst grafisch angezeigt[4].

	Grund	
Rumpitur invidia	weil Rom Martial liest	*rumpitur invidia*
Rumpitur invidia	weil die Masse mit dem Finger auf ihn zeigt	*rumpitur invidia*
Rumpitur invidia	weil beide Kaiser ihm das Dreikinderrecht gegeben haben	*rumpitur invidia*
Rumpitur invidia	weil er ein Landgut und ein Häuschen in der Stadt besitzt	*rumpitur invidia*
Rumpitur invidia	weil er bei Freunden beliebt und ein gern gesehener Gast ist	*rumpitur invidia*
Rumpitur invidia	weil er geliebt und anerkannt ist	*rumpitur invidia*
	Rumpatur, quisquis rumpitur invidia!	

3 Ulrich Gösswein. op. cit. 13.

4 Entnommen aus: Friedrich Maier: Pegasus. Lehrerkommentar. Reihe Antike und Gegenwart. Bamberg 2005. 299.

In der Schlusswendung, zu der sich die kritische Attacke zuspitzt, verschärft sich der Ton: Der nüchtern feststellende Indikativ springt in den konjunktivischen Iussiv über: „Zerplatzen soll doch, wer immer vor Neid zerplatzt!" Die in der dichten Folge von *rumpitur invidia* sich aufstauende Druckspannung entlädt sich in der Schlusspointe wie beim Ausbruch eines Vulkans. Helmut Offermann hat dies eindrucksvoll in einer Grafik zu verdeutlichen versucht[5].

Martial präsentiert sich den Lesern in einer Sonderstellung, die ihm aufgrund seiner dichterischen Erfolge in Rom zugewachsen ist. Sein Dichterwerk ist „Bestseller", er gehört zu den VIPs, sodass er überall mit dem Fingerzeig „Das ist doch der!" erkannt wird, der Kaiser hat ihm seine Verdienste mit dem „Dreikinderrecht" belohnt, er ist durch Besitz von Landgut und Stadthaus arriviert, zählt zur oberen Schicht der Bürger, er ist in allen Häusern, bis hin zum Kaiserhof, ein gern gesehener Gast. Im Ganzen: er sieht sich als Vollmitglied der *High society* Roms. Berufserfolg, Ansehen, Besitz, Privilegien, Kultstatus – jedes einzelne Element seiner Stellung zieht den Neid der Geringeren auf sich. Jeder platzt vor Neid.

Martial fühlt sich – so scheint es zumindest auf den ersten Blick – durch den Neid der anderen bestätigt, in seiner Sonderstellung angemessen gewürdigt, der Neid zeigt ihm, worauf er stolz sein kann und darf. Das stärkt sein Selbstbewusstsein, macht ihm den Erfolg seines Aufstiegs fühlbar und bewusst. Wie die anderen fühlen, wie sehr sie sich minder bewertet sehen, ihm deshalb Missgunst entgegenbringen, macht ihm – so der Eindruck – nichts aus. Im Gegenteil: sie sollen ihn ruhig beneiden und dabei zerplatzen! Gleichgültigkeit, Rücksichtslosigkeit, Egozentrik, Ellenbogen-Mentalität – das wären Vorwürfe, die er sich gefallen lassen müsste.

Ist Martial aber ein solch gefühlloser Emporkömmling, eine solche Ausgeburt an Selbstsucht? Wogegen richtet sich die Attacke des spöttisch-bissigen Epigramms? Allein gegen die Neider, gegen das in der römischen Gesellschaft virulente Übel des Neides? Was Martial so offen sagt, kann nicht die ganze Wahrheit sein. Der Dichter ist in seinen Attacken auf Mensch und Gesellschaft viel hintergründiger. Gewiss auch hier. Wie und inwiefern, das vermag vielleicht der Vergleich mit anderen Neid-Texten der lateinischen Literatur ans Licht bringen. Ein Dichtertext und ein Prosatext sollen dazu herangezogen werden – von Autoren, die den jungen Lesern vom vorausgehenden Unterricht schon bekannt sein dürften.

[5] Helmut Offermann. op. cit. Textband. 85.

Inops, potentem dum vult imitari, perit.
In prato quondam rana conspexit bovem,
et tacta invidia tantae magnitudinis
rugosam inflavit pellem: tum natos suos
interrogavit, an bove esset latior.
Illi negarunt. Rursus intendit cutem
maiore nisu, et simili quaesivit modo,
quis maior esset. Illi dixerunt „bovem".
Novissime indignata dum vult validius
inflare sese, rupto iacuit corpore. (1, 24)

Da sieht ein Frosch einmal einen Ochs von gewaltiger Größe. Und es packt ihn der Neid. „Vom Neid erfasst" bläht er seine runzlige Haut auf und fragt die Jungfrösche, ob er denn schon wuchtiger als der Ochs sei. Die verneinen es. Wieder ein Aufblähen mit noch stärkerer Kraft und dann die ähnliche Frage, wer größer sei. Die Antwort wieder enttäuschend: Der Ochs sei es. Voller Empörung ein dritter, letzter Versuch. Doch schon beim noch stärkeren Aufblähen passiert es: der Alte liegt mit zerplatztem Leib am Boden.

Pointiert und stilistisch ausgefeilt bietet das Vers- und Gedichtende das Ergebnis des von Neid beherrschten Verhaltens: Neid lässt den Neider körperlich zerplatzen: *Invidia* und *rupto corpore* stehen als Motiv und Ergebnis in engstem Bezug zueinander. Der Frosch ist vor Neid zerplatzt.

Die Moral von der Geschichte, als Promythion vorangestellt und dann am lebendigen Beispiel verdeutlicht: Wenn ein Mittel- / Machtloser es dem Mächtigen / Reichen gleichtun will, ist er verloren. Neid als Antrieb zu Ehrgeiz, als Triebfeder des Erfolgs oder dazu, die einem von der Natur gesetzten Grenzen zu überschreiten, ist eine gefährliche, ja tödliche Emotion. Neid löst, wie das beim dritten Versuch bewusst gesetzte *indignata* anzeigt, in der Psyche zusätzliche negative Affekte aus, die einem allen Sinn für Maß und Beherrschung rauben: Ärger und Empörung über die eigene Schwäche und Minderwertigkeit. Im Medium der Tierfabel kommt hier eine sehr drastische Kritik an einem Befund der römischen Gesellschaft zum Ausdruck.

CÄSARS CRITOGNATUSREDE

Im furiosen Schlussteil der Rede, die Cäsar dem Gallier Critognatus in den Mund legt[6], spielt *invidia* eine nicht unbedeutende Rolle. Der mächtige Adelige aus dem Stamm der Arverner übt scharfe Kritik an der römischen Herrschaftspolitik. Die Römer würden allen Völkern die Freiheit rauben und sie in Knechtschaft an sich binden. Er geht auf deren Motiv und Zielsetzung mit offenen Worten ein:

> *Romani vero quid petunt aliud aut quid volunt, nisi invidia adducti, quos fama nobiles potentesque bello cognoverunt, horum in agris civitatibusque considere atque his aeternam iniungere servitutem?* (Bell. Gall. 7, 77, 15)

Das, was die Römer dazu treibt, sich in den Gebieten anderer niederzulassen und ihnen die ewige Knechtschaft aufzubürden, sei ihr „Neid auf alle, die sie als durch Ruhm angesehen und als mächtig im Krieg erkannt hätten". Es ist der Neid auf die Konkurrenten. Die Römer könnten „nicht mit ansehen" (die Grundbedeutung von *in-vidia*), dass andere in der Welt Anerkennung genössen und kriegsmächtig seien. Neid richtet sich hier gegen die Besseren im Hinblick auf Ruhm und Macht, nicht im individuellen Bereich, sondern im Verhältnis von Völkern. *Invidia* ist ein herrschaftspolitisches Motiv, die Triebfeder zu Feindschaft, Krieg, Eroberung, Unterwerfung, Herrschaftserweiterung.

Neid treibt den Neider nicht nur dazu, es dem anderen gleich zu tun, sondern dazu, ihn zu besiegen, ihn unter seine Macht zu bringen, und zwar permanent; er kreiert die unaufhörliche Sucht nach Herrschaft, letztlich bis alle ihr unterworfen sind. Gewiss kann der immer mehr beherrschen Wollende, da er sich immer mehr Menschen zum Feind macht, in seiner Sucht sich übernehmen. Der Neid lässt ihn dann – in der Niederlage – tatsächlich wie den Frosch im grausigen Sinne platzen: *Rupto iacet corpore.*

Im Falle der Römer aber ist *invidia* der Grundtrieb, der sie zu Weltherrschern macht. Im Imperium Romanum dokumentiert sich gewissermaßen die Erfolgsbilanz ihres Neides. Ob man nun die Critognatusrede als Dokument des „geistigen Widerstands gegen Rom" versteht oder als erzählstrategisches Mittel, mit dem der Freiheitswillen der Barbaren desavouiert wird, Neid erweist sich in jedem Fall als ein in Politik und Gesellschaft Roms virulentes emotionales Verhalten, das man je nach Sichtweise negativ oder positiv beurteilt.

---

[6] vgl. dazu S. 67 f., 73 f. und 86 ff.

NEID – EINE TRIEBKRAFT IN MARTIALS LEBENSSCHICKSAL

Was ergibt der Vergleich des Martialepigramms mit den beiden Parallelstellen? Wenn Martial dem Neid (*invidia*) ein eigenes, relativ langes Epigramm widmet, so ist das schon vom Ansatz her als ein Angriff auf diese das menschliche Verhalten beherrschende Emotion zu verstehen. Wenn er den Neid und sein Ergebnis (*rumpitur invidia*) in sechs aufeinanderfolgenden Distichen als Anapher und Epipher setzt, so will er mit geradezu einhämmernder Schlagkraft dieses Phänomen attackieren. Die zwölfmalige Wiederholung des Wortes hat einen bedrohlichen und zugleich erheiternden Effekt. Wenn das Gedicht laut – etwa auf der Bühne eines Kabaretts – vorgetragen würde, wäre der Lacherfolg gesichert. Die konjunktivische Schlusswendung, dass der Neid den Neider vernichten soll, nimmt dann der Leser sicherlich auch nicht mehr ganz so ernst. Von solch witziger Stimmung ist weder bei Phädrus noch bei Cäsar etwas zu spüren.

Gewiss stellt Phädrus im Medium der Fabel den Neid als sozial und individuell wirksames Verhaltensmuster an den Pranger. Wer Neid in sich trägt, ist dem Risiko der Vernichtung ausgesetzt, weil er sich, innerlich erregt (*indignata*), immer höher steigert, bis er „zerplatzt". Darin stimmen Martial und Phädrus überein. Beim einen ist der Vorgang (*rumpitur*), beim anderen das traurige Ergebnis (*rupto ... corpore*) vorgeführt. Im Cäsartext ist von solchem Risiko vordergründig nichts zu spüren; im Kopf des Critognatus mag womöglich eine ähnliche Wunschvorstellung mitbedacht sein. „Wenn doch die vom Neid besessenen Römer nach einer ‚Niederlage' mit zerplatztem Körper am Boden lägen!"

Bei Cäsar tritt dagegen der Konkurrenzneid massiv in den Vordergrund: Die Römer könnten berühmte und mächtige Völker nicht neben sich dulden. Dem neidischen Frosch ist die Größe des Ochsen ein Dorn im Auge, sodass er ihm darin mit allen Kräften gleichkommen will. Der Frosch geht zugrunde, die Römer tun es nicht. Martial sieht um sich herum lauter Neider, die ihm seine Vorrangstellung, seinen Ruhm, seine Position an der Seite der Mächtigen missgönnen. Die *invidia* auf den Konkurrenten, der gesellschaftlich über sie hinausgestiegen, also groß geworden ist, setzt die Neider dem Risiko des Zerplatzens aus. Dahinter kann durchaus die Vorstellung Martials mitwirken, dass ihm solche missgünstigen Leute zum Feind werden, weshalb er deren „Niederlage" wünscht (*rumpatur*).

Auf der anderen Seite verspürt man durchaus den Stolz des Dichters auf seine Erfolgsbilanz. Im Spiegel der Neider erlebt sich Martial als arriviertes und privilegiertes Mitglied der römischen *High society*.

Cäsar mag durch die dem Gallier in den Mund gelegten Worte indirekt den Stolz auf römische Herrschaftserfolge wecken. Martial demonstriert unmittelbar sein eigenes Selbstbewusstsein, Cäsar mittelbar das Selbstbewusstsein der Römer. Bei Phädrus hingegen endet ein durch Neid übersteigertes Selbstwertgefühl in der Frustration, in der Vernichtung des Neiders.

Sind es beim beneideten Dichter aber nur Stolz und Selbstbewusstsein, die der Neidkomplex anderer in ihm weckt? Ist er sich nicht bewusst, dass er einmal selbst Neider war, ein Zustand, der ihn von Erfolg zu Erfolg bis zur erstrebten Höhe trieb? Er brauchte Sponsoren, er bettelte, um seine Existenz zu sichern. Die eigene Leistung hat ihm auf solcher Grundlage den Aufstieg ermöglicht. Doch dass der Glanz des Erfolgs nicht dauerhaft ist, daran hat er zweifellos auch gedacht. Er musste sich im doppelten Sinne gefährdet fühlen, durch die Anfeindungen der Neider und durch den möglichen Absturz. In der Tat: unter den Kaisern Nerva und Trajan sank sein Stern. Schließlich zog es den gealterten Mann wieder in seine spanische Heimat zurück – nach 34 Jahren. Die Reise dorthin zahlte ihm sein Freund Plinius der Jüngere.

Martials Lebensschicksal oszillierte zwischen Bettelpoet und Dichterstar, zwischen der Existenz eines Neiders und der eines Beneideten. Diese Grundspannung bestimmt im Hintergrund auch die Aussage seines Neid-Gedichtes. Indem er seine Neider spitzzüngig und spöttisch, aber durchaus witzig und humorvoll attackiert, ironisiert er seine eigene Position als Beneideter. Das *invidia*-Epigramm ist ein mit höchster Kunst geschaffenes Spottgedicht auf den Neid, aber nicht ohne ein gutes Quantum Selbstironie des Autors.

XIS DER MITTELSTUFENLEKTÜRE
STERWERKE
DER LATEINISCHEN
LITERATUR
TTELSTUFENLEKTÜRE
DER LATEINISCHEN LITERATUR
BEITRÄGE ZUR PRAXIS DER MITTELSTU
MEISTERW
DER LATI
LITERATU
KE
EN LITERATUR
BEITRÄGE ZUR PRAXIS DER MITTELSTUFENLEKTÜRE
MEISTERWERKE
DER LATEINISCHEN
MEISTERWERKE
LATEINISCHER
LITERATUR
MEISTERWERKE
DER LATEINISCHEN LITERATUR
MEISTERW
DER LATEINISCHEN LI

Meisterwerke
DER LATEINISCHEN LITERATUR
BEITRÄGE ZUR PRAXIS DER MITTELSTUFENLEKTÜRE
BEITRÄGE
ZUR PRAXIS
DER MITTEL
STUFEN
LEKTÜRE
MEISTERWERKE
LITERATUR
MEISTERWERKE
DER LATEINISCHEN LITERATUR
MEISTERWERKE
DER LATEINISCHEN LITERATUR
MEISTERWERKE
LATEINISCHER